Marion von zur Gathen | Thomas Meysen | Josef Koch (Hrsg.)
Vorwärts, aber nicht vergessen!
Entwicklungslinien und Perspektiven in der Kinder- und Jugendhilfe

Marion von zur Gathen | Thomas Meysen |
Josef Koch (Hrsg.)

Vorwärts, aber nicht vergessen!

Entwicklungslinien und Perspektiven in der Kinder- und Jugendhilfe

Zukunftsimpulse für Praxis und Fachpolitik aus Anlass des 65. Geburtstages von Norbert Struck

BELTZ JUVENTA

MIX
Papier aus verantwortungsvollen Quellen
FSC® C089473
FSC www.fsc.org

Dieses Buch ist erhältlich als:
ISBN 978-3-7799-6027-0 Print
ISBN 978-3-7799-5303-6 E-Book (PDF)

1. Auflage 2019

in der Verlagsgruppe Beltz · Weinheim Basel
Werderstraße 10, 69469 Weinheim

Herstellung: Ulrike Poppel
Satz: text plus form, Dresden
Druck und Bindung: Beltz Grafische Betriebe, Bad Langensalza
Printed in Germany

Weitere Informationen zu unseren Autor_innen und Titeln finden Sie unter: www.beltz.de

Vorwort

Die Kinder- und Jugendhilfe ist ein dynamisches Arbeitsfeld. Mehrere Jahrzehnte hat Norbert Struck sie mit in Bewegung gehalten, hat Diskussionen angestoßen und seine stets nachdenklich-pointierten Positionen ins Gespräch gebracht. Bei der Weiterentwicklung der Kinder- und Jugendhilfe hat er unverkennbar und deutlich seine Spuren hinterlassen. Diese Spuren sind es, die einige seiner Wegbegleiterinnen und Wegbegleiter bewogen haben in diesem Band historisch fundierte Blicke auf die Gegenwart und Zukunft der Kinder- und Jugendhilfe zu werfen. Herausgekommen ist ein Band mit differenziert-kritischen Analysen, begründet-klaren Standpunkten und anregend-fordernden Impulsen für Praxis, Politik und Wissenschaft. Der Autor*innenkreis spiegelt hierbei sowohl die Interdisziplinarität der Kinder- und Jugendhilfe als auch das Zusammenspiel von Politik, Wissenschaft und Praxis und die Verknüpfung von Geschichtsbewusstsein mit der Gestaltung von Zukunft. Die Kapitel zeichnen die Entwicklungslinien der Kinder- und Jugendhilfe nach und voraus. Sie widmen sich ihren handlungsleitenden Prinzipien und laden dazu ein, (selbst-)kritisch zu reflektieren, was erhalten, was verändert und angepasst werden sollte.

Dem unermüdlichen Einsatz für die Rechte von Kindern, Jugendlichen und ihren Familien hat Norbert Struck sich verschrieben. Bei seinem Arbeitgeber, dem Paritätischen Gesamtverband, hat er hierfür einen Ort gefunden, der ihm den Raum für sein von großer Belesenheit geprägtes „Vorwärts, aber nicht vergessen" gegeben hat, wie Ulrich Schneider in seinem politischen Auftaktkapitel „Mensch, Du hast Recht!" deutlich unterstreicht. Die Perspektiverweiterung bringt Marion von zur Gathen ein, wenn sie betrachtet, wie Familie einerseits in der Familienpolitik und andererseits in der Kinder- und Jugendhilfe Reflexion findet, wie sich die jeweiligen Bilder im Gegenüber verzerren oder spiegeln. Hans Thiersch bringt die Lebensweltorientierung ins Gespräch mit der „zweiten Moderne" und Karin Böllert widmet sich der Bedeutung, die eine Ausbildung der Fachlichkeit beim Personal der Kinder- und Jugendhilfe hat.

Die rechtlichen Reflexionen von Reinhard Wiesner identifizieren spannungsgeladene Themenfelder und bringen die Perspektiven von Recht, fachpolitischen Zielen und Vorstellungen der Adressat*innen miteinander ins Gespräch. Josef Koch und Wolfgang Schröer widmen sich dem so wichtigen Übergang von der Pflegefamilie, dem Heim oder dem betreuten Wohnen in die Selbstständigkeit als erwachsener Mensch. Sie betrachten die Lebensphase Jugend, legen den Finger in die Wunden der aktuellen Kinder- und Jugendhilfe mit ihren Schwierigkeiten, den Care Leavern gerecht zu werden, und geben einen Ausblick auf zukünftige Praxis- und Gesetzesentwicklungen. Den historischen Blick auf die

Heimerziehung der 1950er und 1960er Jahre nutzt Manfred Kappeler, um die institutionellen Praxen entschieden gegen den Strich zu bürsten. Mechthild Wolff knüpft hieran an und zeigt Wege auf, wie Rechte von Kindern und Jugendlichen in Organisationen gestärkt, wie machtsensible und partizipative Lernprozesse in den Einrichtungen der Kinder- und Jugendhilfe initiiert werden können.

Die inklusive Weiterentwicklung der Kinder- und Jugendhilfe ist seit geraumer Zeit in der Diskussion. Die bislang unverwirklichte Vorstellung ist ein System, das für alle Kinder und Jugendlichen verantwortlich zeichnet, unabhängig davon, welche familiäre, soziale oder kulturelle Herkunft, welche Beeinträchtigung oder Behinderung sie mitbringen. Diesem zentralen fachpolitischen Vorhaben widmen sich im inklusiven Miteinander Norbert Müller-Fehling und Lydia Schönecker, wenn sie über gleiches Recht für Vielfalt und Besonderheiten reflektieren. Thomas Meysen greift, im Lichte einer zunehmenden paternalistischen Praxis, einmal mehr das brandaktuelle Thema Kontrolle im Kinderschutz auf und entwickelt – aus einer Einordnung des deutschen Systems im internationalen Vergleich – aktuelle Fragen an die Zukunft.

Die Aufnahmekrise in 2015 und 2016, in der die Kinder- und Jugendhilfe über 70 000 unbegleitet geflüchtete Kinder und Jugendliche in ihre Obhut genommen hat, liegt gut zwei Jahre zurück. Christian Lüders nutzt die bislang gewonnenen Erkenntnisse, um aus dem seinerzeit „notwendigen Pragmatismus“ die Bereicherungen, aber auch die Grenzerfahrungen und möglicherweise verpassten Chancen mitzunehmen. Nicht nur junge Geflüchtete, die Jugendlichen insgesamt befinden sich in der Altersphase zwischen Schule und Beruf. Welche Rolle Hilfe in Zeiten zunehmender Selbstbestimmung hier erfüllen könnte, beantwortet Wolfgang Schröer. Damit die Jugendlichen und jungen Volljährigen nicht allein gelassen werden, verhilft die Ombudschaft ihnen bei der Durchsetzung ihrer Rechte. Nicole Rosenbauer und Peter Schruth haben allerdings Widersprüche in der Praxis ausgemacht und stellen Forderungen an ein sich entwickelndes Feld. Und was wäre die Kinder- und Jugendhilfe ohne das „liebe Geld“. Johannes Münder beschäftigt sich mit den Konsistenzen und Diskrepanzen von Recht und Wirklichkeit bei der Finanzierung bedarfsgerechter Angebote im Spannungsfeld zwischen kommunalen Haushalten, Trägerinteressen und Bedarfslagen der Adressat*innen der Kinder- und Jugendhilfe.

Wer die aktuellen und zukünftigen Debatten zur fachlichen und politischen Weiterentwicklung der Kinder- und Jugendhilfe kennen will, wird an der Lektüre des vorliegenden Bandes viel Freude haben. Wir danken Norbert Struck von Herzen, dass er uns all die Jahre auf dem Laufenden gehalten und in die Diskussion gebracht hat. Die Autor*innen in diesem Band haben nun den Staffelstab angenommen und wir wünschen Ihnen viel Vergnügen bei der Lektüre!

Berlin, Heidelberg & Frankfurt am Main im November 2018
Marion von zur Gathen, Thomas Meysen, Josef Koch

Inhalt

„Mensch Du hast Recht!“

Die Bedeutung der Kinder- und Jugendhilfe in der Sozialen Arbeit

Ulrich Schneider

Was ist der Wert, der Kern der Sozialen Arbeit in der Gegenwart? Welche Auswirkungen hat ein neoliberales Markt- und Politikverständnis auf die Wohlfahrtspflege und hier besonders auf die Soziale Arbeit, aber auch für den Einzelnen sowie den Zusammenhalt in der Gesellschaft? In dem folgenden Beitrag geht der Autor diesen Fragen nach, warnt vor einer Ökonomisierung der Sozialen Arbeit und beschreibt deren negative Folgen. Gleichzeitig attestiert er der Kinder- und Jugendhilfe mehr Widerstandskraft als anderen Systemen in dem Anliegen, der Ökonomisierung des eigenen Handlungsfelds etwas entgegen zu setzen.

Nach der Bedeutung der Kinder- und Jugendhilfe für die Soziale Arbeit gefragt, bieten sich sehr unterschiedliche Zugänge zu einer Antwort an. Man kann es ökonomistisch versuchen, in dem man Institutionen, Personal, Entgelte und Umsätze zählt und sie ins Verhältnis zu den entsprechenden Kennzahlen aus dem gesamten Feld der Sozialen Arbeit setzt. Man kann sogar windige Berechnungen zu einem vermeintlichen volkswirtschaftlichen Social Profit anstellen. Dies wäre zwar außerordentlich banal, doch hat eine solche Betrachtungsweise sozialer Dienstleistungen seit Beginn der 1990iger Jahre durchaus stark an Popularität gewonnen, selbst unter Repräsentanten der Kinder- und Jugendhilfe und der Sozialen Arbeit. Da es aber nun einmal ziemlich töricht bleibt, wollen wir diesen Irrweg besser schnell wieder verlassen (vgl. Schneider, 2014).

Fragen wir nach der Bedeutung von irgendetwas, erhalten wir am zuverlässigsten eine Antwort, wenn wir uns einmal vorstellen, dass dieses etwas überhaupt nicht existieren würde. Wir stellen dann fest, dass es nicht Quantitäten sind, die die Bedeutung ausmachen, sondern die Funktion. Hätten wir keine Wohnung oder kein Haus, merkten wir schnell, dass sich Palast und Einraumwohnung in ihrer Bedeutung nur wenig unterscheiden: Uns fehlten der Schutz vor Wetter und Menschen, die Möglichkeit des Rückzugs, des Privaten und das, wofür eigene vier Wände noch so stehen. Und so ist es auch mit gesellschaftlichen Aktivitäten und Institutionen wie der Sozialen Arbeit und der Kinder- und Jugendhilfe. Es geht sowohl aus soziologischer als auch aus sozialpädagogischer Perspektive weniger um das Addieren von Arbeitsplätzen, Umsätzen und Kosten als vielmehr um Funktionen. Was leisten Soziale Arbeit und Kinder- und Jugendhilfe für die Kohärenz dieser Gesellschaft und ihren Fortbestand?

Welche Rolle spielen sie im gesellschaftlichen System oder auch für die Weiterentwicklung oder Veränderung dieses Systems?

Auch um sich der Bedeutung Sozialer Arbeit für die Menschen in dieser Gesellschaft zu nähern, sind gänzlich andere als ökonomistische Fragen zu stellen. Es geht um Lebensqualität, Zufriedenheit, Gesundheit, um körperliche, geistige und seelische Unversehrtheit.

Schließlich ist Bedeutung immer kontextabhängig und temporär. Funktion und Bedeutung von Dingen treten oftmals erst dann hervor, wenn ihre Selbstverständlichkeit schwindet, wenn Überkommenes brüchig wird. Auch dem allerletzten Ökobanausen dürfte im letzten Dürre-Sommer die Bedeutung von Ökologie und Klimaschutz klargeworden sein.

Also noch einmal: Worin liegt die Bedeutung der Kinder- und Jugendhilfe für die Soziale Arbeit?

Landläufig wird mit dem Begriff „Soziale Arbeit" die Bearbeitung sozialer Probleme assoziiert: Hilfen für Randständige und Unterprivilegierte, für jene Menschen, die einen Sozialarbeiter brauchen, Soziale Arbeit ist eine Nische dieser Gesellschaft, ihr Reparaturbetrieb, mehr nicht. Tatsächlich ist Soziale Arbeit mit all ihren Diensten und Angeboten der Wohlfahrtspflege alles andere als ein Nischenphänomen. Knapp sechs Millionen Personen, die die offizielle Erwerbstätigenstatistik in den Sparten „Gesundheit und Soziales" sowie „Bildung und Erziehung" aufweist, arbeiten auf in einem enorm breiten Feld (Statistisches Bundesamt, 2018). Sie sind überall dort tätig, wo Menschen in diese Gesellschaft hineinwachsen sollen oder hinauszufallen drohen. Es sind Kindergärten genauso wie Schuldnerberatungsstellen, Frauenhäuser, Obdachlosenunterkünfte, Schulsozialarbeit, Jugendbildung und ... und ... und ...

Wohlfahrtspflege hat Gewicht, weil niemand an ihr vorbeikommt. Es geht dabei viel um Erziehung und Bildung, vor allem aber um Hilfen; um Hilfen, die für viele Menschen existenziell sind. Die Anlässe sind dabei so vielfältig wie die Fußangeln des Lebens selbst. Man wird von einem Partner verlassen, auf den man angewiesen ist, und gerät in eine Krise. Man ist einsam im Alter oder arm, weil die Rente nicht reicht. Man wird pflegebedürftig, oder eine schwere Krankheit ereilt einen. Man hat ein Alkohol- oder Drogenproblem oder eine psychische Erkrankung. Man ist arbeitslos und findet keinen neuen Job. Man hat den Schulabschluss nicht geschafft. Es sind in vielen Fällen persönliche Verstrickungen, Lebenskrisen, bei denen es müßig ist, die Schuldfrage zu stellen.

Häufig genug sind es aber auch Anlässe, bei denen der sogenannte freie Markt, das Pendant der Sozialen Arbeit, in der Regel nicht nur nichts zu bieten hat, was wirklich hilfreich wäre – und was man sich auch leisten kann –, sondern bei denen unser auf Leistung und Erfolg getrimmter Markt seine ganze Brutalität zeigt; Anlässe, bei denen diejenigen straucheln, die schwächeln und aus welchen Gründen auch immer nicht mehr mithalten können. Schneller, als viele es sich vorstellen können, stehen sie auf der Straße, haben keinen Job, zu wenig Geld und am Ende nicht einmal mehr eine Wohnung.

In der Theorie mancher Soziologen sollten sie sich eigentlich prima ergänzen, dieser auf Verwertung und Gewinn getrimmte Markt, eine auf unbestechliche Ordnung und Regelhaftigkeit gerichtete Verwaltung und schließlich diese Wohlfahrtspflege, die sich mit ihrer Sozialen Arbeit um den Menschen kümmert, wenn er nicht mehr so recht kann, und sein Menschsein wieder ganz in den Mittelpunkt rücken muss, wenn ihm wirklich geholfen werden soll. „Soziale Arbeit unter kapitalistischen Produktionsbedingungen", wie Walter Holstein und Marianne Meinhold ihr entsprechendes Standardwerk Anfang der 1970er Jahre nannten (Holstein & Meinhold, 1973).

Es ist die vielbeschworene soziale Marktwirtschaft, die aus diesem Mix sich eigentlich wiedersprechender Prinzipien resultieren soll. Marktwirtschaft schon, aber irgendwie gebändigt. Dass diese Sichtweise eine gehörige Portion Ideologie in sich trägt, ist offenkundig: Auch in seiner „rheinischen Variante" blieb der Kapitalismus eine Wirtschaftsform, die zuverlässig Arbeitslosigkeit produzierte, Armut hervorrief, auch Wohnungsnot bis hin zur Obdachlosigkeit. Der gigantische Reichtum, den der Kapitalismus für wenige ermöglicht, ging und geht immer auch mit der Ausgrenzung von Menschen einher, die von dem Kuchen nichts oder nur Krumen abbekommen.

Mit der mehr oder minder kompromisslosen und endgültigen Hinwendung der deutschen Politik zu einem neoliberalen Markt- und Politikverständnis zur Jahrtausendwende mag ohnehin kaum noch jemand ernsthaft von einer sozialen Marktwirtschaft sprechen, die Wohlstand für alle kreiere, wie es unter Wirtschaftsminister Ludwig Erhard noch hieß.

Wie auch immer man diese soziale Marktwirtschaft im Nachhinein bewerten mag, als Glücksfall für die Menschheit oder als besonders raffinierte Form kapitalistischer Ausbeutung – die Geschichte ist voll von Beispielen, die uns zweifelsfrei lehren: Der freie Markt braucht neben der von ihm weitgehend unabhängigen öffentlichen Verwaltung zwingend das Soziale, will er nicht in kurzer Zeit an seiner eigenen Härte und seiner Gier scheitern und Chaos und Revolution gebären. Das Soziale ist daher, ganz unabhängig von seiner schlichten Größe, für das gesamte Funktionieren dieses marktwirtschaftlich durchdrungenen deutschen Gesellschaftssystems von größter Bedeutung. Die Akzeptanz dieses Systems hängt neben anderem entscheidend davon ab, dass es einer großen Mehrheit der Menschen relativ gut geht: Unter welchen Bedingungen arbeiten sie? Haben sie überhaupt eine Arbeit? Wie sind Ressourcen, sprich Geld und Reichtum, verteilt? Wie ist es um Bildung und Gesundheit bestellt? Und die Akzeptanz hängt davon ab, wie gut Wohlfahrtspflege mit ihrer Sozialen Arbeit funktioniert: Ist sie da, wenn es darauf ankommt? Kümmert sie sich wirklich? Kommt der Mensch wenigstens hier zu seinem Recht, Mensch zu sein?

So zynisch es klingen mag: Konsequentes Streben nach dem persönlichen Vorteil bis hin zur Gier – und der entsprechenden Menschenvergessenheit –, wie es der kapitalistischen Marktwirtschaft eigen ist, kann als gesellschaftliches Prinzip nur überleben, wenn ihm ebenso konsequente Menschlichkeit gegenübersteht – und eine ebensolche Ordnung, denn auch oder gerade die konsequente Menschlichkeit neigt zum Ungehorsam, zum Regelverstoß und zur Anarchie. Insofern ist das Soziale weit mehr als das bloße barmherzige Anhängsel eines ansonsten von der Wirtschaft dominierten Systems. Es ist seine Voraussetzung, ein echtes Gegenüber mit eigenen Handlungsprinzipien und -logiken. Wo das Soziale diesen eigenständigen Charakter verliert und sich dem Markt anpasst, verliert es zwangsläufig seine Korrektur- und Ausgleichsfunktion. Das System gerät aus dem Gleichgewicht.

Und genau an diesem Punkt stehen wir heute. Im Zusammenspiel von Markt, öffentlicher Verwaltung und Sozialem hat es die gewerbliche Wirtschaft vermocht, immer weitere Lebensbereiche der Menschen unter ihren Zugriff und ihre gewinnorientierte Logik zu zwingen. Wohnen beispielsweise war staatlicherseits lang dem Wirken der kapitalistischen Marktwirtschaft entzogen. Erst ganz allmählich wurde es erlaubt, hier Geschäfte zu machen. Ebenso verhält es sich mit der Energiewirtschaft, mit der Wasserwirtschaft, schließlich auch mit der Gesundheitsversorgung oder der Pflege von Menschen. Nach und nach wurde ein Feld nach dem anderen erobert und der Gewinn- und Renditelogik unterworfen. Seit dem Mauerfall 1989 ist Deutschland vom neoliberalen Wirtschaftsprinzip geradezu überrollt worden. Die Grundsätze, Denkweisen und Instrumente der profitorientierten Marktwirtschaft, vom kalten Preiswettbewerb bis hin zur vordergründig, weil ökonomisch effizienten Taylorisierung von Arbeitsprozessen machten auch vor dem Sozialen, vor Bildung, Erziehung und Wohlfahrtspflege, vor Kindergärten, Pflegeheimen oder Hilfen für Arbeitslose keinen Halt mehr.

Smarte Manager kamen daher und erklärten uns und vor allem den Kostenträgern, wie man mit marktwirtschaftlicher Logik und „knallharter" Betriebswirtschaft auch soziale Einrichtungen auf Effizienz trimmen könnte. Professoren entwickelten der Betriebswirtschaft abgeschaute Kennziffernsysteme, wobei das arithmetische Produkt „Wirkung" heißen sollte. Die Soziale Arbeit mit Menschen wurde dazu auch schon mal in „Verrichtungen" aufgeteilt. Der Pflegebedürftige wurde zum Einkäufer einer kleinen oder großen Wäsche, vom Umbetten oder von der Unterstützung bei der Nahrungsaufnahme. Aus dem Klienten, demjenigen also, der nach der ursprünglichen Wortbedeutung der von mir Abhängige ist, aber auch der, für den ich Verantwortung trage, wird der Kunde, der per se mündig und seines Glückes Schmied ist und bei dem in erster Linie dessen Kaufkraft interessiert. Mittlerweile haben alle, die in der Pflege tätig sind, erkannt, dass unter solch ökonomistischen Prämissen eine gute Pflege schlechterdings nicht leistbar ist. Standards Sozialer Arbeit wie die, dass der

Mensch immer als Ganzes in den Blick genommen werden muss, dass er immer in seinem Umfeld betrachtet werden muss, dass er nie nur versorgt, sondern immer auch gefördert werden muss, dass es letztlich immer um Beziehungsarbeit geht, fallen in der marktorientierten Sozialen Arbeit schlicht hinten über. Dies betrifft nicht nur die Pflege. Es berührt ebenso Beratungsprozesse, Gemeinwesenarbeit oder auch therapeutische Prozesse.

Wir erleben heute in der Sozialen Arbeit eine merkwürdige Zerrissenheit der Protagonisten: jene, die nach wie vor den seit den 1990iger Jahren eingeschlagenen Pfad der Marktorientierung Sozialer Arbeit folgen wollen – häufig nicht zuletzt deshalb, weil sie es nicht anders gelernt haben – und jene, die genug haben von Kundengerede, Social Profit und leblosen Kennzahlensystemen, jene, die sich rückbesinnen, um voranzuschreiten zu einer Sozialen Arbeit, die den Menschen wieder in den Mittelpunkt stellt.

Die Menschen sind nach Banken- und Schuldenkrise skeptisch geworden, was die Heilsversprechen der Marktapologeten anbelangt. Sie bekommen mit, wie Reich und Arm sich in Deutschland auseinanderbewegen, wie Menschen aus angestammten Stadtteilen vertrieben werden, weil für sie die Mieten unbezahlbar werden, wie Schwimmbäder und Bibliotheken geschlossen werden. Die Spaltungen und Zerrissenheiten in dieser Gesellschaft wollen einfach nicht mehr passen zu diesem Versprechen eines Wohlstands für alle.

Und wie die Skepsis am Neoliberalismus zunimmt, wächst sie auch unter Fachleuten der Sozialen Arbeit, Praktiker*innen wie Wissenschaftler*innen, gegenüber einer Sozialen Arbeit, die sich von Ökonomismen treiben lässt. Der naive Glaube an eine ominöse Chancengerechtigkeit, die sich, obwohl sie doch alle wollen, aus irgendwelchen Gründen nie einstellen will, und an eine nicht minder ominöse „Befähigung" aller zum gesellschaftlichen Aufstieg durch Bildung, der wissenschaftlich ohnehin nie trug, sondern tatsächlich eher etwas für Glaubensbrüder und -schwestern war, wird wieder mehr und mehr abgelöst durch rationale, systemkritische Gesellschaftsanalyse und eine neue Selbstreflexion und Selbstkritik Sozialer Arbeit. „Sozialarbeit im Kapitalismus" steht plötzlich wieder auf der Tagesordnung der Top-Professorenschaft.

Welche Bedeutung kommt in dieser Situation, bei dieser Verfasstheit Sozialer Arbeit der Kinder- und Jugendhilfe zu? Auch die Kinder- und Jugendhilfe war in den letzten Jahrzehnten nicht frei von ökonomistischen Versuchungen. Beratungsangebote wurden vielerorts taylorisiert und wirtschaftlichen Kennziffern unterzogen. Auch in der frühkindlichen Erziehung geriet gelegentlich das Kind aus dem Blick, wenn es etwa um didaktisch ausgeklügelte Programme zum Erwerb der deutschen Sprache für Kinder mit ausländischem Hintergrund ging oder auch einfach nur um die Förderung spezifischer Begabungen. Auch in der Kinder- und Jugendhilfe schwangen sich hier und dort Manager an die Spitzen von „Unternehmen", die zwar außerordentlich gute Kenntnisse über Betriebswirtschaft mitbrachten, leider jedoch nur wenige über Kinder und Pädagogik. Und dennoch: In der Rückbetrachtung der letzten Jahrzehnte fällt auf, dass gerade in der Kinder- und Jugendhilfe bei all den Konflikten, die mit der Ökonomisierung der Sozialen Arbeit in die Einrichtungen einzogen, besonders heftig gerungen wurde. Man hatte den Eindruck, dass die Mitarbeiter*innen in der Kinder- und Jugendhilfe besonders verbissen an ihrem beruflichen Ethos und ihren fachlichen Prinzipien festhielten. Es könnte mit der Theoriegeschichte der Jugendhilfe zusammenhängen. Zumindest fällt ein möglicher Zusammenhang auf. Spätestens mit den theoretischen Arbeiten von Hans Thiersch (1977), Klaus Mollenhauer (1968), Hermann Giesecke (1973) oder Dieter Sengling (1977) und mit der Prägung des Begriffs der offensiven Jugendhilfe war die eigenständige Rechtsposition des Kindes und des Jugendlichen und die im Zweifel parteiliche Orientierung der Kinder- und Jugendhilfe an den Bedürfnissen der Kinder und Jugendlichen eine feste, nicht mehr wegzudenkende Größe nicht nur in der Theorie der Sozialpädagogik, sondern auch im lobbyistischen Ringen um die gesetzlichen Grundlagen der Kinder- und Jugendhilfe und in der sozialpädagogischen Praxis (BMJFG, 1974). Das unterscheidet Kinder- und Jugendhilfe im Rückblick deutlich von anderen Feldern Sozialer Arbeit.

Selbst als Kindertageseinrichtungen immer stärker mit unverhohlenem Blick auf arbeitsmarktpolitische Notwendigkeiten oder Begehrlichkeiten diskutiert wurden, als Schule sich immer stärker als Institution zur Ausbildung von Humankapital begriffen wurde und die Schulsozialarbeit nolens volens mitschwimmen musste, hat die Kinder- und Jugendhilfe niemals die eigenständige Rechtsposition des Kindes als Orientierungsgröße aufgegeben und ihre Rolle als Parteigängerin für die Kinder immer fest im Auge behalten. Der Kampf um das Recht des Kindes auf Achtung ist spätestens seit Beginn der 1970er Jahre fester Bestandteil des Selbstverständnisses der Kinder- und Jugendhilfe – bei allen Irrwegen, die auf sie zum Teil einschlug (Korcak, 1978). Der Schutz des Kindes vor Übergriffen in Institutionen war für die Kinder- und Jugendhilfe seitdem rollenimmanent. Politische Einmischung war in Teilen selbstverständlich. Sei es der Einsatz für die Aufnahme von Kinderrechten in das Grundgesetz oder der Einsatz für eine eigenständige Kindergrundsicherung: Es geht immer um Rechtspositionen, die es zu stärken gilt.

In der breiteren Sozialen Arbeit müssen wir dies zum Teil erst wieder mühsam erlernen, müssen wir uns erst wieder vor Augen führen, dass es bei all den Hilfen, die wir Menschen geben, nicht um Großzügigkeiten einer ansonsten wenig großzügigen Gesellschaft handelt, sondern um die Einlösung von Menschenrechten. Die Zurverfügungstellung von Notunterkünften für Obdachlose ist nichts anderes als die eigentlich selbstverständliche Einlösung eines Menschenrechts. Es zu unterlassen, bedeutet Rechtsbruch. Auch wo Pflege suboptimal ist, wo Kinder keine hinreichende Förderung erhalten, oder wo Langzeitarbeitslose mehr oder weniger im Regen stehen gelassen werden und mit einem knauserigen Hartz IV abgespeist werden, statt mit Arbeit versorgt, geht es um die Missachtung von Menschenrechten, an die wir uns leider schon viel zu sehr gewöhnt haben. Unter der Überschrift „Mensch du hast Recht“ hat der Paritätische in seiner Jahreskampagne 2018 genau diesen Gedanken auf die Tagesordnung gesetzt. Die Klientel Sozialer Arbeit besteht nicht aus Kunden, sondern aus Rechtsträgern. Dieser Gedanke muss sowohl in der Praxis als auch im politischen Engagement Sozialer Arbeit Niederschlag finden. Es ist die Kinder- und Jugendhilfe, in der dieser Gedanke nie verschüttet werden konnte. Und es sind gerade die älteren Kolleg*innen in der Kinder- und Jugendhilfe, die sich trotz der vielen Modernismen und Ökonomismen der letzten Jahrzehnte diesen Gedanken als Orientierungspunkt für ihr Arbeitsfeld und ihre Profession nie abkaufen ließen. Wenn wir heute in der Sozialen Arbeit endlich über Menschenrechte sprechen, beantwortet sich damit zugleich die besondere Bedeutung der Jugendhilfe für die Soziale Arbeit.

Literatur

Bundesministerium für Jugend, Familie und Gesundheit (BMJFG) (1974). Mehr Chancen für die Jugend – zu Inhalt und Begriff einer offensiven Jugendhilfe. Stuttgart.

Giesecke, S. Walter (Hrsg.) (1973). Offensive Sozialpädagogik. Göttingen.

Holstein, Walter & Meinhold, Susanne (Hrsg.) (1973). Sozialarbeit unter kapitalistischen Produktionsbedingungen. Frankfurt am Main.

Jordan, Erwin & Sengling, Dieter (1977). Einführung in die Jugendhilfe. München.

Korczak, Janusz (1978). Das Recht des Kindes auf Achtung (Erstausgabe 1928). Göttingen.

Mollenhauer, Klaus (1968). Erziehung und Emanzipation – Polemische Skizzen. München.

Schneider, Ulrich (2014[2]). Mehr Mensch – gegen die Ökonomisierung des Sozialen. Frankfurt am Main.

Statistisches Bundesamt (2018). Beschäftigungsstatistik – Sozialversicherungspflichtig Beschäftigte mach der ausgeübten Tätigkeit der Klassifikation der Beruft am 31. Dezember 2017, Beschäftigte in Gesundheit, Soziales, Lehre und Erziehung, zu finden unter www.destatis.de/DE/ZahlenFakten/GesamtwirtschaftUmwelt/Arbeitsmarkt/Erwerbstaetigkeit/TabellenBeschaeftigungsstatistik/Berufsbereiche.html (Aufruf: 15.10.2018).

Thiersch, Hans (1977). „Kritik und Handeln“. Darmstadt.

Familie im Spiegel von Familienpolitik und Kinder- und Jugendhilfe

Marion von zur Gathen

Familie als soziale Konstruktion kann begrifflich nicht einheitlich gefasst werden. Die Unterschiedlichkeit ist wesensimmanent, aber nicht folgenlos. Denn Politik versucht immer wieder, ein Verständnis von Familie und damit das Handlungsfeld für Familienpolitik zu konkretisieren. Kinder- und Jugendhilfe in ihrer familienbezogenen Arbeit hingegen sieht sich häufig mit ihrem abgeleiteten Erziehungsauftrag im Spannungsfeld zur elterlichen Verantwortung. Sie ist aufgefordert, sich auf das einzulassen, was Familie in ihrer Vielfalt und Ausprägung mit sich bringt. Die Autorin beleuchtet in ihrem Beitrag die Entwicklungen des politischen Familienbegriffs in den Familienberichten genauso wie sie die Kinder- und Jugendhilfe in ihrer wandelnden Orientierung im Verhältnis zur Familie darstellt.

Familie – eine begriffliche Annäherung

Jeder hatte oder hat sie, ob nun aufgrund der Abstammung oder sozial konstruiert. Sie ist Gegenstand zahlreicher Zuschreibungen, Sehnsüchte, Erwartungen, gelegentlich auch Befürchtungen, gilt als wichtige Sozialisationsinstanz für das Aufwachsen von Kindern, ist verfassungsrechtlich geschützt, gilt als privat und öffentlich zugleich, ist Adressatin von Politik, Wirtschaft und Medien, kennt zahlreiche Lebens- und Rechtsformen und wird immer wieder an unterschiedlichen Leitbildern und Idealen gemessen – die Familie.

Soziologisch lässt sich die Familie als häufigste und bedeutsame Form des sozialen Zusammenlebens von mindestens zwei Generationen in einer (Primär-) Gruppe sowie als soziale Lebenswelt besonderer Art beschreiben, die den Lebenslauf und die Biographie eines Menschen grundlegend strukturiert und prägt. Zusammensetzung und Funktion der Familie werden durch ihre Stellung in der gesellschaftlichen Gesamtstruktur bestimmt und wirken ihrerseits über die familialen Lebensformen auf die gesellschaftliche Entwicklung (Hillmann, 1994).

Statistisch werden als Familie beispielsweise im Mikrozensus alle Eltern-Kind-Gemeinschaften bezeichnet, die unabhängig von der Familienform und der Abstammung gemeinsam in einem Haushalt leben. Ein Blick in die Statistik macht deutlich, wie sich die Familie und damit auch die Gesellschaft in ihrer Gesamtstruktur verändert haben. So lebten in Deutschland 1996 noch rund 9,4 Millionen Familien mit Kindern unter 18 Jahren, gut zwei Jahrzehnte später ist diese Zahl um mehr als eine Million auf 8,2 Millionen gesunken. Auch innerhalb der Familienformen hat es bemerkenswerte Verschiebungen gegeben. 1996 lag der Anteil der Ehepaare an diesen Familien noch bei 7,7 Millionen, 2017 hingegen lediglich bei 5,7 Millionen. Im gleichen Zeitraum stieg die Zahl der Alleinerziehenden von 1,3 auf 1,5 Millionen, die der Lebensgemeinschaften von 452 000 auf 934 000 (Statistisches Bundesamt, 2017; 2017a). Ähnliche Dynamiken, wenn auch mit unterschiedlichen Vorzeichen, lassen sich im Hinblick auf andere Merkmale, etwa Migration oder Anzahl der Kinder aufzeigen. Ganz gleich, welches Merkmal gewählt wird: Die wenigen Zahlen machen deutlich, dass sich nicht nur die Zusammensetzung von Familie verändert, sondern auch ihre Bedeutung innerhalb der gesellschaftlichen Gesamtstruktur. Die damit verbundenen tiefgreifenden Veränderungen haben Auswirkungen auf nahezu alle gesellschaftlichen Bereiche, auch und insbesondere auf die Familienpolitik sowie die Kinder- und Jugendhilfe.

Es bleibt jedoch festzuhalten, dass es eine einheitliche Auffassung darüber, was als „die Familie" bezeichnet werden kann oder sollte, nicht gibt – weder im Alltag noch in der Wissenschaft. Ungeachtet dessen bestimmen Leitbilder und Idealvorstellungen von Familie das politische Handeln, sie konturieren strukturelle Angebote und Maßnahmen zur Förderung und Unterstützung und prägen die Sicht der professionell Handelnden in der Sozialen Arbeit mit und für Familien. Diese Leitbilder und Sichtweisen auf Familie sollen Gegenstand dieses Beitrags sein.

Familie und Familienpolitik

Familien in ihrer ganzen Vielfalt prägen unsere Gesellschaft, leisten unverzichtbare Beiträge in der Erziehung, Bildung, Betreuung und Pflege, sind unverzichtbar für das Gemeinwesen. Der Staat muss daher grundsätzlich ein Interesse daran haben, die Voraussetzungen, unter denen Familien diese Leistungen erbringen, so zu gestalten, dass sie zum Nutzen und Wohle der Individuen und des Gemeinwesens gleichermaßen gereichen können. Mit der Familienpolitik hat sich daher ein eigenständiges Handlungs- und Politikfeld herausgebildet, von dem vereinfacht immer dann gesprochen werden kann, wenn „politische Maßnahmen ausdrücklich mit der Zielsetzung legitimiert werden, Familien zu fördern oder normativ zu gestalten" (Kaufmann, 2007).

Die ersten Ansätze für eine Familienpolitik lassen sich in Deutschland auf die Zeit der Industrialisierung im 19. Jahrhundert zurückführen. Ein wichtiger Meilenstein ist hierbei sicherlich das Bürgerliche Gesetzbuch (BGB), das zum 1. Januar 1900 in Kraft trat und seitdem das Familienrecht umfassend und einheitlich regelt. Mit der Gründung der Weimarer Republik 1919 findet die Familie, deren Rechte und Pflichten sowie der Schutz von Mutterschaft Eingang in die Reichsverfassung.

Im Nationalsozialismus werden erste familienfördernde und -unterstützende Leistungen für bedürftige Familien in Form von Familienzulagen, Ehestandsdarlehen und Geburtsprämien eingeführt (Jurczyk & Wahl, 2005). Die systematisch geplante und staatlich gelenkte Familienpolitik war jedoch nicht freiheitlich, sondern verfolgte familienfremde, staatliche Ziele, wurde für die bevölkerungs- und rassenpolitische Ideologie des Nationalsozialismus verherrlicht und instrumentalisiert (Gerlach, 2009).

Nach dem zweiten Weltkrieg erfolgt auch eine Neuausrichtung in der Familienpolitik, die mit der deutschen Teilung in beiden Staaten noch einmal unterschiedlich verläuft. In der DDR wird 1965 im Familiengesetzbuch der Schutz und die Förderung von Ehe und Familie, die Gleichberechtigung von Mann und Frau – gleichsam als Wesensmerkmal der Familie in der sozialistischen Gesellschaft – verankert (Judt, 1998). Während die familienpolitischen Maßnahmen in der DDR vor allem auf das Ziel der Steigerung der Frauenerwerbsarbeit, der Geburtenförderung sowie eines umfassenden Betreuungsangebots für Kinder gerichtet war, lag die Gewichtung in der Bundesrepublik, getragen von einem eher konservativen Leitbild von Familie und unter Beibehaltung traditioneller Geschlechterrollen und Arbeitsteilung, vor allem auf der Einkommensverteilung zu Gunsten von Familien über Kindergeld, Kinderfreibeträge sowie die Wohnungsbauförderung. In der Bundesrepublik wird mit dem Grundgesetz 1949 Ehe und Familie unter den besonderen Schutz der staatlichen Ordnung gestellt. Diese Grundrechtsnorm bildet das zentrale staatsgestaltende Moment für Familienpolitik und wird in der Folgezeit Ausgangspunkt zahlreicher rechtlicher und politischer Auseinandersetzungen, erst in der Bundesrepublik und nach 1990 auch im wiedervereinten Deutschland. Gleichzeitig wird im Grundgesetz das Erziehungsprimat von Eltern verankert und dem Staat und seinen Institutionen eine nachgelagerte (Kontroll-)Funktion zugewiesen.

Mit der Einrichtung des Bundesministeriums für Familienfragen 1953 wird die Familienpolitik in der Bundesrepublik erstmals auch institutionell verankert. In der Folgezeit gewinnt sie immer mehr an Bedeutung, wird ihr grundsätzlicher Querschnittscharakter deutlich. 1965 beschließt der Deutsche Bundestag, die Lage der Familie zum Gegenstand regelhafter Berichterstattung zu machen.[1] „Aufgabe derartiger Lageberichte ist es, die materielle und geistige

---

1 Im Juni 1965 beschließt der Deutsche Bundestag, dass alle zwei Jahre ein Bericht über die Lage der Familien in Deutschland erarbeitet und vorlegt werden soll. Über einen Entschließungsantrag wird im Juni 1970 die Erarbeitung und Vorlage der Berichte verändert. Danach soll die Bundesregierung im ersten Jahr jeder Wahlperiode einen Bericht über die Lage der Familie vorlegen. Die Berichte können sich dabei, wie die Jugendberichte laut § 25 JWG, auf Teilaspekte beziehen. Jeder dritte Bericht soll jedoch ein Gesamtbericht sein. Darüber hinaus wurden ein Verfahren (Sachverständigenkommission) sowie eine grundsätzliche Berichtsstruktur, die aus dem Bericht der Sachverständigen sowie einer

Situation der Familien, wie sie unter dem Einfluss der wirtschaftlichen, sozialen und kulturellen Entwicklung und der für Familien erbrachten gesellschaftlichen Hilfen darbietet, regelmäßig aufzuzeigen. So kann zugleich die Wirksamkeit dieser gesellschaftlichen Hilfen analysiert und eine Orientierungshilfe für die Fortentwicklung einer zeitnahen Familienpolitik gegeben werden“ (BMFJ 1968, S. 7). Drei Jahre später erscheint der erste dieser Berichte. Bis heute wurden insgesamt acht Familienberichte vorgelegt. Der neunte wird gegenwärtig erarbeitet, soll sich im Schwerpunkt mit dem Thema „Elternschaft“ beschäftigen und noch in der 19. Legislaturperiode vorgelegt werden. Anhand der Berichte können verschiedene Leitbilder und begriffliche Einordnungen von Familie identifiziert werden, die Ausdruck gesellschaftlicher Entwicklungen und familienpolitischer Handlungsmotive sind, die ebenfalls ihren Einfluss auf die Kinder- und Jugendhilfe haben. Diese Leitbilder sollen im Weiteren kursorisch nachgezeichnet und deren handlungsleitende Implikationen für die Familienpolitik sowie für die Kinder- und Jugendhilfe dargestellt werden.

Leitbilder von Familie

Der 1. Familienbericht erscheint im Juni 1968. Dieser Bericht wird noch von der Bundesregierung verfasst und beschreibt umfassend die Lage der Familien in der Bundesrepublik. In Bezugnahme auf das Grundgesetz wird Familie als „Grundeinrichtung der menschlichen Gesellschaft“ sowie „(...) als Gruppe verstanden (...), in der ein Ehepaar mit seinen Kindern zusammen lebt“ und damit eine Kernfamilie bildet (BMFJ 1968, S. 7). Ausgangs- und Orientierungspunkt ist hierbei die Ehe. Ehe und Familie werden als Einheit verstanden, die das Leitbild der Familie prägen. Eine Erweiterung des Familienbegriffs erfolgt lediglich bezogen auf Ehen ohne Kinder. Alleinerziehende werden als „unvollständige Familien“ bezeichnet. Der erste Familienbericht stellt eine Standortbestimmung der Familie der Nachkriegszeit dar. Der Familie wird darin eine „sozialordnende Funktion“ zugeschrieben (BMJFFG 1986, S. 10). Sie gilt gleichsam als „Normalitätsversprechen“, das an dem Leitbild der bürgerlichen Familie mit traditionellem Rollenverständnis in der Zeit vor dem zweiten Weltkrieg anknüpft.

Anders als der erste gilt der 2. Familienbericht 1975 als ein Spezial- oder Schwerpunktbericht. Er wird unter dem Titel „Leistungen und Leistungsgrenzen der Familie hinsichtlich des Erziehungs- und Bildungsprozesses der jungen Generation“ erstmals von einer Kommission erarbeitet und mit einer Stellung-

---

Stellungnahme der Bundesregierung besteht, festgelegt. 1982 beschließt der Deutsche Bundestag, dass nunmehr nur noch in jeder zweiten Wahlperiode, beginnend mit der 10. Wahlperiode, ein Familienbericht vorgelegt werden soll.

nahme der Bundesregierung versehen. Familie wird darin von der Kommission als Eltern-Kind-Gemeinschaft mit leiblichen oder adoptierten Kindern in einer Kernfamilie verstanden. Obwohl grundsätzlich an dem Leitbild der ehelichen Kernfamilie festgehalten wird, erfolgt über den Bezug auf die „unvollständige Familie" eine Öffnung des Familienbegriffs (BMJFG 1975, S. 17). Diese Öffnung erfolgt unter der Betonung der Bedeutung von Familie als wichtige Sozialisationsinstanz für Kinder sowie für außerfamiliale Lernfelder wie Kindergärten, Schulen und Vereine. Ungeachtet dessen wird sie in weiten Teilen als defizitäre Sozialisationseinheit, mit weitreichendem Unterstützungsbedarf, beschrieben (vgl. BMJFG, 1975). Die Bundesregierung verweist in ihrer Stellungnahme hingegen explizit auf das überlieferte und „von der Gesellschaft bejahte (...) Leitbild der im Grundsatz lebenslangen eheliche(n) Gemeinschaft". Zum Maßstab für das eigene politische Handeln wird darüber hinaus auf das veränderte, partnerschaftliche und gleichberechtigte Verhältnis zwischen Mann und Frau und zwischen Eltern und Kindern sowie die notwendige gesellschaftliche Anerkennung lediger Elternteile mit Kindern als Familie (vgl. BMJFG 1975, S. VIII) verwiesen.

Im Jahr 1979 erscheint der 3. Familienbericht. Im Fokus dieses Berichts stehen die Platzierungs- und Haushaltsfunktion der Familie, Probleme der Bevölkerungsentwicklung und -politik sowie in einem Exkurs auch die Situation ausländischer Familien. Auch dieser Bericht soll einen Gesamtüberblick über die Lage der Familien geben und deren Grundfunktionen in der Gesellschaft beschreiben. Von der Berichtskommission wird von Familie gesprochen, „(...) wenn durch Geburt und Adoption von Kindern aus der Ehe eine biologisch-soziale Kleingruppe zusammenlebender Menschen entsteht" (vgl. BMJFG 1979a, S. 13). Diese Familien werden als „Normalfamilie" bezeichnet, andere Formen als „Abweichung verschiedenster Art" (BMJFG 1979a, S. 13). Erstmals erfolgt in diesem Bericht vor dem Hintergrund der Reform des Ehe- und Familienrechts 1977 auch eine Auseinandersetzung mit den eheähnlichen Gemeinschaften. Die Bundesregierung nimmt selbst keine begriffliche Einordnung von Familie vor, sondern entwickelt diese entlang der verschiedenen Aufgaben und der Bedeutungen von Familie für das Individuum und die Gesellschaft. Dabei wird vor dem Hintergrund wirtschaftlicher und gesellschaftlicher Entwicklung stärker die Wahlfreiheit von Frauen zwischen Familie und Erwerbsarbeit betont. Von einem besonderen Unterstützungsbedarf wird bei unvollständigen Familien mit alleinerziehendem Elternteil, bei Familien mit behinderten Kindern sowie ausländischen Familien ausgegangen (BMJFG, 1979). Das Leitbild bleibt auch hier die ehebegründete Klein- oder Normalfamilie. Die „Abweichungen verschiedenster Art" begründen ihrerseits einen erhöhten Hilfe- und Unterstützungsbedarf.

Eine Besonderheit stellt sicherlich der 4. Familienbericht 1986 dar, der mit dem Fokus auf die Situation der älteren Menschen in der Familie einen sehr weiten Familienbegriff formuliert. Als Familie wird von der Kommission „(...) die Gruppe von Menschen bezeichnet, die miteinander verwandt, verheiratet oder verschwägert sind, gleichgültig ob sie zusammen oder getrennt leben, ob die einzelnen Mitglieder noch leben oder bereits verstorben sind" (BMJFFG 1986, S. 14). In diesem Familienbericht wird die Perspektive der älter werdenden Menschen eingenommen und die im Lebensverlauf wechselnden sozialen und wirtschaftlichen Beziehungen außerhalb der Herkunftsfamilie betrachtet, die ihrerseits weitere Kernfamilien begründen können. Die Bundesregierung begreift Familie in ihrer Stellungnahme als „dynamische Form menschlichen Zusammenlebens, die Veränderungen unterliegt und von kulturellen Vorstellungen und Wertehaltungen ebenso geprägt ist wie von sozialen und wirtschaftlichen Gegebenheiten einer Gesellschaft" (BMJFFG 1986, S. III). Die Ausformulierung eines Leitbilds von Familie wird hierbei als ungerechtfertigte Bevormundung von Bürger*innen abgelehnt. Es sei nicht Aufgabe des Staates, Leitbilder vorzugeben und damit „bestimmte Aufgabenteilung zwischen Männern und Frauen vorzuschreiben oder bestimmte Lebensformen zu diskriminieren" (BMJFFG 1986, S. III).

Der 5. Familienbericht stellt den ersten gesamtdeutschen Bericht dar. Er erscheint 1994 unter dem Titel „Familien und Familienpolitik im geeinten Deutschland – Zukunft des Humanvermögens". Über einen kurzen historischen Abriss der unterschiedlichen Entwicklungen in Ost- und Westdeutschland wird von der Kommission ein Verständnis von Familie entwickelt. Danach gilt als Kernfamilie das verheiratete Paar, das gemeinsam mit Kindern in einem Haushalt lebt und wirtschaftet (BMFS 1994, S. 23f.). Im Zentrum des Fünften Berichts stehen die Leistungen und Aufgaben, die Familien für den Erhalt und die Sicherung des Humanvermögens der Gesellschaft erbringen. Das Leitbild von Familie ist die partnerschaftliche Ehe (BMFS 1994, S. 22). Neu ist sicherlich, dass in diesem Bericht von einer strukturellen Rücksichtslosigkeit der gesellschaftlichen Verhältnisse gegenüber Familien gesprochen wird, die alle Lebensbereiche durchzieht. Elternschaft werde hierbei als reine „Privatsache" angesehen, die den Kinderlosen einen grundsätzlichen Vorteil verschaffe (BMFS 1994, S. 22f.). Die Bundesregierung bleibt bei ihrem Familienverständnis, das sie bereits im vierten Familienbericht entwickelt hat. Auf die Formulierung eines Leitbilds wird verzichtet. Hingegen wird – auch in der Abgrenzung zur ehemaligen DDR – Familie als Ort des Privaten stärker betont, und dem Staat lediglich klar definierte Eingriffsrechte zugebilligt sowie die Schaffung entsprechender förderlicher Rahmenbedingungen. Ungeachtet dessen wird die strukturelle Rücksichtslosigkeit gegenüber Familien ebenfalls als politische Herausforderung thematisiert, wonach die Privatheit von Familie nicht zur Gleichgültigkeit gegenüber ihren Belangen führen dürfe (BMFS 1994, S. VI). Auch wenn sich die Bundesregierung ein breites Verständnis von Familie zu Eigen macht, bleibt sie auf die vollständige, auf Ehe beruhende Familie fokussiert.

Im Oktober 2000 erscheint der 6. Familienbericht. Er widmet sich als Schwerpunktbericht der Situation von „Familien ausländischer Herkunft in Deutschland, deren Leistungen, Belastungen und Herausforderungen". Weder von der Bundesregierung noch von der Berichtskommission wird in diesem Bericht eine begriffliche Einordnung von Familie vorgenommen. Mit dem Hinweis auf die bestehende Pluralität familialer Lebensformen in Deutschland erweitert die Berichtskommission lediglich ihr Erkenntnisinteresse „auf in Deutschland lebende Familien, deren Mitglieder teilweise oder insgesamt die deutsche Staatsbürgerschaft (noch) nicht besitzen bzw. früher nicht besessen haben" (BMFSFJ, 2000). Um der Heterogenität dieser Familien gerecht zu werden, wird nicht nur der Ausländerstatus als Unterscheidungsmerkmal betrachtet. Vielmehr wird bei der Beschreibung der Lebenslagen dieser Familien mehrdimensional vorgegangen. Sie unterscheiden sich typischerweise danach, in welchem Ausmaß die Eigenschaften verschiedener Dimensionen wie Migrationserfahrungen, kulturelle Herkunft, soziale Integration, aufenthaltsrechtlicher Status, Zugehörigkeit zu einer Minorität, Platzierung in sozialen Ungleichheitsstrukturen, nationale und ethnische Zusammensetzung sowie Migrationsmotivation zusammenfallen (BMFSFJ, 2000). Die Bundesregierung verweist lediglich auf die Vielzahl bestehender Lebenswirklichkeiten und unterschiedlicher Vorstellungen in der Gesellschaft von dem, was Familie ist, wer zu einer Familie gehört, oder wie die Aufgaben in einer Familie verteilt sein sollen (BMFSFJ 2000, S. XII). Familien mit ausländischer Herkunft werden als Teil dieser Vielfalt beschrieben.

Der 7. Familienbericht stellt wiederum einen Gesamtbericht zur Lage der Familien in Deutschland dar. Er wird 2006 unter dem Titel „Familie zwischen Flexibilität und Verlässlichkeit – Perspektiven für eine lebenslaufbezogene Familienpolitik" veröffentlicht.

Die Berichtskommission verzichtet in diesem Bericht auf eine eindeutige Einordnung von Familie. Dennoch wird von Familie als Gemeinschaft mit starken Bindungen gesprochen, wo Menschen generationsübergreifend füreinander Sorge tragen. Dieses Verständnis wird vor dem Hintergrund bestehender gesellschaftlicher Bedingungen sowie Veränderungsprozessen formuliert, die durch Wandel, Umbrüche und Ungleichzeitigkeiten Einfluss auf die Entscheidung junger Menschen für die Realisierung von Familie nehmen. Im Ergebnis wird ein Bild moderner Familienarrangements gezeichnet, dem eine Idee von nachhaltiger Familienpolitik an die Seite gestellt wird. Diese Politik soll aus dem Dreiklang von Zeit, Geld und Infrastruktur bestehen. Die Bundesregierung bezeichnet in ihrer Stellungnahme Familie als den Ort, an dem mehrere Generationen füreinander sorgen und „Alltagssolidarität" gelebt wird. Familie wird „kleiner, bunter und mobiler" (BMFSFJ 2006, S. XXIV). Sie wird als die „soziale und aktive Mitte der Gesellschaft" beschrieben, die für ihre Mitglieder den zentralen Ort des Erwerbs von Kompetenzen, der materiellen und emotionalen Sicherheit, der Unterstützung und Geborgenheit darstellt (BMFSFJ 2006, S. XXIV).

Aufbauend auf den Ergebnissen seines Vorgängers widmet sich der 8. Familienbericht ganz dem Thema „Zeit“ als wichtige Ressource für und von Familien. Der Bericht erscheint 2012 als Spezialbericht unter dem Titel „Zeit für Familie – Familienzeitpolitik als Chance einer nachhaltigen Familienpolitik“. Bei der Einordnung von Familien verweist die Kommission zwar darauf, dass die eheliche Kernfamilie weiterhin die häufigste Lebensform darstellt, ergänzt diese jedoch um ein modernes Verständnis von Familie. Familie konstituiert sich demnach „nicht mehr nur über Heirat, sondern über Solidarität, Wahlverwandtschaft und Elternschaft. Familie ist nicht mehr nur soziale Institution, die durch Rollen, Positionen und damit verbundene Rechte und Pflichten charakterisiert ist“ (BMFSFJ 2012, S. 3). Mit dieser Sicht auf Familie formuliert die Berichtskommission ein weites und modernes Verständnis des Zusammenlebens von Menschen in sozialen Gruppen. Die Bundesregierung verzichtet hingegen auf eine Festlegung dessen, was sie unter Familie versteht.

Wie bereits anhand dieser kurzen Darstellung der Familienberichte und deren formulierter Leitbilder oder begrifflicher Einordnung von Familie gezeigt werden konnte, spiegeln diese – wenn auch mit einer gewissen Verzögerung – gesellschaftliche Entwicklungen, beeinflussen die Diskurse um die Funktion und Bedeutung von Familie. Diese Sicht auf Familie wirkt tief in die gesellschaftlichen Unterstützungssysteme hinein. Sie prägt auch die Kinder- und Jugendhilfe, die diese Sichtweisen internalisiert und darauf aufbauend und in der Abgrenzung hierzu, wie Mierendorff und Olk[2] 2007 in ihrer Analyse eindrucksvoll gezeigt haben, ein eigenes Selbstverständnis entwickelt hat. Diese Analyse soll im Weiteren aufgegriffen und nachgezeichnet werden.

Familie und Jugendhilfe

Dieses Selbstverständnis steht seit der Herausbildung und Etablierung der Jugendhilfe[3] Ende des 19. Jahrhunderts durchaus in einem Spannungsverhältnis. Dabei geht es zentral um die Frage, „ob der Staat die elterliche Erziehungstätigkeit lediglich von außen in ihrer Handlungsfähigkeit stützen oder aber eigenständige Sozialisations- und Erziehungsinstanzen bereitstellen solle, die einem familienersetzenden oder aber zumindest familienergänzenden Selbstverständnis folgen“ (Mierendorff & Olk 2007, S. 542). Damit verbunden, und sicher

2 Johanna Mierendorff und Thomas Olk haben für ihre Analyse u. a. auf ausgewählte Parlamentsdebatten, Gesetzestexte oder -entwürfe sowie auf die Kinder- und Jugendberichte zurückgegriffen. Die folgenden Ausführungen bauen auf dieser Analyse auf.

3 In dieser Zeit noch nicht als „Kinder- und Jugendhilfe“ bezeichnet.

nicht von minderer Bedeutung, ist die Frage, wer Träger dieser Angebote sein sollte – der Staat oder freigemeinnützige Träger. Beschrieben werden damit zwei Seiten einer Medaille, die den Grundkonflikt zwischen Jugendhilfe und Familie ausmachen und die Diskurse in Bezug auf die Familie und die staatliche Etablierung eines Kontroll- und Hilfesystems prägen und daher als einen der „neuralgischen Punkte für den immer wieder beklagten geringen Stellenwert der Jugendhilfe im wohlfahrtsstaatlichen Gefüge" ausgewiesen werden (Mierendorff & Olk, 2007).

Am Beginn der Herausbildung der Jugendhilfe als eigenständiges Handlungsfeld steht die Auseinandersetzung mit dem Funktionsverlust der proletarischen Familie in der Folge der Industrialisierung im 19. Jahrhundert. Die Antwort auf diese Herausforderung erfolgt in zwei Richtungen. Danach wird dem Staat vorrangig eine ordnungspolitische Funktion zugewiesen. In die Hände der freien Träger werden hingegen die erzieherischen Maßnahmen gelegt. Erst zu Beginn des 20. Jahrhunderts entstehen Reformüberlegungen, die an dieser funktionalen Aufgabenteilung ansetzen und der Jugendhilfe einen eigenen öffentlichen Erziehungsauftrag zuweisen und damit „erste Ideen des Ineinandergreifens von präventiven jugendpflegerischen und traditionell reaktiven fürsorgerischen Maßnahmen" entstehen lassen (Mierendorff & Olk 2007, S. 545). Diese Reformüberlegungen gewinnen aber erst im Zuge der Debatte um das Reichsjugendwohlfahrtsgesetz nach dem ersten Weltkrieg an Bedeutung, das 1924 in Kraft tritt. In ihm finden sich zwar einige Reformüberlegungen wieder, aber die Jugendhilfe erhält keinen eigenen Erziehungsauftrag, bleibt hinter der Familienerziehung zurück und wird lediglich als deren „Ausfallbürge" adressiert (Münder, 1990).

Im Nationalsozialismus vollzieht die Jugendhilfe einen Bruch mit der Ambivalenz gegenüber der Familie und formuliert für sich einen eigenen Erziehungsauftrag. „Primäres Objekt staatlichen Handelns wurde die ‚normale' und ‚gesunde' Jugend, die es zu ertüchtigen und zu nationalsozialistischen Hoffnungsträgern zu erziehen galt" (Mierendorff & Olk 2007, S. 548). Die Familie mit ihrem eigenen „schädlichen" Erziehungsauftrag gerät in den Hintergrund, wird den Interessen der nationalsozialistischen Ideologie vollständig untergeordnet. Der staatliche Erziehungsanspruch der Jugendhilfe wird hingegen rigide auch gegen die Familie durchgesetzt (Mierendorff & Olk 2007, S. 548).

Nach dem zweiten Weltkrieg beginnt die Debatte um die Neugestaltung der Jugendhilfe. Dabei richten sich die Interessen einerseits auf die politische Bildung als „Umerziehung ideologisierter Jugendlicher" und anderseits auf die notwendige Zurückhaltung des Staates gegenüber Familien und deren Schutz vor staatlichen Übergriffen. Im Zentrum der Aktivitäten steht jedoch der Wiederaufbau des zerstörten Landes und seiner Institutionen, wird das Leitbild der traditionellen bürgerlichen Familie, wie bereits gezeigt werden konnte, geradezu zu einem Normalitätsversprächen. Vor diesem Hintergrund wird die Jugendhilfe Kontroll- und Sozialisationsinstanz zur Durchsetzung eben jener Normalverhältnisse. „Familie erhielt in neuer Weise ideologischen Wert und damit Bedeutung für die Gesellschaft: die kleine intakte Vater-Mutter-Kind-Familie wurde zum normativen Garanten des wirtschaftlichen Aufbaus und der Normalisierung des gesellschaftlichen Lebens (…)" (Mierendorff & Olk 2007, S. 551). Die Jugend galt es vor Verwahrlosung zu bewahren, insbesondere sittlicher Verwahrlosung. Dem lagen gesellschaftliche Normative zugrunde und nicht die Bedürfnisse der Kinder und Jugendlichen, was später am Runden Tisch Heimerziehung wieder deutlich erkennbar wurde.

In diese Zeit fällt auch die erneute Debatte um eine Reform des Jugendhilferechts. 1961 wird aus dem Reichsjugendwohlfahrtsgesetz das Jugendwohlfahrtsgesetz (JWG). Der Schwerpunkt bei der Gesetzesnovelle liegt eindeutig beim Aufbau und der Organisation der Jugendbehörden sowie den klassischen Aufgaben der Jugendfürsorge. Darüber hinaus wird unter anderem erstmals auch die Stärkung des Elternrechts, die Vorrangstellung freier Träger, die Einführung der Freiwilligen Erziehungshilfe, die Heimaufsicht sowie eine regelmäßige Jugendberichterstattung der Bundesregierung verankert (Wabnitz 2015, S. 30f.). Unabhängig davon erhielt die Jugendhilfe auch mit diesem Gesetz keinen umfassenden, eigenständigen und präventiven Erziehungsauftrag neben der Familie.

Das traditionelle bürgerliche Leitbild von Familie mit seiner klaren Rollenaufteilung bestimmt lange Zeit auch die Sicht der Jugendhilfe auf Familie. Mit dem einsetzenden wirtschaftlichen Aufschwung, der Vollbeschäftigung und dem damit verbundenen zunehmenden Mangel an qualifizierten Arbeitskräften in Westdeutschland verändern sich die Anforderungen und Erwartungen an Familie. Die Bildung innerhalb und außerhalb der Familie gerät vor diesem Hintergrund in den Fokus des politischen Interesses. Das Leitbild von Familie wird stärker als bisher hinterfragt. Familie wird zunehmend als „defizitäre Sozialisationsinstanz, die Chancengleichheit, gesellschaftlichen Wandel und Demokratisierungsprozesse" gleichsam verhindert, angesehen (Mierendorff & Olk 2007, S. 563). Schule sowie außerschulische Bildungsinstitutionen hingegen gelten als Garanten des Fortschritts. Ausdruck dessen ist die Bildungsreform der 1960er und 1970er Jahre. Auch die Debatte um eine grundlegende Reform des Jugendhilferechts reißt nicht ab. So werden beispielsweise im Dritten Jugendbericht 1972 Eckpunkte für eine Jugendhilfereform formuliert. Eng hiermit verbunden ist die Debatte um eine „offensive Jugendhilfe". „Ziel dieser Reformbemühungen war es, Jugendhilfe als eigenständige Erziehungsinstanz mit einem fest umschriebenen und einklagbaren Maßnahmenkatalog zu etablieren – nicht nur als Korrektur- und Kontrollinstanz der Familie, sondern als präventiv arbeitende Institution" (Mierendorff & Olk 2007, S. 553).

Noch während der Bildungsreform wird die defizitäre Sicht auf Familie zunehmend kritisch diskutiert und die „starke Verengung auf kompensatorische Erziehung als einzige Antwort auf familiale Defizite in Frage gestellt" (Mierendorff & Olk 2007, S. 554). Nicht zuletzt führt auch die Kritik an der Heimerziehung zu einer stärkeren Aufwertung der Familienerziehung. Mittel der Wahl ist demnach nicht die Familie zu ersetzen, sondern sie besser zu befähigen. Familie erfährt eine deutliche Aufwertung, die in der Folgezeit als „Renaissance der Familienerziehung" beschrieben wird (Mierendorff & Olk 2007, S. 555). Das bleibt nicht ohne Konsequenzen für die weitere Debatte um die Reform der Jugendhilfe. Mehrere Reformansätze werden vorgelegt und wieder verworfen, die Idee einer offensiven Jugendhilfe, wie sie noch im dritten Jugendbericht diskutiert wurde, gilt jedoch endgültig als gescheitert. Vielmehr wird die Familienorientierung wichtiger Ausgangspunkt der weiteren Reformüberlegungen. 1988 wird ein Entwurf für ein Jugendhilfegesetz vorgelegt, der nach intensiver Debatte als Kinder- und Jugendhilfegesetz (KJHG) im Sozialgesetzbuch (SGB VIII) verankert wird und 1990 in den neuen und 1991 in den alten Bundesländern in Kraft tritt.

Mit dem neuen Kinder- und Jugendhilferecht geht ein Perspektivwechsel einher. Im Vordergrund stehen die Förderung der Entwicklung junger Menschen und ihre Integration in die Gesellschaft, die mit präventiven und die Familie unterstützenden Angeboten flankiert wird. Folgerichtig werden Kinder und Jugendliche und ihre Eltern nicht mehr primär als „Objekte öffentlicher Fürsorge" begriffen, sondern als „Subjekte mit subjektiven Rechtsansprüchen und Beteiligungsrechten" (Wabnitz 2015, S. 44f.). Die Jugendhilfe wird damit zum Dienstleister für Familien. In der Sicht auf die Familie steht nunmehr nicht der Verlust ihrer Funktion, sondern deren Wandel im Vordergrund.

Um die Jahrtausendwende verändert sich erneut die Sicht auf die Familie und damit auch das Verhältnis zwischen Familie und Kinder- und Jugendhilfe. Steigende Arbeitslosigkeit und Kinderarmut, die Kosten der Wiedervereinigung und die Anforderungen der Globalisierung stellen die Funktionalität des Sozialstaates zunehmend infrage. Als Lösungsstrategien werden verschiedene Reformvorhaben sowie ein grundlegender Umbau des Sozialstaates verfolgt. „Neu ist, dass Kinder, Familie und Frauen in den Fokus sozialstaatlicher Umbaustrategien gerückt werden" (Mierendorff & Olk 2007, S. 557). Die demografische Entwicklung, sinkende Geburtenzahlen, fehlende Kindertagesbetreuung, der Schock über das schlechte Abschneiden der Schüler*innen bei internationalen Schulleistungsvergleichsuntersuchungen in 2000, das alles wird als Hinweis auf notwendige Reformen im Bereich Bildung sowie bei der Förderung und Unterstützung von Familien angesehen. Gefordert werden mehr Investitionen in Frauen, Kinder und Familien. Zeitgleich werden die Leistungen und Maßnahmen des Staates für Familien erstmals zusammenfassend und übersichtlich erfasst und dargestellt. Wochenlang kreist die öffentliche Debatte um dieses Leistungspaket und die damit verbundenen Finanzmittel von knapp 200 Milliarden Euro jährlich. Angesichts dieser Diskurse „gerät die ‚überkommene Familie' erneut ins Visier der Kritik: Während bisherige Debatten um die Krise und Reform des Sozialstaates um Phänomene des Markt- und Staatsversagens kreisten, wird nun ein ‚Familienversagen' diagnostiziert (…)" (Mierendorff & Olk 2007, S. 557). Das Modell der Alleinverdiener-Familie wird als „Bremse" für den sozialen Fortschritt angesehen, die Egalität der Geschlechter sowie eine stärkere Frauenerwerbstätigkeit hingegen als Lösung. Folgerichtig wird der Ausbau öffentlicher Bildungsangebote und Dienste zu einem zentralen familienpolitischen Ziel, werden Investitionen in Bildung gleichsam zum Schlüssel aller Probleme hochstilisiert. Nur über Bildung scheinen sich die Probleme der Gegenwart lösen und bewältigen zu lassen. Auch die Angebote und Maßnahmen der Kinder- und Jugendhilfe werden dieser Investitionslogik unterworfen. Bildung wird damit zu einer zentralen Leitidee der modernen Kinder- und Jugendhilfe, weite Bereiche werden dieser Idee untergeordnet.

Die Sicht auf Familie weist jedoch eine gewisse Ambivalenz auf. Einerseits wird Familie nach wie vor als wichtiger und unverzichtbarer Sozialisations- und Bildungsort für Kinder konstruiert, andererseits wird ihr mit Bezugnahme auf bestimmte Milieus eine gewisse „Bildungsferne" und ein gewisses „Bildungsversagen" attestiert. „Damit wird ein widersprüchliches Bild von der modernen Kleinfamilie konstruiert: in ihren besonderen Leistungen ist sie unverzichtbar – und muss daher unterstützt werden. In ihren selektiven Effekten im Hinblick auf die Reproduktion von sozialer Ungleichheit aber ist sie eine ernsthafte Gefahr für die übergreifenden Ziele der Bildungsmobilisierung und der Abmilderung sozialer Ungleichheiten durch eine sozialinvestive Chancengleichstellungspolitik" (Mierendorff & Olk 2007, S. 558). Unter diesen Bedingungen wird immer deutlicher, dass Familie allein die an sie gestellten Erwartungen nicht mehr erfüllen kann, verändert sich zunehmend auch das Verhältnis zwischen Familie und Kinder- und Jugendhilfe. Im Fokus steht dabei nicht mehr die Ambivalenz zwischen Potenzial und Defizit, sondern die Funktionsteilung zwischen Staat und Familie. „Damit wird die Teilung der Verantwortung für das Aufwachsen der jungen Generation zwischen Staat und Familie zu einer normalen, alle Familien betreffenden Angelegenheit: Jugendhilfe wird gewissermaßen demokratisiert und verallgemeinert. Im Visier sozialpädagogischer Angebote und Maßnahmen stehen nicht mehr die armen und von Ausgrenzung bedrohten Bevölkerungsgruppen, sondern tendenziell alle Kinder und Jugendlichen" (Mierendorff & Olk 2007, S. 561). Ausdruck dieser Tendenz ist sicher auch die seit 2009 mit der Ratifizierung der UN-Behindertenrechtskonvention verstärkt geführte Debatte um eine inklusive Jugendhilfe. Auch wenn der in diesem Zusammenhang 2016 vorgelegte Gesetzentwurf letztlich keine Zustimmung fand, sollte die „große" oder „inklusive" Lösung im SGB VIII weiter verfolgt werden.

Fazit

Die Familie der Gegenwart ist kleiner, bunter und mobiler. Sie ist der Ort, wo mehrere Generationen füreinander sorgen, wo Alltagssolidarität gelebt wird. Sie hat sich ungeachtet vielfältiger gesellschaftlicher Krisen als Lebensform als erstaunlich beständig erwiesen. Familie hat sich von der Ehe als ihre einzige legitime Daseinsform längst gelöst, hat ihrerseits dafür Sorge getragen, dass die Ehe als Rechtsinstitut nicht mehr nur für heterogene Paare gilt. Die Leitbilder von Familie sind, wie gezeigt werden konnte, nicht starr, sie entwickeln sich vor dem Hintergrund gesellschaftlicher Bedingungen, formen diese aber ebenfalls aktiv mit. Verantwortliche in Politik und der Kinder- und Jugendhilfe verinnerlichen diese Leitbilder, übernehmen sie als Teil der eigenen Haltung und Einstellung gegenüber Familie. Es ist daher unverzichtbar, bestehende Leitbilder von Zeit zu Zeit kritisch zu hinterfragen, sie zu dekonstruieren und mit den Erwartungen und Haltungen in Politik und Gesellschaft in Beziehung zu setzen. Die Aufgaben der Kinder- und Jugendhilfe bringen es mit sich, dass diese in ihrer Arbeit mit allen Familienformen konfrontiert ist und sich ohne normative Wertungen über das gewählte Lebensmodell dem Kindeswohl und der Förderung von Kindern und Jugendlichen widmet. Hier dürfte es sich lohnen, zu hinterfragen, inwieweit Kinder- und Jugendhilfe diesem Anspruch der Wertungsfreiheit gerecht wird.

Familie bleibt bei aller Dynamik, die ihr innewohnt, der zentrale Ort für den Erwerb von Kompetenzen, der materiellen und emotionalen Sicherheit, der Unterstützung und Geborgenheit für Kinder. Den Anforderungen einer modernen Gesellschaft kann Familie aber nicht mehr allein gerecht werden. Sie braucht starke Partner an ihrer Seite. Die Kinder- und Jugendhilfe ist einer dieser Partner. Diese notwendige Partnerschaft darf bei der erneuten Debatte um eine Reform der Kinder- und Jugendhilfe sowie der angestrebten Verankerung der Kinderrechte ins Grundgesetz nicht aus dem Blick verloren werden. Angesichts einer zunehmenden Radikalisierung in der Gesellschaft ist die Kinder- und Jugendhilfe zudem gefordert, ihren – über das Elternrecht abgeleiteten – Erziehungsauftrag neu auszugestalten und zu interpretieren. Von dem zukünftigen Verhältnis zwischen Familienpolitik, Familie und Kinder- und Jugendhilfe wird unter anderem abhängen, wie es uns gelingt, auf gesellschaftliche Herausforderungen wie Digitalisierung, Zuwanderung, Inklusion und eine zunehmende sozialen Ungleichheit Antworten zu finden. Familie funktioniert wie ein feiner Seismograph für gesellschaftliche Veränderungen. Es lohnt sich daher, auf dessen Ausschläge und Erschütterungen stärker als bisher zu achten.

Literatur

Bundesministerium für Familie und Jugend (BMFJ) (1968). Bericht der Bundesregierung über die Lage der Familien in der Bundesrepublik Deutschland; Erster Familienbericht, Bundestags-Drucksache V/2532. Bonn.

Bundesministerium für Familie und Senioren (BMFS) (1994). Familien und Familienpolitik im geeinten Deutschland – Zukunft des Humanvermögens – Fünfter Familienbericht. Bundestags-Drucksache 12/7560. Bonn.

Bundesministerium für Familie, Senioren, Frauen und Jugend (BMFSFJ) (2000). Familien ausländischer Herkunft in Deutschland – Leistungen, Belastungen, Herausforderungen – Sechster Familienbericht. Bundestags-Drucksache 14/4357. Berlin.

Bundesministerium für Familie, Senioren, Frauen und Jugend (BMFSFJ) (2006). Siebter Familienbericht – Familie zwischen Flexibilität und Verlässlichkeit – Perspektiven für ein lebenslaufbezogene Familienpolitik. Bundestags-Drucksache 16/1360. Berlin.

Bundesministerium für Familie, Senioren, Frauen und Jugend (BMFSFJ) (2012). Zeit für Familie – Familienzeitpolitik als Chance einer nachhaltigen Familienpolitik – Achter Familienbericht. Bundestags-Drucksache 17/9000. Berlin.

Bundesministerium für Jugend, Familie und Gesundheit (BMJFG) (1975). Bericht über die Lage der Familie in der Bundesrepublik Deutschland – zweiter Familienbericht, Familie und Sozialisation – Leistungen und Leistungsgrenzen der Familie hinsichtlich des Erziehungs- und Bildungsprozesses der jungen Generation. Bundestags-Drucksache 7/3502. Bonn.

Bundesministerium für Jugend, Familie und Gesundheit (BMJFG) (1979). Die Lage der Familie in der Bundesrepublik Deutschland – Dritter Familienbericht, Bericht der Sachverständigenkommission der Bundesregierung – Zusammenfassender Bericht. Bundestags-Drucksache 8/3120. Bonn.

Bundesministerium für Jugend, Familie und Gesundheit (BMJFG) (1979a). Die Lage der Familie in der Bundesrepublik Deutschland – Dritter Familienbericht, Bericht der Sachverständigenkommission der Bundesregierung. Bundestags-Drucksache 8/3121. Bonn.

Bundesministerium für Jugend, Familie, Frauen und Gesundheit (BMJFFG) (1982). Die Situation der älteren Menschen in der Familie – Vierter Familienbericht. Bundestags-Drucksache 10/6145. Bonn.

Bundesministerium für Jugend, Familie, Frauen und Gesundheit (BMJFFG) (1986). Siebenter Jugendbericht – Jugendhilfe und Familie – Entwicklungen familienunterstützender Leistungen der Jugendhilfe und ihre Perspektiven. Bundestags-Drucksache 10/6730. Bonn.

Gerlach, Irene (2009). Familienpolitik: Geschichte und Leitbilder; Bundeszentrale für politische Aufklärung. www.bpb.de/izpb/8047/familienpolitik-geschichte-und-leitbilder (Aufruf: 15. 8. 2018).

Hillmann, Karl-Heinz (1984). Wörterbund der Soziologie. 4. Auflage, Stuttgart: Alfred Körner Verlag.

Judt, Matthias (Hrsg.) (1998). DDR-Geschichte in Dokumenten; Bundeszentrale für politische Bildung, Schriftenreihe Band 350. Bonn.

Kaufmann, Franz-Xaver (2007). Familienpolitik; Berlin-Institut für Bevölkerung und Entwicklung. www.berlin-institut.org/online-handbuchdemografie/inhalt.html (Aufruf: 13. 9. 2018).

Kreft, Dieter & Mielenz Ingrid (2017). Wörterbuch Soziale Arbeit – Aufgaben, Praxisfelder, Begriffe und Methoden der Sozialarbeit und Sozialpädagogik. 8. Auflage, Weinheim und München: Juventa Verlag.

Mierendorff, Johanna & Olk, Thomas (2007). Kinder- und Jugendhilfe. In Jutta Ecarius (Hrsg.). Handbuch Familie. Wiesbaden: VS Verlag für Sozialwissenschaften
Münder, Johannes (1990). Das Jugendhilferecht. Technische Universität Berlin (zitiert nach Mierendorff, Johanna & Olk, Thomas, 2007).
Statistisches Bundesamt (Destatis) (2018). Bevölkerung und Erwerbstätigkeit – Haushalte und Familie – Ergebnisse des Mikrozensus 2017, Fachserie 1 , Reihe 3.
Wabnitz, Reinhard Joachim (2015). 25 Jahre SGB VIII, Die Geschichte des Achten Buches Sozialgesetzbuch von 1990 bis 2015, hrsg. von Arbeitsgemeinschaft der Kinder- und Jugendhilfe – AGJ. Berlin: Eigenverlag.
Wingen, Max (2003). Familien und Familienpolitik zwischen Kontinuität und Wandel – 50 Jahre Bundesfamilienministerium. Sankt Augustin: Konrad-Adenauer-Stiftung.

Lebensweltorientierung und die Herausforderungen der zweiten Moderne

Hans Thiersch

Das Konzept Lebensweltorientierung ist in den achtziger Jahren des vorigen Jahrhunderts entstanden; es hat sich in der wissenschaftlichen Diskussion und in der Praxis verbreitet, es bestimmt vor allem vielfältige praktische Ansätze, es wird bis heute theoretisch diskutiert und ist immer wieder bilanzierend zusammengefasst worden. Aber taugt es immer noch für die heutige Situation? Ist es nicht den Strukturen seiner Entstehungszeit verhaftet? Wird es den Wandlungen der heutigen gesellschaftlichen und sozialpolitischen Situation der zweiten Moderne gerecht? Ist also eine Verhandlung des Konzepts Lebensweltorientierung nicht nur einer der Versuche, den neuen, herausfordernden Strukturen mit alten Antworten zu entsprechen? Der folgende Beitrag versucht, gleichsam eine Schneise in den Dschungel dieser weitläufigen und grundsätzlichen Fragen zu schlagen und - zum einen - noch einmal an das Grundmuster zu erinnern, das dieses Konzept und seine Anfänge bestimmt hat, und zum anderen einige der Herausforderungen zu markieren, denen es sich in der zweiten Moderne ausgesetzt erfährt.

Ein persönlicher Rückblick

Wenn ich in die Zeit der Entstehung des Konzepts zurückgehe, so will ich hier keine Skizze der Sozialen Arbeit[1] der 1960er und 1970er Jahre versuchen, ich beschränke mich darauf, die Entwicklungen in der Sozialpädagogik aus meiner Sicht und Erfahrung und in einigen persönlichen Anekdoten zu markieren. Natürlich haben solche Erinnerungen ein „Geschmäckle", wie man hier in Schwaben zu sagen pflegt; sie verführen zur Verklärung und bauen an Legenden; sie bilden aber auch – und deshalb lasse ich mich trotzdem auf sie ein – eine Folie, vor der sich gegenwärtige Konstellationen profilieren lassen.

Als ich mich in den frühen sechziger Jahren des vorigen Jahrhunderts auf Sozialpädagogik einließ, geriet ich in jene Zeit eines wild bewegten, gesellschaftlich radikalen Aufbruchs, in der – bis in die 1968er Jahre sich kumulierend – die bleierne Muffigkeit der Nachkriegs- und Adenauer-Zeit unerträglich wurde und dann auch die damals herrschende Soziale Arbeit nicht länger hingenom-

1 Ich nehme für meine Darstellung von Anfang an den Begriff der Sozialen Arbeit, der Sozialpädagogik und Sozialarbeit zusammenfasst, obwohl er sich ja erst später durchgesetzt hat.

men werden konnte, weder von Theoretikern noch und vor allem nicht von den in die Praxis eindringenden Studierenden, aber auch nicht von den Adressat*innen. Die damalige Praxis zwang sie ins gesellschaftliche Abseits einer moralisierenden, autoritär verfestigten, disziplin- und verwaltungsorientierten Anpassung an rigide gesellschaftliche und arbeitsmarktbezogene Vorgaben und Zwänge – bisweilen überglänzt von der Ideologie einer peinlich gutmeinenden Wohltätigkeit. Es wurde – wie es ja inzwischen vielfältig aufgearbeitet wurde – kontrolliert, gedemütigt, geschlagen und eingesperrt, es gab sexualisierte Gewalt, es gab keine attraktiven Lern- und Ausbildungsperspektiven. Es drängte auf Ausbruch aus den gegebenen Strukturen der Fürsorgeanstalten, Jugendgefängnisse und Ämter, es drängte zu einem radikalen Neuansatz.

Drei Erfahrungsstränge waren es, die bei mir die Entstehung und Entwicklung der neuen Impulse für die Soziale Arbeit und damit letztendlich auch des Konzepts Lebensweltorientierung bestimmten: Erfahrungen in der Praxis, Erfahrungen im weiteren Feld der politisch-sozialen Situation und schließlich Erfahrungen innerhalb der damaligen Erziehungs- und Sozialwissenschaft.

Einzelne, eher am Rand liegende, aber doch symptomatische Praxisszenen haben sich mir in der Erinnerung festgesetzt. Der Posten des Jugendamtsleiters in Göttingen, wo ich studierte, musste neu besetzt werden; es wurde – das war in der Amtskarriere so angelegt – der bisherige Leiter des Friedhofamtes. Das empörte meine Freund*innen und mich als Skandal der Missachtung unserer Arbeitsinteressen und der Nicht-Professionalität. – Und: Ich reiste mit Martin Bonhoeffer in ein großes Heim, in dem einer der Jungen, um die er sich kümmerte, untergebracht war. Nun sollte der Junge in eine endlich gefundene Pflegestelle umsiedeln; aber als wir ankamen, war der Junge ausgerissen und gerade wieder eingefangen worden. Er stand im Foyer der Anstalt, verzweifelt, gleichsam klein, ganz zusammengefallen und hilflos, umringt vom Heimleiter, einem Geistlichen, und mehreren Erziehern, die erhaben auftrumpfend auf ihn eindrangen und einschimpften: Was er getan habe, wie undankbar er sei, dass das Konsequenzen haben werde usw. Der Junge war eine gute Viertelstunde lang stumm und standhaft, dann konnte er nicht mehr und begann in sich hinein zu schluchzen, er wurde barsch ergriffen und abgeführt. Der Heimleiter wandte sich nun uns zu, würdig herablassend und erkennbar sehr mit sich zufrieden: „Da seht ihr jungen Burschen einmal, was Erziehung heißt!“ Wir waren angewidert und verzweifelt. – Und: Einige Zeit später habe ich – inzwischen Dozent in Kiel – mit Studierenden das Landeserziehungsheim besucht. Wir wurden – nachdem uns auf dem Gelände Bewohner aus ihren vergitterten Fenster heraus johlend begrüßt hatten – in den Empfangsraum geführt und warteten lange, bis sich im Hintergrund eine Tür öffnete. Ein junger Mann kam und legte ein Manuskript auf das Rednerpulte und verschwand; endlich – nach wieder längerer Zeit – kam sehr gemessenen Schrittes durch die gleiche Tür der Heimleiter selbst aus der Tiefe des Raums, trat ans Pult und begrüßte uns. Wir waren fassungslos über diese selbstgefällig pompös inszenierte Machtdemonstration in diesem so bedrückenden Milieu.

Die Hilflosigkeit und Wut, die aus diesen Erfahrungen wuchs, wurde bei mir gestärkt durch das Wissen, dass es auch anders gehen konnte. Da war in Göttingen, wo ich pädagogischer Assistent war, das „Haus auf der Hufe", in dem – mit Herbert Colla, Martin Bonhoeffer und meiner späteren Frau Renate – offene, stadtteilbezogene Sozialarbeit praktiziert wurde: Im Kontext neu sich entwickelnder Jugendhilfen gab es in einer schwierigen Gegend mit sehr schwierigen, munteren, angriffig-aggressiven und phantasievoll schulverweigernden Jugendlichen und ihren bildungsdesinteressierten Eltern einen eigenen Jugendraum, intensiv-geduldige Unterrichtshilfen, Familienbesuche, aber auch ein aufwändig geprobtes Theaterspiel – die „Kluge" von Orff – und Reisen nach Berlin und London. Und: Da gab es im Institut immer wieder und auch noch spät nachts formlose Beratungen und oft endlose Diskussionen mit den Hufeleuten und plötzliche Hilfsaktionen, wenn einer der Jugendlichen – in der Schule oder zuhause oder mit den Freund*innen – in eine verzweiflungsvoll bedrängende Situation geraten war oder sich in sie hineinmanövriert hatte oder ausgerissen war. – Und: In Bad Segeberg lernte ich das Erziehungsheim von Anne Frommann kennen, in dem mich neben den vielen intensiven Erzählungen über die Kinder und ihre Schwierigkeiten und Potenziale vor allem der große, viel genutzte gemeinsame Wohnbezirk beeindruckte, der auf der einen Seite zur Wohnung der Familie und auf der anderen zu den Zimmern der Heimkinder offen war.

Neben der Welt von Verwaltungsgleichgültigkeit, skandalösen Heimverhältnissen, autoritärer Demütigung und aufgeblasener Selbstgefälligkeit war dies eine Welt direkter, praller Wirklichkeit, eine Welt unmittelbar bedrängender Not und unmittelbar phantasievoll leidenschaftlichen Engagements. Die Situation trieb mich – und uns – zu Wut und neuen Ansätzen, zu „Kritik und Handeln", wie ich, abgeschwächter formuliert, diese Spannung zum Titel meines ersten Buchs gemacht habe.

Mit diesen Erfahrungen und Initiativen geriet ich in den Sog des damaligen allgemeinen Aufbruchs; unsere konkretem Erfahrungen fügten sich in den weiteren Kreis der allgemeinen Kritik an den elenden und überforderten Lebensverhältnissen derer, die am Rand leben mussten, an der Schule, an den Ausbildungsverhältnissen, an den Ämtern, an den Heimen; diese Kritik verband und radikalisierte sich mit der prinzipiellen Kritik am Kapitalismus und seiner Weltordnung mit ihren weltweiten Ausbeutungsstrukturen und -kriegen, mit seinen weltweiten revolutionären Aufbrüchen. – Die Radikalität der Kritik an und in der Jugendhilfe wurde für mich dann sinnfällig auf dem Nürnberger Jugendhilfetag 1970: Die Szene war versammelt, der Kongress platzte aus allen Nähten, es brodelte erwartungsvoll, die Explosion lag in der Luft. In eine Ecke abgedrängt, eröffnete die Ministerin im engen Kreis ihrer Mitarbeiter*innen den Kongress, die Massen strömten an ihr vorbei und dahin, wo Neuerungen und Alternativen vorgestellt und in Resolutionen bekräftigt wurden – zwischen den Versammlungssälen der Kindergärtner*innen und der Heimerzieher*innen schwappten die Mengen immer hin und her zu den Abstimmungen, die es jeweils zu stärken galt, in der Schlussveranstaltung drängten die Massen auf die Bühne, revoltierende Studenten – die APO – und die Nonnen aus den Kindergärten schrien sich an. Der Veranstalter wusste sich nicht anders zu retten, als über Lautsprecher die „Schöne, blaue Donau" einzuspielen, unter deren alles übertönenden Klängen sich dann alles auflöste.

Hinter diesen Szenen lagen dramatische Entwicklungen. Im Kontext des radikalen Aufbruchwillens erschienen die Anstrengungen der Sozialen Arbeit als hoffnungsloses Symptomflicken und Ablenkungsmanöver von den entscheidenden politischen Problemen; es ging um eine grundlegende Politisierung der Arbeit. Das aber erschien mir – und ja nicht nur mir – zugleich notwendig und unbefriedigend: Wo blieben die Probleme und Schwierigkeiten und die Bewältigungsnöte unserer „Kunden" (wie man die Adressat*innen damals nannte)? Was sie brauchten und was wir mit ihnen unternahmen, war doch nicht nichts? Gewiss, Systemkritik und Neuansatz waren überfällig, aber die unmittelbare Praxis mit ihren Nöten, aber auch ihren Möglichkeiten durfte nicht aus dem Blick geraten. So entstanden Ansätze einer kritischen Neuformierung der Sozialen Arbeit als Versuch, aus der Kritik an der Gesellschaft und ihren Institutionen auf der einen Seite und in der Orientierung an den Alltagserfahrungen der Adressat*innen auf der anderen Seite neue sozialpädagogische Arbeitsstrukturen zu etablieren. Sie waren bestimmt von dem trotzigen Insistieren auf dem demokratischen und sozialstaatlichen Selbstanspruch der Gesellschaft, und ermutigt vom allgemeinen, radikal reformerischen Aufbruch im Zeichen von Willy Brandts Parole „Mehr Demokratie wagen". Sie überzeugte uns, sie wollten wir realisieren.

Wir waren überzeugt, dass eine neue Soziale Arbeit nur etabliert werden konnte, wenn sie sich wissenschaftlich ausweisen und fundieren konnte. Die Erziehungswissenschaft hatte sich in der „realistischen Wendung" Heinrich Roths zu den Sozialwissenschaften geöffnet, diese Wende galt es nun auch für die Soziale Arbeit zu konkretisieren. Hier fehlte viel, wir mussten nachziehen, aufholen und uns hineinarbeiten; wir machten aufregende Entdeckungen, vor allem auch in der amerikanischen Literatur. Im pädagogischen Seminar in Göttingen hat Klaus Mollenhauer die so traditionsbelastete Geschichte der Sozialpädagogik unter den neuen Zielen einer emanzipatorischen Pädagogik aufgearbeitet und zu der habermasianisch gefassten kritischen Theorie geöffnet. Die Interaktionstheorie von George Herbert Mead und kriminologische und sozialpsychologische Arbeiten ergaben Möglichkeiten, die Kritik an unseren Verhältnissen zu fundieren. Ich erinnere mich bis heute an die aufgeregten schlaflosen Nächte der ersten Lektüren von Erving Goffman: Endlich – so schien es mir –

konnten wir formulieren, was wir gespürt, aber nicht hatten fassen konnten. Wir haben die so ruinösen Strukturen der gefängnisähnlichen Fürsorgeheime im Konzept der totalen Institution rekonstruiert und desavouiert, die Kritik an dem herrschenden moralisierenden Verwahrlosungsbegriff – Verwahrlosung war als Indiz der schuldhaften Verkommenheit von Familien und Heranwachsenden verstanden worden – konnte im Kontext der Stigmatheorie theoretisch gefasst werden und führte zur Frage, ob Probleme der schwierigen Jugendlichen und ihrer Familien nicht immer auch und zunächst Probleme der Kontrollorgane – der Polizei, des Gerichts oder auch der Schule – sind, die sie im Namen von Hilfen durch ihre Definitionen beschädigen und damit erst zum besonderen Problem machten. Solche Kritik verband sich mit Neuansätzen, also dem Entwurf einer neuen Jugendhilfe mit dem Aufbau von offenen Beratungen, ambulanten Hilfen, des Pflegekinderwesens und der Familienhilfe. Statt der traditionellen großen Erziehungsheime auf dem Land entstanden kleine, dezentrale Wohngemeinschaften in der Stadt. Schulsozialarbeit begann und in den Kirchengemeinden Stuttgarts wurde das Konzept einer neuen Jugendarbeit entwickelt, das – unter dem Namen der Mobilen Jugendarbeit – die Straße und die Straßengruppe als einen Lebensort der Jugendlichen verstand und hier nach Anknüpfungen für ein produktives Leben suchte. Nach Jahren der immer neuen Ansätze, Erweiterung und Differenzierung konkretisierten sich Arbeitskonturen eines neuen Konzepts der Alltags- und Lebensweltorientierung der Sozialen Arbeit, vor allem im Rückbezug auf die Alltagsphänomenologie von Alfred Schütz und die kritische Alltagstheorie von Karel Kosik – angeregt und weitergetrieben auch in Parallelen und Kooperationen zu den anderen, damals neu ansetzenden Konzepten z. B. in der Sozialpsychologie und -psychiatrie und der kritischen Kriminologie. Das Konzept sieht den Zusammenhang von gesellschaftlichen Verhältnissen und Alltag, in dem sich die gesellschaftlichen Verhältnisse repräsentieren und in denen sie auch bewältigt werden müssen, von Lebenslagen und Bewältigungsmustern. Es versteht das Alltagshandeln als Schnittstelle zwischen ihnen und insistiert auf dem unbedingten Ausgang aller Sozialen Arbeit in den Bewältigungsmustern. Es sieht die Menschen in ihren alltäglichen Erfahrungen, Deutungs- und Handlungsmustern, in ihren Stärken, Spannungen, Konflikten und Machtkämpfen, in ihren Kränkungen, Resignationen und Hoffnungen und in ihren Anstrengungen, in der Komplexität und Widersprüchlichkeit dieser Erfahrungen zurande zu kommen und Möglichkeiten eines sinnvollen, „gelingenderen" Lebens zu finden. und sich in Veränderungen daraufhin zu engagieren. Schwieriges und abweichendes Verhalten wird als Versuch verstanden, sich in diesen Alltagskonstellationen auch unter erschwerten Bedingungen zu behaupten. – In diesen schwierigen Konstellationen hilft Soziale Arbeit, indem sie die Menschen ebenso in ihrem Alltag, in seinen Selbstverständlichkeiten, und Leistungen sieht wie in seinen Spannungen, Defiziten, unterdrückten Hoffnungen und besseren Möglichkeiten. „Wir haben" – hieß es bei Johann Heinrich Pestalozzi – „nichts anderes als diese Arbeit an unserem verschütteten Selbst". Lebensweltorientierte Soziale Arbeit anerkennt das Gegebene und ermutigt zum Gelingenderen, sie nutzt ihre professionellen und institutionellen Ressourcen kritisch-selbstkritisch, indem sie das Gelingendere im Horizont sozialer Gerechtigkeit und eines Lebens in Freiheit in Solidarität auslegt, sie agiert im Medium der Aushandlungsprozesse einer moralisch inspirierten Kasuistik und engagiert sich im Prinzip der Einmischung in gesellschaftlichen Veränderungen.

Nach den späten 1980er Jahren ergab sich die Gelegenheit, das Konzept in seinen Grundintentionen als Leitorientierung in den damals erarbeiteten 8. Jugendbericht von 1990 einzubringen. Indem der Bericht auf der allgemeinen öffentlichen Bühne der sozialpädagogischen Szene präsentiert wurde, konnte er in die Theoriediskurse und in die Praxis hinein wirken; die Wirkung wurde dadurch gesteigert und befestigt, dass gleichzeitig die Diskussionen zu einem neuen KJHG, die die kritischen Fachentwicklungen seit den 1970er Jahren begleitet und mit vorangetrieben hatten, zu einem Ende kamen und das neue Gesetz dann auch im Horizont des Jugendberichts und im Konzept der lebensweltorientierten Sozialen Arbeit z. B. von Johannes Münder und Reinhard Wiesner ausgelegt wurde.

Aus dem Abstand und von heute aus betrachtet hat diese Entwicklung und die breite Etablierung des Konzepts einen Grund wohl in einer Konstellation, wie sie nach Niklas Luhmann – ganz allgemein gesehen – Voraussetzung für die Durchsetzung von neuen Konzepten ist. Es braucht eine Idee, die aber – das ist das zweite – nur zum Tragen kommt, wenn sie in der Zeit anstehende Probleme aufgreift und machbare Lösungen verspricht, also zur rechten Zeit entsteht, es braucht aber drittens ein Forum, eine Bühne, auf der das Konzept sich darstellen kann.

Unabgegoltenes Erbe

Ich belasse es bei diesen Erinnerungen, möchte aber einige Momente aus diesen Anfangszeiten festhalten, gleichsam als in Vielem noch immer unabgegoltenes und weiter wirkendes Erbe. Also: Es geht um

- das Leiden und die Wut an Verhältnissen, die nicht so sind, wie sie sein sollten – in der Gesellschaft, aber ebenso in der Sozialen Arbeit. Die Sexual- und Heimskandale der jüngsten Zeit machen erschreckend deutlich, wie gefährdet die Soziale Arbeit ist: „Der Schoß ist fruchtbar noch, aus dem das kroch!", heißt es bei Bertolt Brecht. Das Leiden und die Wut müssen in ein Engagement im Kampf um Gerechtigkeit und in eine insistierende Phantasie im Handeln übersetzt werden;

- das Wissen, dass alle Menschen ein Recht darauf haben, in den Schwierigkeiten ihres gewöhnlichen Alltags gesehen und unterstützt zu werden und dass dieses demokratisch elementare Prinzip mit besonderem Nachdruck ausgelegt und praktiziert werden muss für die, die im gegebenen Machtgefüge schweigen und in ihren Problemen unterdrückt werden;
- das Wissen, dass dieser Alltag in seinen Widersprüchen und Konflikten auf Potenziale des Gelingenderen angelegt ist, die es freizusetzen und zu ermutigen gilt;
- das Wissen, dass diese Arbeit in der Anerkennung des Gegebenen ebenso wie des Möglichen in den darin liegenden Spannungen das spezifische Aufgabengebiet der Sozialen Arbeit ist, das in institutionalisierten Angeboten und professionellen Kompetenzen vertreten werden muss;
- das Wissen, dass Soziale Arbeit selbstkritisch sein muss gegen die Machtstrukturen der Gesellschaft und der eigenen Institutionalisierung und Professionalisierung, dadurch aber nicht gelähmt werden darf, sondern Kritik in neue Arbeitsformen überführen und in ihnen agieren muss;
- das Wissen, dass ein solches Konzept nur tragfähig ist, wenn es sozialwissenschaftlich fundiert ist.

Solche Erinnerungen setzen die gegenwärtige Soziale Arbeit in den weiteren Zusammenhang ihrer Entwicklung und Geschichte und erinnern sie an Ziele, die über die Gegenwart hinausgreifen. Solche Erinnerungen machen deutlich, dass Soziale Arbeit den Kampf braucht, um sich durchzusetzen, und dass es in solchem Kampf unterschiedliche Phasen gibt, Phasen der verhärteten Strukturen, des Stillstands und des Rückgangs und Phasen, in denen es vorandrängt, ohne darin zur Ruhe zu kommen. In diesen Bewegungen aber kommt Soziale Arbeit nur voran, wenn sie sich mit allgemeinen gesellschaftlichen Bewegungen verbindet, wenn sie die darin liegenden Widersprüche nutzen kann und wenn sich darin auch günstige Fügungen ergeben und genutzt werden können.

„Work in progress“

Solche Erinnerungen zeigen vor allem aber auch, dass das je Erreichte immer nur als eine Zwischenstation verstanden werden darf; solche Erinnerungen zeigen die Soziale Arbeit als Arbeit in Widersprüchen und darin dann als „work in progresss“. Das Konzept der Lebensweltorientierung hat sich in vielfältigen Ansätzen realisieren können; Struktur- und Handlungsmaximen der Alltagsnähe, Regionalisierung, Prävention, Integration, Partizipation, und Einmischung haben sich durchgesetzt, alltagsnahe, ambulante Hilfen sind breitflächig ausgebaut worden, ihr Primat vor stationären Angeboten hat sich durchgesetzt und die Verbundsysteme der integrierten und flexiblen Hilfen haben sich etabliert; so sind Arbeitsstandards selbstverständlich geworden, die nicht wieder verloren gehen dürfen und die – als Plattform auch der weiteren, in allen wie auch immer sich ergebenden Entwicklungen der politischen und sozialpolitischen Großwetterlage – festgehalten und verteidigt werden müssen.

Lebensweltorientierte Soziale Arbeit aber ist als „work in progress" in weiten Bereichen noch Programm. Das liegt sicher in den Problemen noch immer ungenügender Rahmenbedingungen und einer vielfältig überforderten Praxis, aber auch in beengenden, unbeweglichen Arbeitsstrukturen, die zu Rückfällen führen, die es immer wieder aufzudecken und abzuarbeiten gilt. In einer kritischen Sozialen Arbeit braucht es ein System der kollegialen Selbstkontrollen, der Einspruchs- und Beschwerdemöglichkeiten der Adressat*innen und vor allen der wachsamen kritischen Selbstbeobachtung, die sich durch bloße Programmatik und allgemeine Zielorientierung nicht bestechen lässt. – Dieses System der fachlichen Kontrollen und internen zornigen Skandalisierung ist unter der Überschrift der Fehlerfreundlichkeit sicher zu harmlos tituliert; dieses System gilt es auszubauen und auch gegenüber den immer wieder durchschlagenden öffentlichen Diskursen zu verteidigen, die zu massiven Vorwürfen und prinzipiellen Zweifeln an der institutionalisierten Sozialen Arbeit führen und ihr die Fähigkeit der Selbstrevision und kritischen Weiterentwicklung absprechen. Dies wird sehr deutlich im Kontrast zur Medizin, deren – ja durchaus nicht unerhebliche – Missstände nie zu grundlegenden Fragen nach der Organisation unseres Medizinsystems führen.

Alte Herausforderungen in neuen Konstellationen

Diese Arbeit an der immer währenden Revision und weiteren Entwicklung des Konzepts aber rückt zunehmend in den Horizont der gesellschaftlichen, sozialen und sozialpolitischen Umwälzungen der gegenwärtigen Situation der zweiten Moderne. Sie ist bestimmt durch die Macht von Kapital und Großkonzernen und der wachsenden technologischen und sozialtechnologischen Überformung des Lebens, durch neue Zonen der Exklusion und durch die so massiven Erwartungen an die Menschen, sich aus eigener Kraft und Anstrengung in den Konkurrenzen der Leistungsgesellschaft zu behaupten. Hinzu kommen die allgemeinen Erfahrungen der Verunsicherungen in den sich entgrenzenden Lebensverhältnissen, die zunehmende Bedeutung der virtuellen Wirklichkeit und – vor allem – die Erfahrungen von Katastrophen, Ortlosigkeit und Perspektivlosigkeit der Menschen in Vertreibung und Flucht. Vor diesem Hintergrund erscheinen alte Herausforderungen der 1970er Jahre für die Soziale Arbeit gleichsam in neuem Gewand.

Es geht – wie damals, nun aber in neuer Dramatik – um die Unterstützung der an den Rand geratenen, der von Exklusion und Ausgrenzungen bedrohten

Menschen. Das sozialpädagogische Engagement muss ausgeschärft werden gegen das neoliberale Leistungskonzept, in dem Menschen erfahren, dass sie für sich zuständig sind, ohne sich doch in den Verhältnissen behaupten zu können. „Du hast keine Chance, aber nutze sie". Es muss ebenso ausgeschärft werden z. B. gegen die so vielfältigen Ungerechtigkeiten, etwa in den Berechnungen der Hartz-IV-Leistungen, in den verschärften Strafen gegen jugendliche Kund*innen der Arbeitsverwaltung, im Fehlen der notwendigen besonderen professionellen Ressourcen in den Konstellationen und Zonen besonderer Belastung, und schließlich in der Tatsache, dass die Phase des Heranwachsens heute zwar allgemein bis zu einem Alter zwischen 20 und 30 Jahren gerechnet wird, dass aber von jungen Menschen, die ihrer Belastungen wegen auf Jugendhilfe angewiesen sind, erwartet wird, dass sie mit spätestens 21 Jahren ohne weitere Jugendhilfeunterstützung mit ihrem Leben zu Rande kommen.

Es geht – wie damals und wieder dramatisiert – um die selbstkritische Kritik an Formen der institutionell-professionellen Sozialen Arbeit. Mit ihrer Etablierung und Differenzierung wächst die Gefahr ihrer Selbstreferenzialität; sie dramatisiert sich angesichts der wachsenden Bedeutung der sozialen Technologien und vor allem der ökonomisch-betriebswirtschaftlichen Bedingungen und deren Rentabilitätszwängen; die Versuche einer symptomorientierten Klassifikation der Problemlagen ergänzen diese Tendenzen in unheimlicher Weise – Soziale Arbeit ist Kommunikation; sie braucht Vertrauen und Zeit, auch für Offenheiten und Umwegigkeiten – wie bedroht diese Selbstverständlichkeit ist, haben die Auseinandersetzung um die Entwürfe für ein neu gefasstes SGB VIII in den letzten beiden Jahren sehr deutlich werden lassen.

Diese Aufgaben müssen gesichert werden im Kampf um die Definition der gestellten Probleme; die neoliberalen Intentionen agieren immer wieder in Begriffen, die in der lebensweltorientierten Sozialen Arbeit entstanden sind, nun aber in neuem Gebrauch gleichsam ihrer ursprünglichen Intention entfremdet und enteignet werden. Die Begriffe Sozialraumorientierung und Regionalisierung dienen dann der Abdrängung der notwendigen Arbeit hin zu bürgerschaftlichen, nachbarschaftlichen, kirchlichen und privaten Aktivitäten und sollen so vor allem zur Entlastung der öffentlichen und kommunalen Angebote beitragen. Dass viele sich im Spiel der gesellschaftlichen Gruppen mit ihrer Stimme nicht einbringen können, wird ebenso übergangen wie die Frage danach, wie Gelegenheiten für ihre Beteiligung geschaffen werden können. – Die Rede von der Sozialraumorientierung dient dann dazu, Jugendhilfeaktivitäten den in der Region vorhandenen „Normaleinrichtungen" der Kindertagesbetreuung und der Schule zuzuordnen und damit ihrer anders strukturierten Aufgaben- und Handlungslogik unterzuordnen.

Neue Gewichtung der Arbeit am gelingenderen Alltag

Diese Ausschärfung der alten Herausforderungen verbindet und überlagert sich damit, dass sich die Erfahrungen der alltäglichen Lebenswelt verschieben und verändern; die Bedeutung der Unmittelbarkeit der Alltagserfahrungen der Adressatinnen und ihr Bezug zum Gelingenderen problematisieren sich.

Die Globalisierung der Märkte und Arbeitsverhältnisse, die Offenheit und Unübersichtlichkeit der Lebensplanungen und die Entgrenzung der Lebensverhältnisse verbinden sich mit den politischen Bedrohungen und führen zu Gefühlen der generellen Verängstigung und Hilflosigkeit. Oskar Negt redet vom „Rohstoff Angst"; sie treibt viele Menschen zum Rückzug auf das Enge, Überschaubare und vermeintlich Eigene, und zu Abwehr und Abgrenzungen gegen alles Andere und Fremde. Sie führt bei Menschen in mühsamen und belasteten Situationen zu Neid, Missgunst und Fremdenfeindlichkeit. Man müsse, so heißt es dann unter Wohnungslosen, nur auch aus Syrien stammen, dann würde einem geholfen. In den globalisierten und entgrenzten Strukturen aber führt die Angst auch jenseits unmittelbarer Armut zum Gefühl, in den eigenen Alltagserfahrungen übergangen, vergessen, vernachlässigt und missachtet zu werden, und zum Rückzug auf das Überschaubare, Vertraute und Enge. Dieser Rückzug verbindet sich dann immer wieder auch mit populistischen, dogmatisch verhärteten, fremdenfeindlichen Weltbildern und mit den alten – unter der Oberfläche ja immer lauernden – Mythen der Abwehr des Fremden, der Abwehr also der Ausländer*innen, der Sinti und Roma, der Juden und heute vor allem des Islam. Diese Entwicklungen verlangen nach einer neuen Gewichtung von Alltagserfahrungen und der Arbeit am gelingenderen Alltag. Lebensweltorientierte Soziale hatte ihren Einsatz im Respekt vor der Gegebenheit der Alltagserfahrungen und der daraus erwachsenen Kritik an der Gesellschaft und den Formen der institutionalisierten professionalisierten Sozialen Arbeit; dieser Ansatz in den eigenen Erfahrungen ist – daran darf nichts zurückgenommen werden – eine notwendige und elementare Voraussetzung jedes Verstehens und jeder Unterstützung und Hilfe, er muss aber in neuer und härterer Weise mit dem Bild eines gelingenderen Lebens im Horizont sozialer Gerechtigkeit in Solidarität konfrontiert und zur Auseinandersetzung genötigt werden. Der Ausgang von lebensweltlichen Erfahrungen ist, noch einmal anders formuliert, die notwendige, unhintergehbare Voraussetzung zum Verständnis menschlicher Verhältnisse, er ist aber immer nur eine notwendige, keine zureichende Voraussetzung. Die Frage nach den Lebensverhältnissen muss ausgewiesen und fundiert werden in Bezug auf die Strukturierung der Verhältnisse im Horizont von Gerechtigkeit. Kasuistik als Medium solcher Verhandlung ist als moralisch inspirierte Kasuistik immer und auch in harter und deutlicher Entschiedenheit auf die prinzipiellen Fragen der sozialen Gerechtigkeit bezogen.

Veränderungen und Verschiebungen in der Erfahrung der alltäglichen Lebenswelt ergeben sich vor allem aus dem Wachstum der virtuellen Welt. Es bilden sich neue, erweiterte und entgrenzte Strukturen von Raum, Zeit und Beziehungen. Informationen sind generell verfügbar; was früher Gott vorbehalten zu sein schien – überall und jederzeit präsent zu sein –, wird in den Medien nun jedermann möglich. Der Wissens- und Informationshorizont verändert sich grundlegend; Gegenwart – und Verfügbarkeit in der Gegenwart – gewinnen Bedeutung. Es geht um das Tempo von Jetzt und Gleich und die Präsenz derer, die im virtuellen Netz verfügbar sind. Diese Öffnungen und Erweiterungen heben die Lebensstrukturen der Alltäglichkeit und das Muster ihrer Bewältigungsaufgaben – als Aneignung eigener Erfahrungen in Raum, Zeit und Beziehungen – nicht auf, verlangen aber eine dramatisch neue Auslegung. Die Erweiterungen öffnen neue Räume der Freiheit und werden uns zunehmend selbstverständlich, sie müssen genutzt werden, es braucht Anstrengungen um neue Kompetenzen. Sie sind aber vor allem auch nötig, um die hier liegenden Risiken sehen und ihnen begegnen zu können. Es bilden sich neue Ungleichheiten; es braucht neue Grenzen zwischen der Privatheit des Eigenen und dem öffentlich Zugänglichen. Und: Die lebensweltlich verfügbaren Erfahrungen geraten in den Sog selbstreferenzieller, ganz in sich selbst kreisender eigener Kommunikationsräume; die gezielte Verbreitung von Falschinformation, Vorurteilen und Mythen findet rasche und schier unbegrenzte Möglichkeiten, abgesehen davon, dass die Anonymität der Botschaften es erlaubt, spontane Gefühle und Reaktionen gleichsam verantwortungslos und ungezügelt zu äußern. Das, was – in gleichsam harmloseren Formen – immer schon an Stammtischen geredet und – bedrückender – als Mobbing praktiziert wurde, wird im medialen shit-storm öffentlich und ruinös wirksam und gewinnt politische Brisanz. In diesen Offenheiten werden Abgründe der Angst, aber auch des Größenwahns, der Häme und der nackten Bosheit deutlich, wie sie – in Freuds Terminologie der Triebstruktur des Menschen – als Äußerungen des „Es" nur mühsam im Zug der gesellschaftlichen Kultivierung an den Rand gedrängt und zum Schweigen gebracht worden waren.

Und schließlich: Es geht in diesen Abwehr- und Selbstbehauptungskämpfen in der ins Virtuelle erweiterten Lebenswelt auch um eine neue Stufe des alten Kampfes zwischen den Interessen des Kapitals und des Sozialen und um neue Formen der Abwehr einer Huxley'schen gläsernen „neuen Welt", wie sie im verführerisch edel klingenden, aber doch sehr dünnen Mantel durch die das Kapital besitzenden, tonangebenden Weltkonzerne etabliert wird.

Profilierung des Konzepts Lebensweltorientierung

Im Horizont dieser Veränderungen im Zeichen von Angst, Hilflosigkeit, Abschottungen und Entgrenzungen muss der Anspruch des Konzepts Lebensweltorientierung neu profiliert werden. Menschen müssen befähigt werden, sich in den neu akzentuierten und dramatisierten Verhältnissen behaupten und sich als Subjekt dieser neuen Verhältnisse erfahren zu können. Zygmunt Bauman hat formuliert, dass Menschen erst jetzt die Freiheiten und Lasten, sich zu einem eigenen Weg entscheiden zu können, erfahren, dass sie gleichsam erst jetzt in den überfordernden, gefährdeten und entgrenzten Offenheiten der Gesellschaft in ihrer Freiheit nur auf sich selbst gestellt sind. Es kommt darauf an, sie darin, also im Willen und in der Verantwortung zur Wahl zu ermutigen und zu stützen. Das Konzept Lebensweltorientierung insistiert darauf, dass dies immer eine Verantwortung für die Schaffung von Verhältnissen ist, in denen Menschen sich in den Widersprüchen ihres Alltags orientieren, und hin zum Gelingenderen behaupten und „leben" können.

Der Ansatz einer lebensweltorientierten Sozialen Arbeit, diese Verwurzelung in den je eigenen Erfahrungen gibt Menschen eine Möglichkeit, sich angesichts der Spaltungen und Offenheiten unserer Verhältnisse, in denen sich die Selbstzuständigkeit zu verlieren droht, zu orten, einen Punkt zu haben, von dem aus sich Verhältnisse gestalten und Offenheiten aushalten lassen; hier hat, scheint mir, lebensweltorientierte Soziale Arbeit in ihrem beschränkten Zuständigkeitsbereich ihre Aufgabe und ihre Bedeutung; diese kann sie natürlich immer nur im Verbund mit anderen kritisch orientierten Professionen und vor allem den bürgerschaftlich und zivilgesellschaftlich engagierten Gruppen in unserer Gesellschaft wahrnehmen: mit ihnen zusammen aber ist sie engagiert in der Arbeit an der konkreten Utopie einer menschenfreundlichen, sich demokratisierenden Gesellschaf, in der Arbeit an einer Utopie, von der wir – so Ernst Bloch – „nichts haben, als den Weg daraufhin …"

Das Personal in der Kinder- und Jugendhilfe

Zur Bedeutung der Ausbildung von Fachlichkeit

Karin Böllert

Die Entwicklung des Personals in der Kinder- und Jugendhilfe ist überwiegend eine Erfolgsgeschichte, die fortgeschrieben werden kann, wenn Strategien zum Umgang mit einem wachsenden Fachkräftebedarf nicht zu einem Verlust an Fachlichkeit beitragen. Stattdessen sind Ausbildungsträger, Hochschulen und die Träger der Kinder- und Jugendhilfe gefordert, mehr junge Menschen für eine Ausbildung bzw. ein Studium im Kontext der Sozialen Arbeit zu interessieren und die Fachlichkeit der Kinder- und Jugendhilfe als einen Prozess des lebenslangen Lernens zu ermöglichen.

Die Kinder- und Jugendhilfe ist die soziale Infrastruktur des Aufwachsens junger Menschen und der Unterstützung ihrer Familien. Sie beinhaltet die sozialstaatlich regulierten Angebote der Betreuung, Erziehung und Bildung sowie des Schutzes, der Förderung und Beteiligung. Die Kinder- und Jugendhilfe verfolgt das Ziel der individuellen Befähigung zur Entwicklung selbstbestimmter Lebensentwürfe und gemeinwohlorientierter Lebenspraxen sowie der strukturellen Ermöglichung gesellschaftlicher Teilhabe als Ausdruck der Wahrnehmung einer öffentlichen Verantwortung für gleichberechtigte Lebenschancen und den Abbau sozialer Ungleichheiten. Vor diesem Hintergrund kann festgehalten werden, dass die Kinder- und Jugendhilfe an den Rändern der Gesellschaft mit ihren direkten personenbezogenen Leistungen ihre Adressat*innen unmittelbar im Kontext problematischer und belasteter Lebenssituationen im Prozess des Aufwachsens durch zahlreiche Angebote in vielfältigen Handlungsfeldern und Aufgabenbereichen unterstützt. Zusätzlich ist sie in der Mitte der Gesellschaft insgesamt zu einem integralen Bestandteil einer sozialen Infrastruktur geworden, die Ausdruck einer sozialstaatlichen Grundversorgung ist, deren Leistungen prinzipiell allen zur Verfügung stehen (Böllert 2018, S. 4). Das, was mit dieser Definition einer Kinder- und Jugendhilfe umschrieben wird, ist ganz wesentlich davon abhängig, mit welcher Fachlichkeit die Kinder- und Jugendhilfe ihrem gesellschaftlichen Auftrag nachkommt und nachkommen kann und davon, wie diese Fachlichkeit ausgebildet wird.

Das Personal der Kinder- und Jugendhilfe – eine Erfolgsgeschichte mit Schattenseiten

„Vom ‚Ende des Wachstums' zum ‚Wachstum ohne Ende'?" – so haben Kirsten Fuchs-Rechlin und Matthias Schilling ihren Beitrag in Heft 1 der Ausgabe 2018 des KommDat überschrieben, in dem sie mit über 880 000 Beschäftigten einen neuen Höchststand des Personals in der Kinder- und Jugendhilfe beschreiben. Wachstumsmotor ist die Kindertagesbetreuung, aber auch in den Hilfen zur Erziehung, im ASD, in der Jugendsozialarbeit und der Jugendhilfeverwaltung sind Zuwächse zu verzeichnen. Betrachtet man allein das pädagogisch tätige Personal, so sind in der Kinder- und Jugendhilfe mittlerweile mehr Personen beschäftigt als es Lehrkräfte an allgemeinbildenden Schulen gibt.

Festgehalten werden kann das Voranschreiten einer Feminisierung der Kinder- und Jugendhilfe. Gut 70 % des Personals ist weiblich. Die Kinder- und Jugendhilfe wird außerdem gleichzeitig immer jünger und älter. Die höheren Altersgruppen, also die über 50-Jährigen, sind heute deutlich stärker besetzt als noch in früheren Erhebungsphasen. Die Kinder- und Jugendhilfe ist damit endgültig zu einem Lebensarbeitszeitberuf geworden. Dies macht Konzepte der Personalentwicklung und Qualitätssicherung notwendig, mit denen bspw. familienfreundliche Arbeitsplätze gestaltet werden können, die Erfahrung der älteren Kolleg*innen wertgeschätzt und die Durchlässigkeit zwischen den verschiedenen Handlungsfeldern eröffnet wird.

Deutlich angestiegen sind die unter 30-Jährigen. Aufgrund des gestiegenen Personalbedarfs haben mehr neue und damit jüngere Fachkräfte Zugang zum Beschäftigungssystem gefunden. Nachdenklich stimmt, dass der Stellenzuwachs im Allgemeinen Sozialen Dienst nicht zu einer spürbaren Entlastung der Fachkräfte beigetragen hat, da gleichzeitig die Fallzahlen gestiegen sind. Nachdenklich stimmt auch, dass der Stellenzuwachs im ASD – wie auch der in den Hilfen zur Erziehung – überwiegend durch jüngere Fachkräfte und nicht selten durch Berufsanfänger*innen getragen wird. Die Träger der Kinder- und Jugendhilfe sind deshalb gefordert, den Berufsstart der Jüngeren fachlich zu begleiten und älteren Fachkräften Freiräume für eine kollegial gestaltete Berufseinmündung zur Verfügung zu stellen (Böllert, 2014).

Die Beschäftigung in Teilzeit ist in der Kinder- und Jugendhilfe umfassend zur Regel geworden. Selbst in anderen typisch weiblichen Arbeitsmarktsegmenten ist der Anteil der Vollzeitbeschäftigung höher. Dieses besondere Merkmal des Arbeitsmarktes Kinder- und Jugendhilfe aber einseitig als Prekarisierungstendenz zu kritisieren, hieße etwas vorschnell zu werten. Unterschieden werden muss zwischen einer erzwungenen und einer selbst gewählten Teilzeitbeschäftigung. Letztere anzuerkennen bedeutet dann, die sich hierin äußernden Lebensentwürfe der Beschäftigten ernst zu nehmen und zu akzeptieren, dass es auch in der Kinder- und Jugendhilfe selbstbestimmte Lebensvorstellungen jenseits einer dominanten Bezugnahme auf den Arbeitsmarkt gibt. Konzeptionell gilt es darüberhinausgehend zu überdenken, in welchen Handlungsfeldern eine kontinuierliche Beziehungsarbeit in Teilzeit überhaupt möglich ist (Böllert, 2018).

Eindeutige Prekarisierungstendenzen sind vor allem dann unverkennbar, wenn erzwungene Teilzeitbeschäftigung, Beschäftigungsverhältnisse auch unterhalb der einer Halbtagsstelle immer häufiger anzutreffen sind, unfreiwillige Freiberuflichkeit, Beschäftigung auf Honorarbasis, Leiharbeit oder befristete Arbeitsverhältnisse zu typischen Beschäftigungsverhältnissen zu werden scheinen (Fuchs-Rechlin, 2016). Eine durch Erwerbsarbeit gesicherte Existenz gelingt diesen Fachkräften nicht, der Kinder- und Jugendhilfe droht in diesen Fällen eine De-Professionalisierung.

Mit Ausnahme der Kindertageseinrichtungen nimmt auch die Akademisierung des Personals in der Kinder- und Jugendhilfe zu. In nicht wenigen Handlungsfeldern ist ein deutlicher Anstieg an Fachkräften mit einem fachlich einschlägigen Hochschulabschuss zu finden, im ASD, der Schulsozialarbeit, der Jugendberatung, der Jugendgerichtshilfe und der SPFH bilden sie mit Abstand die größte Beschäftigtengruppe.

Der Personalausbau der Kinder- und Jugendhilfe ist eindrücklich dokumentiert (Fuchs-Rechlin & Rauschenbach, 2018); gefragt werden muss allerdings, ob dies auch in Zukunft seine Fortsetzung finden wird und dies wiederum insbesondere in Hinblick auf die Fachlichkeit der Kinder- und Jugendhilfe.

Auf die Ausbildung von Fachlichkeit kommt es an

Der Personalzuwachs in der Kinder- und Jugendhilfe vollzieht sich zumindest in Teilen vor dem Hintergrund einer Professionalisierungsdiskussion, die in Form eines reflexiven Handlungstypus die Strukturprobleme sozialpädagogisch professionellen Handelns in den Blick nimmt und dabei nicht mehr die Exklusivität der Zuständigkeit, sondern deren Qualität analysiert. Dabei wird dem herkömmlichen Professionsmodell mit seinem expertokratisch-zweckrationalen Wissen ein diskursives Wissen gegenübergestellt. „In der Sozialen Arbeit ist erfolgreiches Handeln an das Vermögen gebunden, Wissen fallspezifisch und in je besonderen Kontexten zu mobilisieren, zu generieren und differente Wissensinhalte und Wissensformen relational aufeinander zu beziehen. Es ist weiter an die organisationsstrukturell verankerte Befähigung gebunden, in Interaktionen mit den Adressaten eine Verständigung zu erzielen und zu klären, was aus der Sicht der Adressaten eine angemessene Unterstützung ihrer Lebensinteressen sein könnte“ (Dewe & Otto 2001, S. 1151). Demnach materialisiert sich Professionalität „gewissermaßen in einer spezifischen Qualität sozialpädagogischer Handlungspraxis, die eine Erhöhung der Handlungsoptionen, Chancenvervielfältigung und die Steigerung von Partizipations- und Zugangsmöglichkeiten aufseiten der Klienten zur Folge hat" (Dewe & Otto 2001, S. 1400).

Konstitutiv für dieses Professionsverständnis ist die besondere Relationierung von wissenschaftlichem Wissen, Professionswissen und Handlungswissen, die Spezifik eines sozialpädagogischen Fallverständnisses und seine dienstleistungstheoretische Fundierung. Dem herkömmlichen Professionsmodell wird ein diskursives Wissen gegenübergestellt, „das nicht nur wissenschaftlich, sondern immer auch sozialkulturell und lebenspraktisch rückzubinden ist an die situativen Bedingungen der sozialen Handlungsvollzüge und Handlungsprobleme. Professionelles Handeln ist in dieser Perspektive stellvertretendes Handeln (...), d.h. als die stellvertretende Interpretation von Handlungsproblemen zu begreifen, die aber, so wie ihre Lösungen, in der Verantwortung der AdressatInnen Sozialer Arbeit bleiben (...). Im Zentrum professionellen Handelns steht, also nicht das wissenschaftliche Wissen, sondern die Fähigkeit der diskursiven Auslegung und Deutung von lebensweltlichen Schwierigkeiten und Einzelfällen mit dem Ziel der Perspektiveneröffnung bzw. einer Entscheidungsbegründung unter Ungewissheitsbedingungen" (Dewe & Otto 2002, S. 179). Die sich daraus ergebende Fallorientierung des sozialpädagogisch professionell Handelnden geht folglich weit über die klassische Einzelfallhilfe hinaus. Die Verpflichtung zur Kontextualisierung hat zur Konsequenz, dass Falldeutungen sich über personale Interaktionsbeziehungen hinausgehend auch auf soziale Milieus, Organisationsstrukturen und Institutionen erstrecken. Eine reflexive Professionalität beinhaltet von daher immer auch ein spezifisches Entsprechungsverhältnis von Wissen und Können, von Theorie und Praxis, eine rein wissenschaftsbasierte Kompetenz ist als solche nicht hinreichend. „Das Handlungswissen der sozialpädagogischen Profession behauptet seinen Eigensinn" (Dewe & Otto 2002, S. 194). Kernelement einer reflexiven Professionalität ist eine demokratische Rationalität, die im unmittelbaren Handlungsvollzug auf der Partizipation der Adressat*innen aufbaut, perspektivisch darüberhinausgehend zudem deren strukturellen Teilhaberechte institutionalisieren will. Die kommunikative Klärung des Gegenstands des professionellen Handelns gemeinsam mit den Adressat*innen und dies zumindest teilweise in Kooperation mit anderen Institutionen stellt somit eine der zentralen Besonderheiten professionellen sozialpädagogischen Handelns dar. Dessen typische organisatorisch-administrative Einbindung steht in dieser Perspektive der Erreichung dieses Zieles nicht zwangsläufig im Wege. Vielmehr ist die Qualität von Organisationsstrukturen selbst nur bedingt technisch herstellbar; stattdessen ist sie sehr viel häufiger Produkt der Wechselwirkungen von professionellem Handeln und organisatorischer Struktur (Böllert, 2008; Dewe & Stüwe, 2016; Dewe & Peter, 2016; Peter, 2011). Die einschneidenden Veränderungen im Rahmen des Bologna-Prozesses und die damit einhergehende Einführung von Bachelor- und Masterstudiengängen lassen allerdings eine gewisse Skepsis darüber aufkommen, ob diese Professionalisierung und damit auch die Fachlichkeit der Kinder- und Jugendhilfe in den vielfältigen Ausbildungskontexten vermittelt werden kann (Böllert, 2007).

Ausbildungs- bzw. Studiengänge der Sozialen Arbeit werden fachschulisch, an Berufsakademien, Hochschulen für angewandte Wissenschaften, Pädagogischen Hochschulen und auf der universitären Ebene durch öffentliche und private Träger grundständig und berufsbegleitend angeboten. Der Ausbildungsbereich ist extrem unübersichtlich, genaue Angaben über die Ausbildungskapazitäten und Studienplätzen liegen in zusammengefasster Form nicht vor.

Die Ausbildung zur Erzieher*in ist landesrechtlich geregelt. Es handelt sich um eine schulische Aus- bzw. Weiterbildung, die je nach Bundesland an Fachschulen, Berufsfachschulen, Berufskollegs und anderen Bildungseinrichtungen erfolgt. Die Dauer der Aus- bzw. Weiterbildung variiert zwischen drei und fünf Jahren. Gegenwärtig gibt es mehr als 500 Ausbildungsorte.

Im Bereich der Sozialen Arbeit existieren über 140 Bachelorstudiengänge mit jeweils sehr unterschiedlichen Studienplatzzahlen an 87 Hochschulen, wobei hier die universitären Studiengänge ebenso wenig mitgezählt werden wie hochgradig spezialisierte Angebote, die keine generalistische Ausbildungsorientierung erkennen lassen. Zählt man alle Ausbildungsorte zusammen, die den Abschluss Soziale Arbeit verleihen, kommt man auf 180 Studiengänge an 92 Hochschulen (81 Fachhochschulen, 7 Universitäten, eine Kunst-/Musikhochschule, 3 Akademien), wobei auch hier die Universitäten mit erziehungswissenschaftlichen Studiengängen und einem sozialpädagogischen Profil nicht miterfasst sind. Die Studiengänge an diesen 92 Hochschulen werden in einem Umfang von 3 bis 14 Semestern, als Bachelor- und/oder Masterstudiengang Vollzeit, Teilzeit, dual und/oder berufsbegleitend angeboten. Studiengänge Frühpädagogik/Pädagogik der Kindheit und weitere Studiengänge im Sozial-/Gesundheitswesen komplettieren dieses vielfältige Studienangebot.

Für einen Bachelor-Studiengang Sozialer Arbeit wird die Allgemeine Hochschulreife (Universitätsstudiengänge) oder die Fachhochschulreife (Fachhochschulstudiengänge) vorausgesetzt. Daneben lassen einige Hochschulen auch Bewerbungen zu, die entweder ein Fachabitur im sozialen oder pflegerischen Bereich nachweisen oder eine entsprechende Berufsausbildung vorweisen können. Das Vorhandensein dieser Voraussetzungen garantiert die Zulassung jedoch nicht, da zudem zu berücksichtigen ist, ob in dem Studiengang der gewünschten Hochschule örtliche Zugangsbeschränkungen (Numerus Clausus) bestehen. Die meisten Hochschulen setzen zudem eine praktische Vorerfahrung bzw. ein Vorpraktikum im sozialen Bereich voraus. Die Anforderungen an den zeitlichen Umfang eines Vorpraktikums variieren und können je nach Hochschule zwischen zwölf Wochen und sechs Monaten liegen. Als Praktikum werden etwa entsprechende Tätigkeiten in Einrichtungen anerkannt, die Einblicke in Aufgabenfelder Sozialer Arbeit ermöglichen. Oft werden auch einschlägige Praxiserfahrungen (z. B. Freiwilliges Soziales Jahr, Bundesfreiwilligendienst) oder Berufsausbildungen und -tätigkeiten (z. B. Erzieher*in, Heilerziehungspfleger*in) auf das Praktikum angerechnet. Studiengänge Sozialer Arbeit mit dem Abschluss Bachelor (BA) haben überwiegend eine Regelstudienzeit zwischen sechs und sieben Semestern. Sie qualifizieren für vielfältige Praxisfelder Sozialer Arbeit wie der Altenhilfe, Behindertenhilfe, beruflichen Integrationsförderung, Gesundheitsförderung, Kinder- und Jugendhilfe, Resozialisierung, Sozialpsychiatrie etc. Die Qualifizierung für eine Tätigkeit in der Kinder- und Jugendhilfe ist von daher nur ein möglicher von vielen anderen Studieninhalten.

Gesicherte Aussagen darüber, in welchem Verhältnis Ausbildungs-/Studienkapazitäten einerseits zu den Ausbildungs- und Studienwünschen der Nachfragenden und andererseits zu dem Fachkräftebedarf innerhalb der Kinder- und Jugendhilfe stehen, sind angesichts der Vielschichtigkeit der Ausbildungs- und Studiensituation und vor dem Hintergrund fehlender Daten nicht möglich. Tatsächlich haben sich aber noch nie so viele Personen in einer Ausbildung bzw. einem Studium befunden, die und das für eine Tätigkeit in der Kinder- und Jugendhilfe qualifiziert, wie heute (AGJ, 2018).

Die Soziale Arbeit ist in unterschiedlichster Form an den Fachhochschulen und den Universitäten in verschiedenem Umfang und in verschiedener Form in die Studiengänge integriert. Vielfältigste Modulbeschreibungen und Abschlussbezeichnungen erschweren das Erkennen eines gemeinsamen Curriculums der Studiengänge. Die Kinder- und Jugendhilfe ist als genuiner Inhalt der entsprechenden Studiengänge nicht selten kaum wahrnehmbar. Zumindest der Tendenz nach scheint eine Generalisierung zugunsten einer Spezialisierung aufgegeben worden zu sein; auch ein verbindlicher disziplinärer Kern ist vielfach im Wettbewerb der Hochschulen untereinander und der damit einhergehenden Suche nach Alleinstellungsmerkmalen verloren gegangen. Für Anstellungsträger ist in dieser Situation der Engführung von Studieninhalten, der Pluralisierung von Ausbildungswegen und der Vervielfältigung von Abschlussbezeichnungen oftmals nicht mehr eindeutig nachvollziehbar, von welchen Inhalten und vermittelten Kompetenzen sie bei den zukünftigen Absolvent*innen ausgehen können (AGJ, 2018).

Die Soziale Arbeit erodiert dabei als Ort der Disziplin und als Ort der Ausbildung einer Profession und Fachlichkeit gleichermaßen. Wenn vor diesem Hintergrund die Erfolgsgeschichte der Profession auch in der nahen Zukunft ihre Fortsetzung finden soll, steht die disziplinäre Verankerung der Sozialen Arbeit und ihre Ausbildungssituation vor erheblichen Herausforderungen. Ein Blick zurück in die Entwicklung der Profession ist an dieser Stelle dann zugleich eine unhintergehbare Aufforderung, erreichte Standards nicht vorschnell aufzugeben, sondern nach Wegen zu suchen, auch in Zukunft die Professionalisierung der Sozialen Arbeit und damit die der Kinder- und Jugendhilfe voranzutreiben.

Viele Fachkräfte sind noch lange nicht genug

Alleine für den Bereich der Kindertagesbetreuung einschließlich der Horte hat das DJI in einer aktuellen Prognose das Fehlen von bis zu 329 000 Fachkräften betont, sollen zukünftig der Geburtenanstieg, die Zuwanderung, nicht erfüllte Elternwünsche sowie der Personalersatz bzw. ein verbesserter Personalschlüssel umgesetzt werden (Rauschenbach et al., 2017). Da auch in anderen Handlungsfeldern der Kinder- und Jugendhilfe ein Fachkräftemangel droht bzw. ein Fachkräftebedarf bereits existiert, und die Kinder- und Jugendhilfe vor dem Hintergrund des demografischen Wandels mit anderen Arbeitsmarktsegmenten um junge Fachkräfte konkurriert, werden erhebliche Anstrengungen gemeinsam von Ländern, Fachschulen, Hochschulen und Universitäten sowie der Anstellungsträger erforderlich sein, um hier Strategien zu entwickeln, in deren Folge die Ausbildungskapazitäten gesteigert, die Qualität von Aus-, Fort- und Weiterbildung gesichert, die Durchlässigkeit des Ausbildungssystems gewährleistet und die Arbeitsplatzqualität erhöht werden muss – mit dem Ziel, auch zukünftig die Fachlichkeit der Kinder- und Jugendhilfe als reflexive Professionalität gewährleisten zu können.

Der wachsende Fachkräftebedarf in der Kinder- und Jugendhilfe ist Anlass dafür, dass derzeit zahlreiche Akteure der Kinder- und Jugendhilfe den Umfang und die Ausgestaltung der bestehenden einschlägigen Ausbildungs- und Studiengänge hinterfragen und mögliche Veränderungspotenziale diskutieren, fordern oder bereits umsetzen. Die Diskussion über den Fachkräftebedarf in der Kinder- und Jugendhilfe muss in Bezug auf Ausbildungs- und Studienfragen somit verschiedene Ebenen in den Blick nehmen. Es ist beispielsweise zu prüfen, ob dem wachsenden Fachkräftebedarf über eine Annäherung des Verhältnisses von Ausbildungs- bzw. Studieninteressierten und Ausbildungs- bzw. Studienplatzkapazitäten begegnet werden kann und ob neue Zielgruppen durch alternative Ausbildungs- und Studienorganisationsmodelle gewonnen werden können. Gleichzeitig muss eruiert werden, wie viele der Auszubildenden/Studierenden in der Ausbildung/im Studium verbleiben bzw. warum sie ihre Ausbildung/ihr Studium abbrechen. Weiterhin muss untersucht werden, was Absolvent*innen nach erfolgreichem Abschluss der Qualifizierungsphase machen, d. h., es muss die Frage beantwortet werden, ob und in welchem Umfang von einem Übergang/Verbleib im Feld der Kinder- und Jugendhilfe oder von einer Weiterqualifizierung für andere Berufe oder Handlungsfelder auszugehen ist. Eine andere Perspektive nimmt diejenigen Fachkräfte in den Blick, die ihre Tätigkeit in der Kinder- und Jugendhilfe (vorzeitig) beenden, um diese Personen evtl. zurückgewinnen zu können (AGJ, 2018).

Forderungen und Strategien in Bezug auf die Bewältigung des Fachkräftebedarfs sind ähnlich vielfältig wie die Ausbildungs- und Studiengangssituationen selbst. Die quantitative Erhöhung der Ausbildungs- bzw. Studienplatzkapazitäten ist somit eine mögliche Antwort. Eine weitere Betrachtung möglicher Lösungswege wäre der Blick darauf, ob durch alternative Ausbildungs- und Studienorganisationsmodelle potenziell neue Zielgruppen für eine Ausbildung bzw. ein Studium gewonnen werden können, was voraussetzt, dass es potenziell Interessierte gibt, die durch die bisherige Organisation sowie Finanzierung der Ausbildungs- und Studienangebote nicht erreicht werden. Dabei besteht auf der Angebotsseite sowohl an Fachschulen als auch an Hochschulen eine konkurrierende Pluralität an verschiedenen Ausbildungs- und Studienwegen sowohl hinsichtlich des Qualifizierungsziels bzw. Berufs als auch der Trägerschaft privater/gewerblicher und nicht-gewerblicher Ausbildungsträger und damit verbunden hinsichtlich der Organisation und Finanzierung der Ausbildungs- und Studiengänge. Ausgegangen wird davon, dass berufsbegleitende, berufsintegrierende oder auch duale Ausbildungs- und Studienwege benötigt werden. Solche Ausbildungs- und Studiengänge können eine Alternative zu herkömmlichen Ausbildungswegen und Studiengängen sein. Eine erste Analyse insbesondere dualer Studiengänge zeigt allerdings, dass der Ausbau dualer Angebote häufig mit einer Spezialisierung und damit einer Abkehr von der generalistischen Orientierung der Studieninhalt und mit möglichen tariflichen Abstufungen einhergeht und entsprechende Studiengänge zum anderen überproportional an Hochschulen in privater Trägerschaft in Kooperation mit den Trägern der öffentlichen Kinder- und Jugendhilfe angeboten werden. Alternativen Studienorganisationsmodellen, die nur auf eine schnelle und passgenaue Gewinnung von Fachkräften zielen, muss aus qualitativen fachlichen Gründen aber eine Absage erteilt werden und dies sowohl in Hinblick auf die langfristigen Beschäftigungsperspektiven der Absolvent*innen als auch in Bezug auf die Fachlichkeit der Kinder- und Jugendhilfe selbst. Bei allen neuen Modellen der Ausbildung, des Studiums und der Einmündung in die Berufspraxis ist insgesamt bedeutsam, wie eine stärkere Verzahnung der Lernorte und insgesamt die Durchlässigkeit der Bildungsgänge gelingt, Generalisierung der grundlegenden Ausbildungs- und Studieninhalte gewährleistet und Spezialisierung erst auf einer späteren Qualifikationsstufe erreicht wird. Spezialisierte Ausbildungs- und Studiengänge, die beruflich in Sackgassen führen, entsprechen dem Fachkräftebedarf in der Kinder- und Jugendhilfe nicht (AGJ, 2018).

Fachlichkeit ist ein Prozess lebenslangen Lernens

Bildung und Lernen unterliegen heute zudem einem lebenszyklischen Verständnis. Dynamische Prozesse in den unterschiedlichen Arbeitsfeldern verlangen und erwarten von den Beschäftigten eine kontinuierliche, lebenslange Fortschreibung ihres Wissens und Könnens. Weiterbildung als vierte Säule des Bildungssystems (neben Schulen, Betrieben, Hochschulen) gilt als die Fortsetzung oder die Wiederaufnahme organisierten und zertifizierten Lernens nach Abschluss einer Bildungsphase und zwischenzeitlicher Berufstätigkeit. Weiterbildung knüpft vor allem daran an, dass angesichts steigender Anforderungen an das berufliche Handeln die notwendige Fachlichkeit mit dem Abschluss einer Erstausbildung auf Dauer nicht mehr gewährleistet werden kann. Es geht in der Weiterbildung somit darum, das bereits erworbene Wissen, die angeeigneten Fähigkeiten und Fertigkeiten kumulativ weiterzuführen, grundlegend Versäumtes nachzuholen, ‚überholte' Qualifikationen durch neue zu ersetzen und das lebenslange Lernen systematisch zu ermöglichen. Weiterbildung soll die zur Bewältigung und Gestaltung neuer beruflicher Herausforderungen notwendige Innovationskraft sichern. Berufliche Fortbildung dient demgegenüber stärker dazu, arbeitsplatzbezogene Qualifizierungsmaßnahmen auch im Arbeitgeberinteresse mit dem Ziel umzusetzen, berufsspezifische Kompetenzen zu reflektieren, zu vertiefen, zu erneuern oder zu erweitern.

Das Konzept des lebensbegleitenden Lernens in einer Wissensgesellschaft gilt auch für die Fachkräfte der Kinder- und Jugendhilfe – so bereits die Empfehlungen der AGJ aus dem Jahre 2007. Persönliche und fachliche Kompetenzen sowie berufliche Perspektiven der sich Fortbildenden werden gefördert. Fort- und Weiterbildung ist für die Fachkräfte der Kinder- und Jugendhilfe notwendiger Bestandteil einer – auch persönlichen – Strategie für ein lebenslanges Lernen. Ein Nutzen ergibt sich aus der Perspektive der Träger der Einrichtungen und Dienste der Kinder- und Jugendhilfe insbesondere hinsichtlich der Sicherung und Weiterentwicklung der Qualität des Angebots und der Bereitstellung von qualifiziertem Personal. Es ist daher im Sinne der Träger der Kinder- und Jugendhilfe, Fort- und Weiterbildung ihrer Mitarbeiter*innen und den Transfer des neu angeeigneten Wissens bzw. der zusätzlichen Kompetenzen zu unterstützen. Fortbildung befindet sich in einem ständigen Entwicklungsprozess, denn Kinder, Jugendliche, Eltern und Familien haben Anspruch auf kompetente Fachkräfte, die sie beim Aufwachsen und in der Erziehung unterstützen, begleiten und beraten.

Die Vielfalt und Komplexität der sozialpädagogischen Praxis, die sich aus den Besonderheiten der jeweiligen Arbeitsfelder, den konkreten Aufgaben und den institutionellen und rechtlichen Rahmenbedingungen ergeben, können nicht annähernd in der Ausbildung abgebildet werden. Um die zur Bewältigung der jeweiligen Anforderungen erforderlichen Handlungskompetenzen systematisch erwerben zu können, braucht es deshalb auf die Ausbildung abgestimmte sowie konzeptionell vernetzte, die berufliche Tätigkeit begleitende qualifizierte Angebote der Fort- und Weiterbildung als Teil einer umfassenden Qualifizierungslandschaft.

Die systematische Berücksichtigung von Fort- und Weiterbildungsbedarfen in der Personalplanung der Träger der öffentlichen und freien Kinder- und Jugendhilfe ist daher ein Merkmal der qualitativen Gestaltung von Beschäftigungsverhältnissen, ein Merkmal unter anderen, dass die Attraktivität des Arbeitsfelds Kinder- und Jugendhilfe erhöhen kann, beispielsweise dann, wenn eine Kostenbeteiligung des Anstellungsträgers stattfindet oder Arbeitszeiten so geregelt werden, dass die Teilnahme an berufsbegleitenden Qualifizierungsmaßnahmen und Studiengängen gelingen kann.

Solche und viele andere qualitätsherstellenden und -sichernden Arbeitsplatzmaßnahmen werden in Zukunft zwingend erforderlich sein, will die Kinder- und Jugendhilfe ihre Fachlichkeit angesichts eines sich immer deutlicher abzeichnenden Fachkräftemangels nicht aufgeben.

Literatur

Arbeitsgemeinschaft für Kinder- und Jugendhilfe – AGJ e.V. (2018). Dem wachsenden Fachkräftebedarf richtig begegnen! Entwicklung einer Gesamtstrategie zur Personalentwicklung mit verantwortungsvollem Weitblick. Berlin

Arbeitsgemeinschaft für Kinder- und Jugendhilfe – AGJ e.V. (2007). „Die Fachlichkeit der Kinder- und Jugendhilfe sichern – Fort- und Weiterbildung qualifizieren". Empfehlung vom 18./19. April 2007. Berlin.

Böllert, Karin (2018). Einleitung: Kinder- und Jugendhilfe – Entwicklungen und Herausforderungen einer unübersichtlichen sozialen Infrastruktur. In Karin Böllert (Hrsg.). Kompendium Kinder- und Jugendhilfe. Wiesbaden. S. 3–64.

Böllert, Karin (2014). Eine älter werdende Kinder- und Jugendhilfe – Herausforderungen für die Personalgestaltung. In Andrea Keller, Michael Macsenaere & Stephan Hiller (Hrsg.). Erfahrung zählt! Eine berufsbegleitende Qualifizierung für Fach- und Führungskräfte in der Erziehungshilfe. Freiburg i. Br., S. 65–77.

Böllert, Karin (2008). Disziplin und Disziplinpolitik. In Bielefelder Arbeitsgruppe 8 (Hrsg.). Soziale Arbeit in Gesellschaft. Wiesbaden. S. 65–72.

Böllert, Karin (2007). Sozialpädagogik in konsekutiven Studiengängen. In Erziehungswissenschaft. 18. Jahrgang, 2007, Heft 35, S. 57–63.

Dewe, Bernd & Otto, Hans-Uwe (2002). Reflexive Sozialpädagogik. Grundstrukturen eines neuen Typs dienstleistungsorientierten Professionshandelns. In Werner Thole (Hrsg.). Grundriss Soziale Arbeit. Ein einführendes Handbuch. Opladen. S. 179–198.

Dewe Bernd & Otto, Hans-Uwe (2001). Profession. In Hans-Uwe Otto & Hans Thiersch (Hrsg.). Handbuch Sozialarbeit Sozialpädagogik. Neuwied. S. 1399–1423.

Dewe, Bernd & Peter, Corinna (2016). Professionelles Handeln – Relationierungen von Professionswissen und organisationalen Strukturen. Dargestellt am Beispiel der Familienhilfe im Kontext Sozialer Arbeit. In Stefan Busse, Gudrun Ehlert, Roland Becker-Lenz & Silke Müller-Hermann (Hrsg.). Professionalität und Organisation. Wiesbaden. S. 127–157.

Dewe, Bernd & Stüwe, Gerd (2016). Basiswissen Profession. Zur Aktualität und kritischen Substanz des Professionalisierungskonzeptes für die Soziale Arbeit. Weinheim und München.

Fuchs-Rechlin, Kirsten (2016). Wachstum mit Ambivalenzen. In Wolfgang Schröer, Norbert Struck & Mechthild Wolff (Hrsg.). Handbuch Kinder- und Jugendhilfe. Weinheim und München, S. 1221–1224.

Fuchs-Rechlin, Kirsten & Rauschenbach, Thomas (2018). Das Personal in der Kinder- und Jugendhilfe. In Karin Böllert (Hrsg.). Kompendium Kinder- und Jugendhilfe. Wiesbaden, S. 579–610.

Fuchs-Rechlin, Kirsten & Schilling, Matthias (2018). Vom „Ende des Wachstums“ zum „Ende ohne Ende“?. In: KomDat, Heft 1, 21. Jg., S. 2–6.

Peter, Corinna (2011). Organisation und Wissen – Eine neo-institutionalistische Perspektive. In: Bernd Dewe & Martin P. Schwarz (Hrsg.). Beruf – Betrieb – Organisation. Perspektiven der Betriebspädagogik und beruflichen Weiterbildung. Kempten, S. 49–67.

Rauschenbach, Thomas, Schilling, Matthias & Meiner-Teubner, Christiane (2017). Plätze. Personal. Finanzen – der Kita-Ausbau geht weiter. Zukunftsszenarien zur Kindertages- und Grundschulbetreuung in Deutschland. München.

Die Kinder- und Jugendhilfe und ihr Recht

Ein Kurzportrait aus verschiedenen Perspektiven

Reinhard Wiesner

In dem nachfolgenden Beitrag soll das Recht der Kinder- und Jugendhilfe im Kontext verfassungsrechtlicher Vorgaben und gesellschaftspolitischer Rahmenbedingungen und Diskussionsprozesse näher beleuchtet werden. Dabei wird nicht nur deutlich, dass die tatsächliche Umsetzung in der kommunalen Praxis in vielfacher Hinsicht von den rechtlichen Vorgaben abweicht, sondern auch die klassische Struktur von Rechtsvorschriften als Konditionalprogramme an Grenzen stößt. Zudem sind angesichts unterschiedlicher Aufträge und der Vielzahl der Schnittstellen das Profil und die Identität des Sachgebietes in der Bevölkerung nicht immer erkennbar. Für die weitere Rechtsentwicklung wird es bedeutsam sein, ob die Politik sich an den Bedarfen und Rechten der Leistungsadressaten (jungen Menschen und deren Eltern) orientiert oder mithilfe betriebswirtschaftlicher und technokratischer Instrumente einen strikten Sparkurs einschlägt.

Was gehört zur Kinder- und Jugendhilfe – auf der Suche nach der Identität des Sachgebiets

Das Kinder- und Jugendhilferecht befasst sich mit der rechtlichen Ausgestaltung des Sachgebiets der Kinder- und Jugendhilfe und wird – auf der Bundesebene – im Wesentlichen durch das Achte Buch Sozialgesetzbuch – Kinder und Jugendhilfe (SGB VIII) – als Teil des Sozialgesetzbuchs geprägt. Als Kompetenztitel, der der konkurrierenden Gesetzgebung des Bundes zugewiesen ist, lässt er auch Spielräume für landesgesetzliche Regelungen.

Inwieweit folgt das Recht bei der Definition des Fachgebiets Kinder- und Jugendhilfe einem fachlichen Verständnis oder einer historischen Entwicklung staatlicher Aufgaben oder – umgekehrt – das fachliche Verständnis rechtlichen Vorgaben? Was gehört dazu, was nicht? Entspricht dieses Verständnis den Vorstellungen der Nutzer*innen/Adressat*innen? Einige Beispiele:

Schulsozialarbeit. Das Kinder- und Jugendhilferecht steht mit seiner weiten Zielsetzung (§ 1 SGB VIII) in einer engen Verknüpfung mit anderen Arbeitsfeldern und weist insofern viele Schnittstellen auf. Als Beispiel sei hier die Schulsozialarbeit benannt. Ihre Zuordnung ist bis heute in der Schnittmenge zwischen Jugendhilfe und Schule unklar, uneinheitlich und unterschiedlich geregelt. So zeigt sich ein ausgesprochen heterogenes Bild zwischen sozialpädagogischen Angeboten in der Trägerschaft der Schule oder der Kinder- und Jugendhilfe sowie in Kooperationsformen mit jeweils eigenständigen Aufgabenbestimmungen. Dementsprechend unterschiedlich ist auch das Aufgabenverständnis – verbunden mit der Sorge, dass jugendhilfespezifische Fachlichkeit für die Interessen des Systems Schule instrumentalisiert wird (14. Kinder- und Jugendbericht BT-Drucks. 17/12200, S. 331). Für die Nutzer*innen dürfte die Frage der Trägerschaft gleichgültig sein, solange der Schulsozialarbeit eine eigenständige Rolle zukommt, die sie mit sozialpädagogischer Kompetenz ausfüllen kann.

Adoptionsvermittlung. Gehört die Adoptionsvermittlung zur Kinder- und Jugendhilfe? Auf bundesrechtlicher Ebene fällt auf, dass diese Aufgabe auch noch 28 Jahre nach Verabschiedung des KJHG in einem eigenständigen Gesetz außerhalb des SGB VIII geregelt ist. Rechtssystematisch gibt es dafür keine überzeugenden Gründe. Ein Blick in die Materialien zur Reform des Jugendhilferechts zeigt, dass etwa im Regierungsentwurf zur Jugendhilferechtsreform aus dem Jahr 1979, der dann am Votum des Bundesrates gescheitert ist, vorgesehen war, die Adoptionsvermittlung in ein neues Jugendhilfegesetz zu integrieren (§§ 54ff. SGB VIII-E; BT-Drucks. 8/2571, S. 111f.). Das Thema ist in der Folgezeit nicht mehr auf die Tagesordnung gekommen. Über die Gründe kann man spekulieren. Vieles spricht dafür, dass die mittelschichtsorientierte Adoption nicht zu sehr in die Nähe der klassischen Aufgaben des Jugendamts gerückt werden soll.

Kinder und Jugendliche mit Behinderung. Nicht überzeugend ist bis heute auch die rechtliche Behandlung von Kindern und Jugendlichen mit Behinderung: die Aufspaltung der Zuständigkeiten zwischen Jugendhilfe und Sozialhilfe/Eingliederungshilfe nach der Art der Behinderung. Bis zum Inkrafttreten des KJHG waren die Eingliederungshilfe für (junge) Menschen mit Behinderung und die Jugendhilfe strikt voneinander getrennt. Über einen ersten Schritt, nämlich die Zuweisung junger Menschen mit seelischer Behinderung zur Kinder- und Jugendhilfe beim Inkrafttreten des KJHG sind wir bis heute nicht hinausgekommen. Immerhin ist dieses Thema im letzten Jahrzehnt (wieder) auf die bundespolitische Agenda gerückt: Die konkrete Lösung, namentlich die systematische Ausgestaltung in einem „inklusiven Kinder und Jugendhilferecht“, ist nach wie vor noch nicht in Sicht (siehe dazu das Diskussionspapier des Paritätischer Gesamtverband, 2017, aus der Feder von Norbert Struck). So überzeugend die Forderung erscheint, (alle) Leistungen zur Förderung der Entwicklung von Kindern in einem Gesetz zusammenzuführen, so kontrovers wird anhand des Themas „Hilfeplanverfahren“ die Frage diskutiert, ob es gelingen kann, für die Bedarfsfeststellung und den anschließenden Hilfeprozess ein „integriertes Verfahren“ entwickeln, bei dem sozialpädagogische Verständigungsprozesse mit der in der Eingliederungshilfe etablierten teilhabeorientierten Bedarfsermittlung verschränkt werden (s. Schönecker & Müller-Fehling in diesem Band). Befürchtet wird eine „feindliche Übernahme der Sozialen Arbeit durch das medizinisch-psychologische Paradigma" (Thiersch 2016, S. 283). Vor allem aber verkennt das zuletzt favorisierte Modell einer „inklusiven Lösung", das die Hilfe zur Erziehung mit der Eingliederungshilfe fusioniert, den weiten Einsatzbereich der Eingliederungshilfe, die mit Assistenzdiensten und Hilfsmitteln bis hin zu pädagogischen und therapeutischen Hilfen nicht auf Schnittmengen mit der Hilfe zur Erziehung verkürzt werden darf, sondern in Bezug zum gesamten Leistungsspektrum der Kinder- und Jugendhilfe zu setzen ist.

Kindertagesbetreuung. Die Kindertagesbetreuung wird in der Augen der Öffentlichkeit auch heute – mehr als zwanzig Jahre nach Inkrafttreten des Rechtsanspruchs auf einen Kindergartenplatz – noch längst nicht als Aufgabe der Kinder- und Jugendhilfe wahrgenommen. Auch auf der (verfassungs-)rechtlichen Ebene gab es lange Zeit eine Diskussion, ob dieses Aufgabenfeld wirklich einer Kinder- und Jugendhilfe zugeordnet werden kann, die – kompetenzrechtlich – immer noch als Teilbereich der „öffentlichen Fürsorge" fungiert (Art. 74 Abs. 1 Nr. 7 GG). Auch auf Seiten der Länder gab es lange Zeit Vorbehalte gegen diese Zuordnung. Sie sind aber geschwunden, nachdem der Bund sich auf verschiedenen Wegen an der Finanzierung beteiligt. Schließlich gibt es auch auf der fachpolitischen Ebene heute eine breite Akzeptanz für diese Zuordnung – wird sie doch als Garant dafür angesehen, dass hier ein anderes, weiteres Bildungsverständnis zu Grunde gelegt wird als das, das bis heute noch in der Schule praktiziert wird. Die Nutzerinnen und Nutzer – also die Eltern und ihre Kinder – erwarten in erster Linie ein qualitativ hochwertiges Angebot, das ihren Bedürfnissen entspricht. Wenn der Bund für ein solches Mitverantwortung übernimmt, dürfte das ihren Interessen entgegenkommen.

Die „sozialpädagogische Schlagseite"

Die Kinder- und Jugendhilfe ist – so die Sachverständigenkommission zum 14. Kinder- und Jugendbericht – spätestens mit dem Inkrafttreten des Achten Sozialgesetzbuches (SGB VIII), also seit Beginn der 1990er-Jahre, zu einem eigenen Referenzsystem geworden (BT-Drucks. 17/12200, S. 253). Hatte sich das Jugendwohlfahrtsgesetz noch im Wesentlichen auf die Beschreibung von Aufgaben im verwaltungstechnischen Sinn beschränkt, so habe das KJHG mit dem SGB VIII die Brücke zu den spezifischen Inhalten dieser Aufgaben und entwickelte Regelungen zur Steuerung und Ausgestaltung personenbezogener sozialer Dienstleistungen geschlagen, deren Inhalte sich normativer konditionaler Programmierung weitgehend entziehen. Walter Hornstein, Direktor des Deutschen Jugendinstituts und langjähriger Professor in der Fakultät für Erziehungswissenschaft an der Universität der Bundeswehr in München, sprach denn auch vom „unaufhaltsamen Eindringen der Sozialpädagogik in das Jugendhilferecht" und identifizierte Indikatoren dafür, dass das KJHG „ein sozialpädagogisch durchsetztes, sozialpädagogisch gesättigtes Gesetz darstellt" (Hornstein 1997, S. 28). Das Gesetz sei – so Eberhard Eichenhofer, Professor für Sozialrecht an der Universität Jena – durch manche gesetzgebungstechnische Eigenheit geprägt und nehme im Sozialrecht deshalb eine Sonderstellung ein: „Es verfügt über zahlreiche Aufgabenzuweisungen, Soll- oder Kann-Vorschriften und Rechtsbegriffe, die nicht nur unbestimmt, sondern nur dem sozialpädagogischen Spezialisten verständlich sind" (Eichenhofer 2017, Rn. 569).

Jugendhilfe zwischen Hilfe und Kontrolle und das Verständnis von Prävention

Trotz vor dieser starken sozialpädagogischen Ausrichtung der Kinder- und Jugendhilfe, kann – wie die Sachverständigenkommission zum 14. Kinder- und Jugendbericht feststellt – in der öffentlichen Wahrnehmung von einer Identität der Kinder- und Jugendhilfe, von einem allgemein gültigen Verständnis seiner Funktion nicht die Rede sein (BT-Drucks. 17/12200, S. 251). Die unterschiedlichen historischen Wurzeln, die Ausdifferenzierung des Aufgabenfelds, die plurale Trägerstruktur und die Tätigkeit verschiedener Professionen, aber auch die Verknüpfung von Hilfe- und Kontrollaspekten erschweren die Entwicklung einer Identität der Kinder- und Jugendhilfe. Deutlich wird dies zum Beispiel an der unterschiedlichen Bewertung der Förderung von Kindern in Tageseinrichtungen und in Tagespflege einerseits und der Hilfen zur Erziehung als Einzelfallhilfen in prekären Lebenssituationen. So war der Kostenanstieg im Bereich der Hilfen zur Erziehung der Ausgangspunkt für eine Reform des Jugendhilferechts in der vorangegangenen 17. Legislaturperiode mit dem Ziel einer stärkeren Angebotssteuerung, während gleichzeitig für einen quantitativen und qualitativen Ausbau der Kindertagesbetreuung geworben wird.

Der Begriff „Jugendamt" löst in der öffentlichen Debatte Assoziationen aus, die vor allem mit Kindeswohlgefährdung, Kontrolle und Misstrauen verbunden sind. Der das Kinder- und Jugendhilferecht prägende Grundsatz „Hilfe vor Eingriff" hat den Auftrag zur Prävention in den Vordergrund gerückt, die aber inzwischen häufig auch als vorverlagerte Kontrolle verstanden wird (hierzu s. Meysen in diesem Band). Dies zeigt sich nicht zuletzt an dem unscharfen Profil der sogenannten Frühen Hilfen, aber auch einen völlig unterschiedlichen Verständnis des Begriffs Kinderschutz. So weckt auch die Feststellung, dass „die Kinder- und Jugendhilfe in der Mitte der Gesellschaft angekommen ist" (14. Kinder- und Jugendbericht: BT-Drucks. 17/12200, S. 251) unterschiedliche Assoziationen, was die Art und Weise der Mitverantwortung des Staates für das Aufwachsen von Kindern und Jugendlichen in unserer Gesellschaft betrifft.

Den Hintergrund für dieses Spannungsverhältnis bildet das sensible Dreieck Eltern – Kind – Staat, das durch die verfassungsrechtlichen Vorgaben im Grundgesetz (Art. 6 Abs. 2 GG) vorgeprägt ist. Dieses Spannungsverhältnis wird sich nie ganz auflösen lassen und im Einzelfall wird es für die Fachkräfte im Jugendamt und bei den freien Trägern immer eine Herausforderung bleiben, angesichts des „Handelns in Unsicherheit" eine Entscheidung zu treffen, die einerseits das Recht des Kindes auf Schutz vor Gefahren verwirklicht ohne andererseits unverhältnismäßig in die Elternverantwortung einzugreifen.

Mit den Chancen und Grenzen präventiver Konzepte hatte sich bereits das Deutsche Jugendinstitut in seinem Themenheft „Mythos Prävention" im Jahre 2011 befasst (DJI, 2011). Sechs Jahre später hakt das Bundesjugendkuratorium nach. In seiner Stellungnahme unter dem Titel „Prävention, Kinderschutz und Gesundheitsförderung bei Kindern und Jugendlichen" (BJK, 2017) schlägt es vor, den Begriff der Förderung von Gesundheit und Wohlergehen bei Kindern und Jugendlichen stärker in den Fokus zu rücken. „Prävention ist in seiner wörtlichen Bedeutung von ‚Zuvorkommen' auf die Vermeidung von etwas Unerwünschtem gerichtet und damit stets auch negativ konnotiert. Während Prävention so tendenziell einen defizitorientierten Blick auf Menschen und ihre Lebensumstände wirft, ist die Förderung des Wohlergehens stärker an den Ressourcen und der Beteiligung der Adressat*innen orientiert. Prävention stellt in der Kinder- und Jugendhilfe nur ein Paradigma des Handelns unter anderen dar." Das Bundesjugendkuratorium warnt vor dem Trugschluss, dass mit Investitionen in frühe (primär)präventive Maßnahmen spätere Probleme in Prozessen des Aufwachsens in jedem Fall vermieden werden können.

„Die Konzepte Förderung, Unterstützung, Hilfe und Schutz sind, wie die Reflexion der Fachdebatten zeigt, eng mit dem Konzept der Prävention verwoben. Wenn dabei aber der Präventionsbegriff überproportional betont wird, dann hat das auch Auswirkungen auf die anderen Konzepte." Das BJK möchte – so die Zusammenfassung – mit dieser Stellungnahme zu einer Diskussion beitragen, in der die verschiedenen Handlungskonzepte der Kinder- und Jugendhilfe in ihrer jeweiligen Berechtigung nebeneinander Bestand haben und nicht Prävention als das „bessere" – weil frühe und kostensparende – Handeln gilt (BJK, 2017).

Vor diesem gesellschaftspolitischen Hintergrund sind mit dem Begriff Kinder- und Jugendhilfe und ihrem Aufgabenverständnis unterschiedliche Erwartungen, Erfahrungen und Befürchtungen verbunden. Angesichts des Spannungsverhältnisses und der strukturellen Ambivalenzen von Hilfe und Kontrolle wird es wohl niemals gelingen, ein einheitliches und eindeutiges Bild von Kinder- und Jugendhilfe zu vermitteln. Umso wichtiger ist es für die Akteure, sich im konkreten Fall der Grundlagen ihres Handelns bewusst zu werden und diese Grundlagen auch gegenüber den Adressaten transparent zu machen (so auch Meysen in diesem Band).

Ein Gesetz – 563 Realitäten?

Ob im Kontext der Kindertagesbetreuung – bei der Suche nach einem Betreuungsplatz oder bei der Frage nach der Höhe des Elternbeitrags – oder bei dem Angebot an Jugendfreizeitstätten oder bei der Inanspruchnahme von Hilfen zur Erziehung: Auffallend ist, wie stark sich die Angebotsstruktur und die Bedingungen von Ort zu Ort, von Region zu Region unterscheiden – und dies auf einer bundeseinheitlichen Rechtsgrundlage!

Zu dem Thema der Elternbeiträge für die Kita konnte man zum Beispiel in der Zeit vom 22.8.2013 unter dem Titel „Das Kita – Glücksspiel" lesen, was auch heute fünf Jahre später unverändert gilt:

> „Momentan hängt die Höhe der Gebühren nicht nur vom Betreuungsumfang und den Einkommen der Eltern ab, sondern vor allem vom Wohnort. Einige Kommunen verlangen von Gutverdienenden mehrere Tausend Euro im Jahr, andere nichts. Selbst Experten durchschauen dieses Kostenchaos nicht. Es gibt keine zentrale Statistik, keinen Experten, auch keine Bundesbehörde mit einer Antwort auf die Frage, welche Gruppe in Deutschland wie viel für die Betreuung kleiner Kinder zahle. Entscheidend sind die Finanzlage der Stadt oder Gemeinde sowie der Ehrgeiz der Kommunalpolitiker, die Gebühren nach Einkommen der Eltern zu staffeln. Auf diese Weise wird in manchen Städten über die Kitagebühren längst stärker zwischen Arm und Reich umverteilt als im Steuersystem." (Zeit online, 2013)

Wo bleibt die Gleichheit vor dem Gesetz? Für die unterschiedliche Umsetzung der bundesrechtlichen Vorgaben in den Ländern und Kommunen (namentlich den 563 Jugendämtern in den Kreisen und Städten in Kooperation mit den freien Trägern) gibt es mehrere Gründe:

- Zum einen enthält sich das SGB VIII an verschiedenen Stellen einer ausdrücklichen Regelung oder überlässt die nähere Regelung den Ländern und Kommunen, wie dies zum Beispiel bei der Frage der Finanzierung der Kindertagesbetreuung und der Erhebung von Elternbeiträgen der Fall ist.
- Zum anderen geht es vor allem bei Einzelfallhilfen, aber auch bei der Einschätzung von Gefährdungssituationen um Prozesse, die einer rechtlichen Steuerung nur bedingt zugänglich sind. Im Mittelpunkt stehen personenbezogene soziale Dienstleistungen, deren Inhalte sich normativer konditionaler Programmierung weitgehend entziehen. Niklas Luhmann (1982) spricht vom „Technologiedefizit in der Pädagogik". Hier muss das Gesetz Handlungsspielräume eröffnen, die allerdings örtlich ganz unterschiedlich – und nicht immer am Bedarf orientiert – genutzt werden.
- Schließlich ist zu berücksichtigen, dass alle Bundesländer die gesetzlich geregelten Aufgaben der Kinder- und Jugendhilfe den kommunalen Gebiets-

körperschaften zur Wahrnehmung im Rahmen kommunaler Selbstverwaltung zugewiesen haben – mit Folgen für die Finanzierungslast, aber auch für die Formen staatlicher Aufsicht. Diese Qualifizierung der Kinder- und Jugendhilfe als Aufgabe kommunaler Selbstverwaltung erscheint angesichts der Funktion und gesetzlichen Ausgestaltung des Kinder- und Jugendhilferechts im Jahr 2018 mehr als zweifelhaft. Denn das der kommunalen Selbstverwaltung zugrunde liegende „Konzept der eigenverantwortlichen Aufgabenerfüllung" ist mit dem Charakter des SGB VIII als einem kodifizierten Bereich des Sozialrechts kaum noch vereinbar. So ist das SGB VIII gekennzeichnet durch einen Katalog von subjektiven Rechten (Rechtsansprüchen) und objektivrechtlichen Verpflichtungen. Die Entscheidungsfreiheit der kommunalen Gebietskörperschaften – ein Wesensmerkmal kommunaler Selbstverwaltung – ist somit durch die gesetzlichen Vorgaben weitgehend eingeschränkt, sodass auch das „Wie" der Aufgabenerfüllung gesetzlich vorgegeben oder mithilfe fachlicher Maßstäbe bzw. einer qualifizierten Jugendhilfeplanung als Grundlage für die Ausübung der Gesamtverantwortung (§ 79 SGB VIII) zu realisieren ist. Von Aufgaben, „die in der örtlichen Gemeinschaft wurzeln oder auf die örtliche Gemeinschaft einen spezifischen Bezug haben und von dieser örtlichen Gemeinschaft eigenverantwortlich und selbständig bewältigt werden können", wie das Bundesverfassungsgericht den Bereich der kommunalen Selbstverwaltung beschrieben hat (BVerfG 18.7.1967 – 2 BvF 3/62, NJW 1967, 1795), kann bei dieser rechtlichen Ausgestaltung der Kinder- und Jugendhilfe wohl kaum mehr die Rede sein. Damit gleicht die Einordnung der Kinder- und Jugendhilfe als Selbstverwaltungsaufgabe inzwischen einer Fiktion, die durch die Wirklichkeit überholt wurde (Wiesner 2015, S. 349 mit weiteren Nachweisen).

Konsequenzen aus dieser Entwicklung werden jedoch bislang nicht gezogen. So findet auch keine Diskussion darüber statt, ob die Aufgaben der Kinder- und Jugendhilfe inzwischen ihrer Natur nach nicht eher als staatliche Aufgaben zu qualifizieren sind, die den kommunalen Gebietskörperschaften dann zur Durchführung nach Weisung zu übertragen sind. Eher gewinnt man den Eindruck, dass die Qualifizierung der Kinder- und Jugendhilfe als Aufgabe kommunaler Selbstverwaltung für die Kreise und Städte inzwischen eine Statusfrage geworden ist. Umso widersprüchlicher ist deren Verhalten aber, wenn sie einerseits an dieser Aufgabenzuweisung festhalten wollen und gleichzeitig verstärkt eine Mitfinanzierung des Bundes einfordern.

Wer die Musik bestellt, der soll sie auch bezahlen – oder nicht?

Mit der Zuweisung der Aufgaben der Kinder- und Jugendhilfe zum Bereich der kommunalen Selbstverwaltung haben die Länder auch eine Entscheidung über die primäre Kostenlast getroffen: Diese liegt nämlich dann bei den Kommunen, deren Leistungsfähigkeit allerdings die Länder im Rahmen des Konnexitätsprinzip gewährleisten müssen (was in der Praxis nicht hinreichend geschieht). Aber sollte denn nicht der Bund die Kostenlast tragen, wenn er von seiner Gesetzgebungskompetenz Gebrauch macht – nach dem Motto: Wer die Musik bestellt, der soll sie auch bezahlen?

Nicht erst im Zusammenhang mit den steigenden Belastungen für die Kommunen aufgrund der erhöhten Zahl von Flüchtlingen, sondern schon seit Beginn der Aktivitäten des Bundes im Bereich der Kindertagesbetreuung werden die Forderungen nach einer stärkeren finanziellen Beteiligung des Bundes immer lauter – und sie erscheinen zunächst auch ganz plausibel. Dabei wird aber nicht offen diskutiert, welche Vorgaben das Grundgesetz für die Aufgabenverteilung zwischen Bund, Ländern und Kommunen vorsieht.

Nach der Grundsatzentscheidung in Art. 104a GG knüpft die Finanzierungslast nicht an die Gesetzgebungskompetenz, sondern an die Vollzugskompetenz an, verpflichtet also die Ebene, die das Gesetz auszuführen hat zur Finanzierung – nicht diejenige, die das Gesetz erlässt (sog. Vollzugskausalität im Gegensatz zur Gesetzgebungskausalität). Schon im Jahre 1996 hat sich der Deutsche Juristentag mit diesem Thema befasst. In seinem Gutachten hatte Ferdinand Kirchhof (1996) für die Gesetzgebungskausalität plädiert – in der Erkenntnis, dass die Prämisse des Art. 104a Abs. 1 GG, wonach der Vollzug die Kosten staatlicher Aufgaben verursache, heute im Grundsatz nicht mehr zutrifft: Hauptursache bilden inzwischen die gesetzlichen, detaillierten Aufträge an die Verwaltung (Deutscher Juristentag, 1996).

Bis heute hat sich die Politik aber dieser verfassungsrechtlichen Kompetenzfrage nicht gestellt. Wie gegenwärtig bei der Finanzierung des Gesetzes zur Weiterentwicklung der Qualität in der Kindertagesbetreuung erfolgt eine Mitfinanzierung des Bundes durch eine Neuverteilung der Umsatzsteuer oder – im Hinblick auf investive Kosten – über Finanzhilfen nach Maßgabe von Art. 104b GG. Mehreinnahmen der Länder aufgrund einer Umverteilung der Umsatzsteuer zwischen Bund und Ländern sind aber nicht zweckgebunden, sodass damit keine gezielte Steuerung der finanziellen Mittel für den Einsatz im Bereich der Kinder- und Jugendhilfe verbunden ist.

Der Nachrang der Kinder- und Jugendhilfe: Prinzip und Realität

Das Recht der Kinder- und Jugendhilfe regelt ein breites Aufgabenspektrum und bildet damit auch eine Vielzahl von Schnittstellen zu andern Sozialleistungen, wie der Grundsicherung für Arbeitssuchende (SGB II), der Arbeitsförderung (SGB III), der Sozialhilfe (SGB XII), künftig auch der in das SGB IX ausgelagerten Eingliederungshilfe und zu den Schulgesetzen der Länder.

Soweit Leistungen aus den verschiedenen Leistungsgesetzen (teil-)kongruent sind, regeln Kollisionsnormen das Verhältnis zueinander. So kann sich die Kinder- und Jugendhilfe als Sachgebiet der öffentlichen Fürsorge auf den Grundsatz des Nachrangs stützen (§ 10 SGB VIII). Wie die Praxis zeigt, muss die Kinder- und Jugendhilfe aber doch sehr häufig als Ausfallbürge einspringen. Denn maßgeblich ist letztlich nicht der normative Vorrang eines anderen Leistungssystems, sondern die tatsächliche Verfügbarkeit einer gesetzlich vorgesehenen Leistung. Wie sich diese Ausfallbürgschaft konkret auswirkt, hängt deshalb in erster Linie von der „performance" der vorrangig verpflichteten Systeme ab. Dieses Dilemma wird gegenwärtig in besonderer Weise an den Schnittstellen zwischen Jugendsozialarbeit und den Leistungen für junge Menschen nach dem SGB II/SGB III (siehe dazu das Positionspapier des Paritätischer Gesamtverband, 2010) sowie zwischen der Eingliederungshilfe und den Aufgaben der Schule (Stichwort Schulbegleiter/Integrationshelfer) deutlich (Kunkel u.a./Kepert 2018, § 10 SGB VIII Rn. 35). Aber auch bei der Bewältigung der Querschnittsaufgabe „Kinderschutz" stellt sich die Frage, welche Anforderungen und Erwartungen hier zu Recht an die Kinder- und Jugendhilfe und ihr fachliches Potenzial gestellt werden (können) und welche andererseits vom Gesundheitssystem zu bewältigen sind. Instrumente, wie die durch das Bundeskinderschutzgesetz installierten Netzwerke Kinderschutz (§ 3 KKG), können nur dann ihr Potenzial ausschöpfen, wenn alle Systeme ihre Mitverantwortung für die Erfüllung der Querschnittsaufgabe akzeptieren und ihre Aufgaben auch klar gesetzlich geregelt sind. Der abstrakte Status der Nachrangigkeit kann also sehr schnell in eine konkrete Dauer-Ausfallbürgschaft umschlagen. Bisweilen gewinnt man den Eindruck, dass das Wissen um die Existenz des Ausfallbürgen vorrangig zuständige Systeme davon abhält, ihrer primären Leistungsverantwortung gerecht zu werden. Zwar versucht der Gesetzgeber inzwischen, durch detaillierte Vorschriften über Vorleistungspflichten oder Vergleichbarem – ganz aktuell zum „leistenden Rehabilitationsträger" im SGB IX – zu erreichen, dass Streitigkeiten zwischen Sozialleistungsträgern nicht zulasten der leistungsberechtigten Person gehen, sondern nachträglich zwischen den Systemen zu lösen sind. In der Praxis setzen aber die fachlichen Kompetenzen der verschiedenen Systeme und die jeweiligen Systemlogiken auch hier Grenzen.

Wer steuert die Jugendhilfe?

In der Kinder- und Jugendhilfe haben wir es mit einer Vielzahl von Akteuren zu tun. Die Antwort auf die Frage, „wer hier die Fäden in der Hand hat“, hängt von der Perspektive bzw. dem Status des jeweiligen Akteurs ab und fällt deshalb ganz unterschiedlich aus.

Der Status der leistungsberechtigten Person als Inhaber von Rechtsansprüchen

Der Experte im Sozialrecht wird auf die gesetzlichen Vorgaben, namentlich den Status von Kindern und Jugendlichen sowie ihrer Eltern als Träger subjektiver Rechte verweisen und auf ihre starke Stellung bei der Inanspruchnahme und Durchsetzung gesetzlich formulierter Leistungen hinweisen. Die Etablierung und der sukzessive Ausbau von Rechtsansprüchen im Kinder- und Jugendhilferecht wird denn auch als Erfolgsgeschichte gefeiert, wenn es etwa im 14. Kinder- und Jugendbericht heißt: „Spätestens seit Beginn des 21. Jahrhunderts ist das SGB VIII als ein modernes, präventiv ausgerichtetes Leistungsgesetz in der Fachöffentlichkeit breit akzeptiert. Das SGB VIII hat sich nachhaltig bewährt und – nicht zuletzt aufgrund der Statuierung von Rechtsansprüchen – im Unterschied zum JWG den Stand eines modernen Sozialleistungsgesetzes erreicht.“ (BT-Drucks. 17/12200, S. 261). In der Tat verdeutlicht die Etablierung von Rechtsansprüchen die Subjektstellung der leistungsberechtigten Person und soll sie vor Formen der Budgetierung oder der Abhängigkeit von Entscheidungen zur Bedarfsplanung schützen. Vor allem aber stellt sie die Grundlage für eine gerichtliche Kontrolle behördlichen Verhaltens und die gerichtliche Durchsetzung der gesetzlich verbrieften Rechte dar. Soweit die Theorie. Die Zahl verwaltungsgerichtlicher Klageverfahren im Zusammenhang mit der (Nicht-) Erfüllung von Rechtsansprüchen im SGB VIII ist indes bescheiden und konzentriert sich auf Verfahren im Zusammenhang mit der Verschaffung eines Kitaplatzes oder einer Eingliederungshilfe für Kinder und Jugendliche mit seelischer Behinderung.

Das Wunsch- und Wahlrecht der leistungsberechtigten Person

Hinzu kommt, dass das Kinder- und Jugendhilferecht von der Gewährleistung einer pluralen Angebotsstruktur ausgeht und die Auswahl des Leistungserbringers (zeitlich nach der Entscheidung des Leistungsträgers über die geeignete und notwendige Hilfe) auf der Grundlage des gesetzlich garantierten Wunsch- und Wahlrechts durch den Leistungsberechtigten zu erfolgen hat. Das Jugendamt als Leistungsträger wird sogar verpflichtet, die leistungsberechtigte Person auf dieses Recht hinzuweisen (§ 5 SGB VIII). Dabei dürfen weder Haushaltsaspekte noch Planungs- und Steuerungsentscheidungen des Leistungsträgers das Wunsch- und Wahlrecht einengen.

Diesen gesetzlichen Vorgaben wird aber in der Praxis häufig nicht entsprochen. Leistungsberechtigte Personen werden über ihre Rechte nicht informiert, Leistungsträger „belegen“ bestimmte Einrichtungen oder höhlen das Wunsch- und Wahlrecht durch Steuerungsmodelle der Sozialraumbudgetierung aus.

Die Lebenslage der anspruchsberechtigten Personen

Der rechtlichen Position, die in vielen Leistungsbereichen der Kinder- und Jugendhilfe dadurch geprägt ist, dass der Gesetzgeber Eltern (etwa bei den Hilfen zur Erziehung) bzw. Kindern (im Bereich der Tagesbetreuung oder Eingliederungshilfe) ein subjektives Recht, also einen (einklagbaren) Rechtsanspruch zuerkannt hat, steht die faktische Position gegenüber, die aus verschiedenen strukturellen Gründen schwach ist. Den Hintergrund für die Inanspruchnahme von Erziehungshilfen bilden spezifische Lebenslagen. So liegt die Hilfewahrscheinlichkeit für Kinder, die an der Armutsgrenze aufwachsen, etwa bei stationären Hilfen in Vollzeitpflege und Heimerziehung fast um das Zwanzigfache über der von Kindern, die insoweit unbelastet sind. Ähnlich hoch liegt die Hilfewahrscheinlichkeit von Kindern bei Alleinerziehenden gegenüber der von Kindern, die bei ihren beiden leiblichen Eltern leben. Ein sehr großer Teil der Leistungsberechtigten ist daher in besonderer Weise persönlich belastet oder gehört bildungsfernen Schichten an.

Hinzu kommt der nicht immer und für allen Beteiligten transparente, strukturell ambivalente Auftrag der Kinder- und Jugendhilfe, nämlich einerseits die Eltern bei der Erziehung zu unterstützen und andererseits das Kind – notfalls auch vor seinen Eltern – zu schützen. Vor allem die mediengesteuerte Debatte um den Kinderschutz hat den Vorurteilen gegenüber der Arbeitsweise des Jugendamts und seinen Befugnissen neue Nahrung gegeben. Potenziell leistungsberechtigte Eltern werden abgeschreckt, Hilfen in Anspruch zu nehmen, weil sie befürchten, dass die Inanspruchnahme gesetzlich garantierter Leistungsrechte zu ihrer Entrechtung, also zur Wegnahme ihres Kindes, führt. Kein anderes Leistungssystem birgt vergleichbare Ambivalenzen.

Auch wenn in aller Regel die aktive Nachfrage nach Hilfen seitens der Eltern gerade deren Fähigkeit und Bereitschaft signalisiert, bei der Abwendung einer drohenden Gefährdung des Kindeswohls Verantwortung zu übernehmen, und eine Wegnahme des Kindes deshalb in diesem Fall gerade nicht indiziert ist, so ist das Verhältnis zwischen den Fachkräften der Kinder- und Jugendhilfe und ihren Klient*innen durch eine strukturelle Machtasymmetrie gekennzeichnet (Urban-Stahl, 2012).

Insgesamt lässt sich also festhalten, dass die Erfüllung gesetzlich normierter Leistungsansprüche zum Teil daran scheitert, dass hilfebedürftigen Personen die Kenntnis und/oder der Wille zur Durchsetzung der jeweiligen Leistungsansprüche fehlt. Anders als in anderen Bereichen der staatlichen Leistungsverwaltung kann im Bereich der Kinder- und Jugendhilfe nicht ohne weiteres davon ausgegangen werden, dass hilfebedürftige Personen ihre Ansprüche unter Zuhilfenahme der dafür vorgesehenen Mittel des allgemeinen Sozialrechts, des Sozialverwaltungsrechts und des Prozessrechts durchsetzen. In vielen Fällen gibt es zwar „hilfebedürftige“, nicht aber „hilfesuchende“ Personen. Dieser Umstand wiegt im Bereich der Kinder- und Jugendhilfe deshalb besonders schwer, weil die Hilfe ja nicht nur oder in erster Linie den Eltern zukommen soll, sondern vor allem dem Kind oder Jugendlichen selbst und damit die Eltern davon abgehalten werden, ihre advokatorische Verantwortung wahrzunehmen.

Umso deutlicher wird dabei die Verantwortung der Fachkräfte im Jugendamt sowie ihr Blick und ihr Verständnis für die Lebenssituation der Leistungsadressaten als Grundlage für die Verwirklichung der Rechte der leistungsberechtigten Personen. Gleichzeitig gilt es aber auch die Balance zu finden zwischen aktiver Unterstützung und Kolonialisierung der Lebenswelten.

Die Rolle der freien Träger als Leistungserbringer

Die Zusammenarbeit zwischen der öffentlichen und der freien Jugendhilfe gehört zu den Strukturprinzipien der Kinder- und Jugendhilfe in Deutschland und ist eine der tragenden Säulen des deutschen Kinder – und Jugendhilferechts. In keinem anderen Rechtsgebiet – namentlich im Bereich der öffentlichen Fürsorge – werden die Begriffe „öffentlicher“ und „freier Träger“ verwendet. Auf vielen Briefköpfen von Verbänden findet sich bis heute die Bezeichnung: anerkannter Träger der freien Jugendhilfe als Qualitätsmerkmal.

In den Jahren seit der Verabschiedung des KJHG haben aber verschiedene Faktoren Einfluss auf die Ausgestaltung des Verhältnisses zwischen öffentlicher und freier Jugendhilfe genommen. Genannt seien hier:

- Verrechtlichung durch den Ausbau des sozialrechtlichen Dreiecksverhältnisses;
- Tendenzen zur Auslagerung der Steuerungsverantwortung durch Formen des „Outsourcing“;
- Entwicklung eines „Markts der Kinder- und Jugendhilfe“.

Radikal geändert hat sich mit dieser Entwicklung „vom Korporatismus zum Markt“ (Münder et al./Münder 2018, § 4 SGB VIII Rn. 8) auch der Blick auf die freien Träger: Sie werden nicht mehr als humanitäre Organisationen, sondern als Wirtschaftsunternehmen betrachtet, die Gewinne erzielen dürfen, gleichzeitig aber auch das Risiko mangelnder Auslastung tragen. Die meisten von ihnen verstehen sich zwar weiterhin als Vertreter der Interessen der von ihnen betreuten hilfebedürftigen Personen. Sie müssen aber gleichzeitig ihre Interessen als Arbeitgeber in der Konkurrenz mit anderen Leistungsanbietern im Blick haben. Da personenbezogene soziale Dienstleistungen auf eine längerfristig angelegte Interaktion zwischen Personen angelegt sind, liegt ein wesentliches Element für ihren Erfolg in der Qualität und Kontinuität dieser Interaktion. Noch immer werden – aus unterschiedlichen Gründen – viele Leistungen (zur Unzeit) abgebrochen. Freie Träger haben zudem auch das Recht, von sich aus den Hilfeprozess zu beenden oder abzubrechen, wenn sie zum Ergebnis kommen, ihre Möglichkeiten seien erschöpft. Der Maßstab, den freie Träger hier an ihr fachliches Potenzial und dessen Grenzen anlegen, ist offensichtlich sehr unterschiedlich und mag auch durch fiskalische Erwägungen (positiv oder negativ) beeinflusst sein. Jedenfalls haben „Verlegen und Abschieben" eine lange Tradition und viele junge Menschen, die in einer geschlossenen Unterbringung landen, haben eine solche Jugendhilfekarriere hinter sich.

Dies bedeutet, dass die Kriterien für die Zulassung freier Träger zum „Markt der Anbieter" aber auch die Anforderungen an Einrichtungen für die Bewältigung von Problemen „schwieriger junger Menschen" deutlich verschärft werden müssen, wozu auch eine qualifizierte Fallsteuerung durch das zuständige Jugendamt gehört. „Abschieben und Verlegen" wird damit nicht grundsätzlich ausgeschlossen werden können, muss aber deutlich reduziert werden. Damit sind erhöhte Anforderungen an das fachliche Potenzial in den Einrichtungen verbunden, das auch bei der Finanzierung berücksichtigt werden muss. Gegebenenfalls bedarf es neuer Formen von Mischfinanzierung, bei denen die Vorteile einer fallunabhängigen Finanzierung mit den Vorteilen einer fallspezifischen Finanzierung verbunden werden.

Gleichzeitig muss bei der Bereitstellung finanzieller Mittel viel stärker ins Bewusstsein gelangen, dass es sich dabei nicht um kurzfristige Ausgaben bezogen auf das jeweilige Haushaltsjahr, sondern um langfristige Investitionen in die Zukunft junger Menschen handelt.

Fazit

Die Entwicklung des Kinder- und Jugendhilferechts wird also aus verschiedenen Quellen gespeist, die auf unterschiedliche Interessen gerichtet sind. Bislang ist es im Großen und Ganzen gelungen, eine Wechselwirkung zwischen rechtlichen Grundlagen und fachlicher Praxis zu entwickeln. Das Recht erhebt den Anspruch, sich am Bedarf der jungen Menschen ihrer Familien zu orientieren, kann diesen Anspruch in der Praxis aber – aus den vielen genannten Gründen – nicht immer einlösen. Umso wichtiger erscheint es aber, dass bei allen Überlegungen um die Weiterentwicklung des Kinder- und Jugendhilferechts die in § 1 SGB VIII formulierten Ziele und deren Erreichung im Blick bleiben. Die Antwort auf die Ausgabenentwicklung kann nicht eine Reduktionsgesetzgebung sein, die die Bedarfe junger Menschen und ihrer Familien zur Disposition stellt. Vor allem aber ist der Blick auf die gesellschaftlichen Veränderungen zu richten, denen der Staat auf der strukturellen Ebene begegnen muss und nicht erst bei den negativen Folgen für die Entwicklung einzelner Kinder und Jugendlicher.

Bei allen Ankündigungen von Seiten der Politik zur Weiterentwicklung oder Modernisierung der Kinder und Jugendhilfe gilt es also, wachsam zu sein und genau darauf zu achten, welche Motive und Interessen hinter den jeweiligen Aktionen stehen.

Norbert hat den Prozess der Entwicklung des Kinder- und Jugendhilferechts seit dem Inkrafttreten des KJHG mit großer fachlicher Kompetenz und leidenschaftlichem Engagement begleitet und mitgestaltet. Handlungsleitend – auch bei allen rechtlichen Fragen – waren für ihn immer die Potenziale der Sozialarbeit und (Sozial-)Pädagogik und deren Gefährdung durch betriebswirtschaftliche oder technokratische Logiken. Immer ging es ihm dabei um die zentralen Fragen wie die Gestaltung des Sozialen im Horizont sozialer Gerechtigkeit – niemals um taktische oder parteipolitische Überlegungen.

Literatur

Bundesjugendkuratorium (BJK) (2017). Prävention, Kinderschutz und Gesundheitsförderung bei Kindern und Jugendlichen – Anmerkungen zur aktuellen Präventionspolitiken und -diskursen. München: Deutsches Jugendinstitut.

Deutscher Juristentag (1996). Empfehlen sich Maßnahmen, um in der Finanzverfassung Aufgaben- und Ausgabenverantwortung von Bund, Ländern und Gemeinden stärker zusammenzuführen?, Berichterstatter Ferdinand Kirchhof, Gutachten D zum 61. Deutschen Juristentag Karlsruhe 1996.

Deutsches Jugendinstitut (DJI) (2011). Mythos Prävention – Chancen und Grenzen präventiver Konzepte – DJI Impulse Heft 2/2011.

Eichenhofer, Eberhard (2017). Sozialrecht. 10. Aufl., Tübingen.

Hornstein, Walter (1997), Jugendhilferecht und Sozialpädagogik. Das KJHG, oder: vom unaufhaltsamen Eindringen der Sozialpädagogik in das Jugendhilferecht. RdJB, 26.

Kunkel, Peter Christian, Kepert, Jan & Pattar, Andreas Kurt (Hrsg.) (2018). Sozialgesetzbuch VIII Kinder- und Jugendhilfe. Lehr- und Praxiskommentar. 7. Auf., Baden-Baden: Nomos.

Luhmann, Niklas & Schorr, Karl Eberhard (1982). Das Technologiedefizit der Erziehung und die Pädagogik. In: Niklas Luhmann (Hrsg.). Zwischen Technologie und Selbstreferenz. Fragen an die Pädagogik, Frankfurt am Main: Suhrkamp, 11–41.

Münder, Johannes, Meysen, Thomas & Trenczek, Thomas (Hrsg.) (2018). Frankfurter Kommentar SGB VIII. Kinder- und Jugendhilfe, 8. Aufl. Baden-Baden: Nomos.

Paritätischer Gesamtverband (2010). Ausgrenzungsprozessen bei Jugendlichen und jungen Erwachsenen entgegentreten – Neujustierung von Hilfen für Jugendliche und junge Erwachsene, Positionspapier des Paritätischen, Berlin.

Paritätischer Gesamtverband (2017). Zur Integration der Eingliederungshilfen für junge Menschen ins SGB VIII – Kinder- und Jugendhilfe – Ein Diskussionspapier aus der Sicht der Kinder- und Jugendhilfe im Paritätischen, Berlin.

Thiersch, Hans (2016). Das neue SGB VIII – Fragen von der Lebensweltorientierung aus. In Forum Erziehungshilfen, 283.

Urban-Stahl, Ulrike (2012). Beschwerde- und Ombudsstellen in der Jugendhilfe. In Forum Jugendhilfe, H. 1, 5.

Wiesner, Reinhard (2015). Wer kontrolliert die Jugendämter und die freien Träger? In Jugendamt (JAmt), 349.

Zeit-Online (2013). Das Kita-Glücksspiel. www.zeit.de/2013/35/kinderbetreuung-kitaplatz-kitagebuehren (Aufruf 27.8.2018)

Heimerziehung als „totale Sozialisationsinstanz“ – institutionelle Praxen gegen den Strich bürsten

Manfred Kappeler

Ausgangspunkt für den folgenden Beitrag sind die Zustände in der Heimunterbringung der 40er bis 70er Jahre und die daraus erwachsene Initiative ehemaliger Heimkinder und damit eine kritische Sicht auf einen zentralen Bereich der Kinder- und Jugendhilfe. Der Autor geht dabei in seinem Beitrag dem beharrlichen Drängen auf Verständigung und der Kritik an den Verhältnissen auch in der Kinder- und Jugendhilfe nach. Im Zentrum steht die Auseinandersetzung mit einem Aufsatz von Norbert Struck und Gisela Thöne aus dem Jahr 1979. Die Reflexion der Veröffentlichung sowie der Diskussionen am Runden Tisch Heimerziehung (rth) macht gleichzeitig ein Kapitel der aktuellen Zeitgeschichte anschaulicher und wirft ein Licht auf die unabgegoltene Intention der Befreiung.

Nach Jahrzehnten des Schweigens forderten Frauen und Männer im Alter zwischen 50 und 80 Jahren etwa ab 2003 Rehabilitation und Entschädigung für das ihnen in der Heimerziehung der Bundesrepublik in den 40er bis 70er Jahren angetane Unrecht und Leid. Berlin war ein Zentrum dieser Initiative. Sie wurde unterstützt von Professionellen, die den Aktivist*innen aus dem Spektrum der ehemaligen Heimkinder wichtige institutionelle Zugänge öffnen konnten. Norbert Struck zählte von Beginn an zum Kreis der wichtigen und verlässlichen Unterstützer der Forderungen und Aktivitäten der Frauen und Männer, die als Sprecher*innen der ehemaligen Heimkinder die Missachtung der Menschenwürde und die Verletzung der Menschenrechte in Einrichtungen der Jugendhilfe öffentlich machten. Ein historischer Bezugspunkt der Initiative ehemaligen Heimkinder war die radikale Kritik an der Regelpraxis der Heimerziehung in den späten 60er und den 70er Jahren des 20. Jahrhunderts.

Heimkampagne und praktische Heimkritik

Die durch die Heimkampagnen der 68er Revolte öffentlich skandalisierten Zustände in den Heimen der Jugendhilfe, vor allem der Fürsorgeerziehungsanstalten, hatte Anfang der 70er Jahre zu einer umfassenden und tiefschürfenden Analyse und Kritik der Theorie und der Praxis der Heimerziehung geführt, die

die bis dahin engen fachlichen Sichtweisen sprengte. Die Jugendhilfe mit ihrem Hauptbereich Heimerziehung (andere Tätigkeitsbereiche der Jugendhilfe wurden als „Vorfeld der Heimerziehung“ bezeichnet) wurde nun als Ausdruck und Funktion der kapitalistischen ökonomischen Strukturen der Bundesrepublik und ihrer bürgerlichen Dominanzkultur verstanden. Im Begriff der Totalen Institution wurde diese Kritik zusammengefasst und auf den Punkt gebracht.

Als Norbert Struck mit dem Studium begann, war diese radikale Kritik und das aus ihr sich entwickelnde Theorie-Praxis-Verständnis für sich irgendwie links verortende Studierende an den Universitäten und Hochschulen, den gerade gegründeten Fachhochschulen und zunehmend auch an den Fachschulen für Erzieher*innen zum zentralen Referenzsystem geworden, mit dem viele nach Abschluss der Ausbildung in die sozialpädagogische Praxis gingen. Norbert Struck ging als Erzieher in das „Psychagogische Kinderheim Rittmarshausen“ in einem Dorf bei Göttingen. Seine Erwartung, dort in einer Reformeinrichtung arbeiten zu können, die in ihren Strukturen und ihrer Erziehungspraxis mit den Kindern und Jugendlichen die Kritik des vorangegangenen Jahrzehnts aufgenommen und umgesetzt hatte, wurde gründlich enttäuscht.

In einem von Norbert Struck zusammen mit seiner Kollegin Gisela Thöne verfassten Beitrag (Struck & Thöne, 1979) wurde das Résumé dieser Enttäuschung und der Versuch, sie in einer beeindruckenden Verbindung von Kritik und verändernder Praxis produktiv zu wenden, beschrieben. Beide waren 23 Jahre alt, als sie 1976 in der Heimerziehung ihre ersten sozialpädagogischen Berufserfahrungen machten. Nach zweieinhalbjähriger Praxis schrieben sie ihren Bericht. Der Text zeigt beispielhaft, wie sich kritische Berufsanfänger*innen vor 40 Jahren mit ihren Praxiserfahrungen auseinandersetzen und sie sprachlich vermitteln konnten. Die Texte zur Kritik der Heimerziehung/Jugendhilfe, zur Sozialen Arbeit insgesamt, wurden damals mit großen Auflagen (Gefesselte Jugend 50 000, Bambule 70 000 etc.) hauptsächlich von führenden Verlagen wie S. Fischer, Suhrkamp, Rowohlt, Wagenbach publiziert und erreichten eine große Fachöffentlichkeit. Vor allem aber wurden sie von Studierenden und von jungen Praktiker*innen der Sozialarbeit/Sozialpädagogik gelesen. Dazu gehörte auch das von Rowohlt verlegte „Jahrbuch Sozialarbeit 3“ in dem der Text herausgegeben wurde. Die Auseinandersetzung mit diesem Text in ausführlichen Zitaten soll Einblick geben in eine jugendpolitische/jugendhilfepolitische Grundhaltung, die das berufliche Denken, Sprechen und Handeln des Autors bis heute prägt.

Über den „Anfang“ heißt es: „Unsere Arbeit in diesem Heim begann an einem Punkt, an dem ein recht geschlossenes System hierarchischer Kompetenzzuweisung und pädagogischer Handlungsspielräume noch existierte, aber nicht mehr weiterexistieren konnte.“ Das Heim wird als „altes System“ bezeichnet, dessen „pädagogisches Konzept“ schon in der baulichen Struktur „versinnbildlicht“ werde. Der Zusammenhang von strukturellen Bedingungen und pädagogischer Praxis wird klar gesehen: „Zentral liegen die Verwaltung und die Behandlungsräume der Therapeuten, das pflegesatzerhöhende Aushängeschild des Heimes, verschlossen und gut ausgestattet – rundherum fünf Gruppen, eng mit Sperrmüll gefüllt“ (S. 264). An anderer Stelle heißt es: „Das Haus selber: in Beton gegossenes Unverständnis von Lebensbedürfnissen Acht- bis Siebzehnjähriger. Da sind dann drei, vier, fünf Kinder, die sich zum Teil nicht ausstehen können, zwangsläufig in zu kleinen Zimmern zusammen. Jeder pädagogische Anspruch auf ‚Aufarbeitung von Konflikten‘ und ‚Herstellung von Gruppenfähigkeit‘ wird zynisch, wenn er dazu herhält, umstandslos den ganzen Privatbereich zu beschlagnahmen“ (S. 271). Die Autor*innen kritisieren das hierarchische Verhältnis von Psychotherapie und Sozialpädagogik und die elitär-autoritäre Haltung der Psychotherapeuten:

„Im schönen Teil des Hauses sollte sich in zwei wöchentlichen Therapiestunden ‚Heilung‘ vollziehen. Dort legten die – dem Anspruch nach – psychoanalytisch orientierten Therapeuten die unbewußten Impulse der Kinder frei. Die Therapeuten gelten in diesem System als Superpädagogen, die die Abgeschlossenheit ihres Tuns ebenso wie die Berufung auf ihre Schweigepflicht häufig zur Mystifikation ihrer Handlungsanweisungen einsetzten. Im häßlichen Teil des Hauses wurden die Kinder zwischen den heilsamen Stunden versorgt: Waschen, Essen, Schlafen [...] Die pädagogische Aufgabe war es, Anweisungen der Therapeuten zu befolgen und auf die Einhaltung von ‚Regeln und Grenzen‘ zu achten bzw. bei Mißachtung solche Übergriffe zu bestrafen.

Durch diesen ‚realistischen‘ Standpunkt der Pädagogik sollten dann gefährlich-asoziale, therapeutisch aufgedeckte Triebimpulse wieder zurechtgebogen werden“ (S. 264). Der „pädagogische Bereich“ des Heims war in sich ebenfalls hierarchisch strukturiert: „Dem Heimleiter waren Gruppenleiter verantwortlich, die er mehrmals wöchentlich um sich scharte, diesen unterstand dann das Team. [...] Neben Therapie und pädagogischer Leitung waren dann noch die Verwaltung und die mit ihr eng verzahnte Hauswirtschaftsleitung dem Erzieher vorgesetzt. Sie definierten Probleme, Mißstände, Schlampigkeiten gemäß ihrer Logik und setzten Lösungen durch, die ihrer Verwaltungsrationalität als die einzig denkbaren erschienen“ (S. 264). Die durch diese Strukturen hervorgebrachte „Kontrollbesessenheit“, zentrales Merkmal jeder totalen Institution, erfasste auch den „pädagogischen Bereich“. Den Alltag der Erziehungsarbeit in diesem „Regel-und-Grenzen-Verfolgungssystem“ beschreiben die Autor*innen folgendermaßen: „Zunächst einmal gab es einen peniblen Zeitplan, eine Vielzahl von Ver- und Geboten, eine äußerst sparsame Vorgabe von ‚Ausgang‘, der ein großzügiger Entzug bei jedwedem Vergehen gegenüberstand – sofern noch etwas zu entziehen war. [...] Die Kontrollansprüche der Institution gegenüber den Jugendlichen gingen so weit, daß deren Kleiderschränke verschlossen waren und nur auf Wunsch von Erziehern geöffnet wurden.“ Zur Unterwerfung der Kinder und Jugendlichen unter die „Logik“ der autoritären Heimstruktur wurde ein rigides Straf- und Disziplinierungs-Regime praktiziert: „Ausgangssperre, Taschengeldentzug, Streichung von Heimfahrten, Fernsehverbot, Gruppenarrest und – als Steigerung – Zimmerarrest." Über alle dem die „schwebende Drohung […] bei Fehlverhalten als Höchststrafe aus dem Heim gewiesen und womöglich in ein geschlossenes Heim abgeschoben zu werden" (S. 267). Die „Geschlossenheit" als Grundprinzip im System Heimerziehung hatte verschiedene Grade, die freilich bemäntelt werden mussten, um die Verlegungsdrohung in das nächste geschlossenere und schließlich in das absolut geschlossene Fürsorgeerziehungsheim, als Endstation der sog. Heimkarriere, wirksam zu halten. In der Selbstdarstellung des Trägers wurde das „Psychagogische Kinderheim" als „offenes" Heim dargestellt.

Ein Hauptkritikpunkt in dem Bericht ist aber die auf allen Ebenen der Heimstruktur institutionalisierte Geschlossenheit, die sich zwangsläufig im pädagogischen Alltag, im Handeln des Personals und in den Beziehungen der Kinder und Jugendlichen untereinander zu immer mehr Geschlossenheit in der angeblichen „Offenheit" reproduzierte. Dazu gehörte auch die Ghettoisierung des gesamten Heims in seinem dörflichen sozialen Umfeld. Dazu heißt es: „Mitten in einem Dorf mit vielleicht 1 000 Einwohnern ein Kindergetto mit fast 50 Kindern und ebenso vielen Mitarbeitern, deren pädagogischem Teil zumindest diese dörflichen Strukturen ja zumeist ebenso fremd und unzugänglich sind wie den Kindern. Zum Teil sind die Erzieher auch nur ‚Pendler' aus der 15 Kilometer entfernten Großstadt, und selbst wenn sie in der Nähe des Heimes wohnen, ist das Lebensgelände ihrer Freizeit in der Regel nicht durch das Dorfleben bestimmt. Unter diesen Umständen gibt es nur sehr wenige Punkte fruchtbaren Austausches zwischen Getto und Umgebung. Denkbare Ansätze zu solchem Austausch aber erscheinen so sehr als Tropfen auf dem heißen Stein, daß die Perspektive auf solche Sisyphusarbeit alles lähmt. Auch das Problem, das Langeweile heißt, ist durch dieses Schmoren im eigenen Saft mitbestimmt […]" (S. 271). Das Ineinandergreifen von strukturellen Bedingungen und Erziehungspraxis führte zu einem „Klima" im Heim, das in der „Forderung nach Distanz des Erziehers gegenüber den Kindern" gipfelte. Dadurch wurde die Herstellung des für jede professionelle Erziehungsarbeit notwendigen pädagogischen Bezugs zwischen erziehenden Erwachsenen und zu erziehenden Kindern und Jugendlichen erschwert und meistens ganz verhindert: „Diese von Angst vor Autoritätsverlust gespeiste Forderung wurde aus einem völlig verhohnepipelten Begriff von ‚Übertragung' abgeleitet und war eine absurde Karikatur der analytischen Neutralitätsforderung. Eine Konsequenz war, daß Erzieher sich grundsätzlich im Dienst siezen sollten – bis hin zu Ehepaaren, die per Sie verkehrten. Selbstredend, daß Kinder die Erzieher nur als ‚Herr', ‚Frau', ‚Fräulein' kannten" (S. 264).

Es war „die Unerträglichkeit dieser Normen für jede pädagogische Arbeit", schreiben die Autor*innen, die sie, zusammen mit weiteren Kolleg*innen, zur

Kritik und zum „Widersetzen“ brachte. Vermutlich wären ihre Versuche die Erziehungspraxis im Heim zu ändern aber gescheitert, wenn nicht der im Heimpersonal „sehr viel breitere Unmut über die Arbeitsplatzsituation“ zu einem Bündnis geführt hätte, das in einer „konsequenten gewerkschaftlichen Interessenvertretung“ mündete. Es gab bei diesem „freien Träger“ keinen Tarifvertrag: „Der Lohn der Arbeiterinnen war völlig eigenwilligen Gestaltungsprinzipen unterworfen und lag erheblich unter vergleichbaren Tarifregelungen des öffentlichen Dienstes.“ Zur Bedeutung der „Gewerkschaftsgruppe“ heißt es: „Über die auf arbeitsrechtliche Forderungen bezogene Zusammenarbeit hinaus war die Gewerkschaftsgruppe das informelle Sammelbecken des pädagogischen Veränderungswillens. Die bot dem einzelnen Erzieher psychischen Schutz in seinem tagtäglichen Kampf, der herkömmlichen pädagogischen Praxis offen Widerstand entgegenzusetzen bzw. sie zu unterlaufen“ (S. 265). Praktische Solidarität ist eine entscheidende Bedingung für das Gelingen eines aus Selbst-Ermächtigung in gemeinschaftlichem Handeln entstehenden Widerstandes gegen verkrustete bürokratische und autoritäre Strukturen, wo auch immer sie in der Sozialen Arbeit anzutreffen sind. Die in der „Gewerkschaftsgruppe“ entstandene Solidarität ermöglichte es, Maßnahmen der Heimleitung gegen „Abweichler“, wie „öffentliche Rüge oder gruppeninterne Disziplinierungen“ durch „geschlossene Abwehr“ zu begegnen: „Die Bloßstellungs- und Einschüchterungsversuche wurden von uns in Anlässe öffentlicher Auseinandersetzungen umgekehrt“ (S. 265).

Auf diese Weise wurde die undemokratische hierarchische Struktur des Heims angegriffen und allmählich verändert. Das Hauptanliegen war aber die Veränderung der Erziehungspraxis und des Verhältnisses zwischen den Pädagog*innen und den Kindern und Jugendlichen überhaupt. Dazu die Autor*innen: „Unsere konzeptionellen Vorstellungen können übergreifend als der Versuch beschrieben werden, eine an den Interessen und Bedürfnissen der Kinder orientierte Pädagogik gegen die praktizierte Regel-und-Grenzen-Pädagogik durchzusetzen. Stützte sich letztere in ihrer Argumentation darauf, symptomatische Verhaltensauffälligkeiten der Kinder mit allgemeiner Orientierungslosigkeit und Labilität gleichzusetzen, so forderten wir ein Erzieherverhalten, das sich auf die Besonderheit des jeweiligen Kindes und dessen lebensgeschichtliche Erfahrung einließ.“ (S. 266).

Auch wenn die allmählich durchgesetzten Veränderungen im Titel des Beitrags als „Reform auf halber Strecke“ gewertet werden, führten sie doch für das Leben der Kinder und Jugendlichen in diesem Heim, und damit auch für die Sozialpädagog*innen, zu erheblichen Verbesserungen im pädagogischen Alltag. Der Katalog der Veränderungen umfasst das ganze Grenzen-und-Ordnungsreglement: vom Ausgang und den Besuchsregelungen über den „pingeligen Ordnungsdrill“ in den Gruppen, die Kontrollpraktiken im Privatbereich der Kinder (Kleidung, persönliche Gegenstände) bis hin zur Abschaffung von Bestrafungen wie Ausgangssperre, Taschengeldentzug, Fernsehverbot und jeder Form von Arrest sowie die Abschaffung der „Fenstersperren". Auch das schärfste Sanktionierungsmittel, die Drohung mit der Verlegung in ein „schlimmeres Heim", wurde nicht mehr angewendet. Und nicht zuletzt: „Die kleine Gruppenküche und damit die Lebensmittel wurden den Kindern jederzeit zugänglich" (S. 267).

Heimreformen „auf halber Strecke"

Dennoch blieb es eine „Reform auf halber Strecke". Durch die Auseinandersetzungen im Heim, mit den konkreten Repräsentanten der hierarchischen Struktur und der autoritären Erziehungspraxis war „ein Stück Aneignung der Institution" erreicht worden. Damit war aber der „Handlungsspielraum auf der betrieblichen Ebene weitgehend ausgeschöpft". Und nun traten, bis dahin kaum thematisierte, „noch weitgehend verdeckte Aspekte der allgemeinen Strukturen von Heimerziehung stärker in unser Bewußtsein und damit übergreifende Strukturen von Fremdbestimmung unserer Arbeit." Gesetze, Erlasse, Verwaltungsvorschriften waren von einem einzelnen vereinzelten Heim aus kaum angreifbar. Dazu gehörten und gehören auch die Finanzierung eines Heims über die „Pflegesätze" für die dort „untergebrachten" Kinder und Jugendlichen. In ihrem Bericht schreiben die Autor*innen: „Die Grundlagen der Finanzierung von Heimen sind in den Pflegesatzvereinbarungen festgesetzt. Diese erzeugen einen ständigen Belegungszwang für das Heim im Ganzen und in der einzelnen Gruppe. 90 Prozent Durchschnittsbelegung im Jahr müssen erreicht werden, sonst rutscht das Heim in die roten Zahlen. Die einzelnen Heime können es sich heute kaum mehr leisten, Kinder nicht aufzunehmen, wollen sie nicht in noch stärkeren ökonomischen Druck kommen. [...] Für die einzelnen Gruppen bedeutet das dann, daß pädagogische Überlegungen bei der Entscheidung der Neuaufnahme keine Durchsetzungskraft haben" (S. 272).

Nach meiner Erinnerung wurde die Finanzierung der Heime der Jugendhilfe Anfang der 70er Jahre von der Einrichtungs- auf die Pflegesatzfinanzierung umgestellt. Das war aus rein fiskalischen Gründen ein harter Schlag gegen unsere Bemühungen einer durchgreifenden Heimreform. Als ich Anfang der 60er Jahre das Glück hatte, das Pädagogisch-therapeutische Heim der Arbeiterwohlfahrt „Haus Sommerberg" bei Köln mit aufzubauen (eines der wenigen wirklichen Reformheime jener Zeit), gab es eine von der konkreten „Belegung" unabhängige Einrichtungsfinanzierung, die vom Status des Heims (Erziehungsheim, heilpädagogisches Heim, pädagogisch-psychotherapeutisches Heim) abhängig war, der mit dem jeweiligen Landesjugendamt ausgehandelt werden konnte. So war es auch in dem von mir in der zweiten Hälfte der 60er Jahre in West-Berlin geleiteten Reformheim, in dem eine Aufnahme einerseits von dem Willen des jeweiligen Jugendlichen und andererseits der sozialpädagogischen Situation im Heim (30 Plätze für „straffällige" und „strafentlassene" Jugendliche) abhängig gemacht werden konnte.

Die Kritiker*innen resignierten nicht vor der Macht des „Überbaus". Sie analysierten und kritisierten die „Rahmenbedingungen" der Heimerziehung und ihre politische Verfasstheit in einem Arbeitskreis, der sich dem Jugendpolitischen Forum anschloss und zur Beteiligung an dessen Aktionen auf dem großen „6. Deutschen Jugendhilfetag" 1978 in Köln (30 000 Teilnehmer*innen) führte. Darüber schreiben die Autor*innen: „Den Kern des Heimerziehungssystems zusammenfassend darzustellen und auf die starken Tendenzen zu beziehen, geschlossene Heimerziehung in therapeutischen Gewändern wieder salonfähig zu machen, gelang auf der Großveranstaltung zur Heimerziehung" (S. 273). Die Kritik an allen Tendenzen und Praktiken die „geschlossene Unterbringung" (GU) in der heutigen Kinder- und Jugendhilfe pädagogisch-therapeutisch zu rechtfertigen und wieder zu etablieren ist ein brandaktuelles jugendhilfepolitisches Anliegen.

Die Kritik der Autor*innen richtet sich aber auch auf die Schwachstellen der Kritik des Jugendpolitischen Forums an der Heimerziehung. Für eine Darstellung der Ergebnisse ihrer Auseinandersetzungen in dem therapeutisch orientierten Heim in Rittmarshausen habe es auf dem 6. DJHT keinen Raum gegeben. Der Schwerpunkt der das JuPoFo tragenden Heiminitiativen habe auf der „Dokumentation von Straf- und Zwangsmaßnahmen, Beleidigungen und Menschenrechtsverletzungen, denen die Kinder und Jugendlichen in Erziehungsheimen ausgesetzt sind" gelegen. Demgegenüber sei die „politische Reflexion des pädagogischen Alltags in Heimen, die den Anspruch haben, therapeutische Erziehung zu leisten" zu kurz gekommen. Ein Grund dafür sahen die Autor*innen darin, „daß unsere politische Identität in Fällen eindeutiger Unterdrückung und Schikanierung relativ leicht zu finden ist, es aber weitaus bedrohlicher ist, zwischen alltäglich erfahrbarer Langeweile von Kindern und Jugendlichen, kleinsten Erfreulichkeiten, teils recht heftigen Attacken seitens der Kinder seine pädagogische Identität zu finden, die die politischen Ansprüche aufnimmt und dennoch keine selbstverzehrende Helfermentalität ist" (S. 274). Hierher gehört auch eine Passage des Berichts, in der als ein wichtiger Grund für die „halbe Reform" die Haltung der Kinder und Jugendlichen in diesem Heim beschrieben wird. Es bestand die Erwartung, dass sich diese nach der Abschaffung der „Regeln-und-Grenzen-Pädagogik" an der Bildung selbstbestimmter Regeln für ein demokratisches und soziales Zusammenleben im Heim beteiligen würden. Diese Erwartung wurde enttäuscht: „Trotz mancher Unzufriedenheiten ging von den Kindern keine Initiative zur Veränderung von Mißständen aus. Ein wichtiger Grund liegt in der allgemeinen Resignation unter den Kindern gegenüber den bürokratischen Mühen, die sich schon bei tagtäglichen Kleinigkeiten nur mühsam in Gang setzen lassen. Darüber hinaus behindert das auf reiner Zufälligkeit beruhende gemeinsame Zusammenleben und die starre Hierarchie unter den Kindern eine gemeinsame Produktion von Interessen. ‚Kollektiv'-Zusammenhänge unter der alten Heimleitung [z. B. Kollektivstrafen für die ganze Gruppe bei ‚Vergehen' eines einzelnen Gruppenmitglieds waren ein gängiges ‚Erziehungsmittel', Anm. M. K.] waren von den Kindern meist repressiv erfahren. So hatten einberufene Kinderkonferenzen eher den Charakter von Tribunalen der Heimleitung als von Kinderöffentlichkeit" (S. 268).

Diese Passagen zeigen, dass sich die notwendige große Kritik „am Ganzen" und an den großen politischen Entwürfen zur Veränderung des Veränderungswürdigen nicht damit zufrieden gegeben hat, sondern darauf bestand, sie auf den sozialpädagogischen Alltag und die „Mühen der Ebene" zu beziehen. Diese Haltung zeichnet auch die aktuelle Auseinandersetzung über Zwang und Freiheitsentzug in der Heimerziehung, den Umgang mit unbegleiteten minderjährigen Geflüchteten in der Jugendhilfe oder der Debatte um die anstehende Reform des SGB VIII aus.

Der Text beschreibt nicht etwa die Struktur und die Erziehungspraxis eines Heims der 50er oder 60er Jahre, sondern ein sog. Reformheim im Jahr 1979, einem Zeitpunkt, der bereits außerhalb des für den Runden Tisch Heimerziehung verordneten Zeitrahmens von 1949 (Gründung der Bundesrepublik) bis 1975 lag. Dieser zeitlichen Setzung lag die falsche, nicht nur von mir kritisierte problem- und kostenreduzierende Auffassung zu Grunde, das System Heimerziehung sei nach der Kritik durch die Heimkampagnen der Jahre 1968–1970 in den folgenden fünf Jahren grundlegend im Sinne einer demokratischen, die Bedürfnisse, die Würde und die Rechte von Kindern und Jugendlichen achtenden sozialpädagogischen Praxis erneuert worden. Mit Bezug auf die Ergebnisse des 6. DJHT 1978 in Köln schreiben Norbert Struck und Gisela Thöne, dass „die in verschiedenen Städten in den letzten Jahren entstandenen Heiminitiativen [...] Ausdruck des entstehenden Bewußtseins davon (sind), daß die Heimreform keine war" (S. 273). Es sollte noch bis über die Mitte der 80er Jahre hinaus dauern, bis sich die Lebensbedingungen und die Erziehungspraxis für Kinder und Jugendliche in der Mehrheit der Heime der Jugendhilfe spürbar verbessert hatten. In nicht wenigen Heimen änderte sich kaum etwas und das ist bis heute so geblieben, wie die wenigen ans Licht der Öffentlichkeit kommenden aktuellen Heimskandale zeigen. Dass Kindern und Jugendlichen in pädagogischen Einrichtungen auch heute psychische und physische Gewalt bis hin zur sexuellen Gewalt angetan wird, dass sie immer noch von Anvertrauten zu Ausgelieferten werden können, ist Grund und Ansporn für das Engagement für ein funktionierendes System unabhängiger Beschwerdemöglichkeiten für Kinder, Jugendliche und Erzieher*innen, die vom Druck zu verschweigen und zu vertuschen befreit werden müssen.

Die Initiative ehemaliger Heimkinder und der Runde Tisch Heimerziehung

Am Runden Tisches Heimerziehung der 50er und 60er Jahre (rth) war von der ersten bis zur letzten Sitzung eine von den ehemaligen Heimkindern erhobene Forderung die Anerkennung des ihnen angetanen Unrechts und Leids als systematische Verletzung der Menschenrechte und als Missachtung ihrer Menschenwürde. Sie stützten diese Forderung hauptsächlich auf die systematische Ausbeutung der Arbeitskraft durch die *verbotene Kinderarbeit* in der Hauswirtschaft der Heime und der im Grundgesetz (GG) ebenfalls verbotenen *Zwangsarbeit* (keine Entlohnung und keine Sozialversicherung) der Jugendlichen im „erwerbsfähigen Alter" (ab dem 14. Geburtstag) in heimeigenen Betrieben und in sog. Fremdbetrieben. Eine ihren individuellen Möglichkeiten entsprechende Bildung wurde den Heimkindern verweigert (1973 besuchten 1 % von ihnen eine weiterführende Schule). Als in dem Entwurf der Geschäftsstelle des rth zum Abschlussbericht deutlich wurde, dass die den Kindern und Jugendlichen in fast allen Heimen abgezwungene Arbeit nicht als Zwangsarbeit im Sinne von Art. 12 GG anerkannt werden sollte, protestierte Norbert Struck mit einer schriftlichen Eingabe gegen dieses Vorhaben: „Die Arbeiten, für die Heimkinder herangezogen wurden, stellten ein breites Spektrum von Hausarbeiten bis hin zu Arbeiten in heimeigenen Produktionsbetrieben dar. Diese Arbeitsregime verknüpften sich mit massiven Beeinträchtigungen von Lern- und Bildungschancen. Insofern müssen sich Überlegungen zu einer materiellen Kompensation auf diese Kernstruktur vorenthaltener Lebenschancen beziehen und nicht nur auf die Frage nicht geleisteter Sozialversicherungsbeiträge. Wenn man dies berücksichtigt, kann man an diesem Tatbestand Überlegungen zur Entschädigung anknüpfen – als Folgeschäden erlittener Rechtsverletzungen" (zitiert nach Kappeler, 2011). Mit der erzwungenen Arbeit der Kinder und Jugendlichen erwirtschafteten die Heime über die Jahrzehnte Milliardenbeträge, mit denen der steuerfinanzierte Jugendhilfeetat entlastet wurde. Mein Vorschlag, die Höhe des durch die erzwungene Arbeit der Kinder/Jugendlichen erwirtschafteten Betrags durch ein wirtschaftswissenschaftliches Institut erforschen zu lassen, wurde schon in der ersten Arbeitssitzung des rth abgelehnt. Unter anderem auf diese erzwungene Arbeit gründeten die Vertreter*innen der ehemaligen Heimkinder am rth ihre Forderungen nach einer Opferrente in Höhe von 300 Euro monatlich oder wahlweise einer Einmalzahlung um die 60 000 Euro. Auf der Basis der Gesamtergebnisse der „Aufarbeitung" am rth forderten sie schließlich die Bewertung des Systems Heimerziehung der 40er bis 70er Jahre als *Unrechtssystem.*

Alle diese grundlegenden Forderungen der ehemaligen Heimkinder wurden von den Vertreter*innen der Kirchen und ihrer Wohlfahrtsverbände und der großen Mehrheit aller anderen Institutionen-Vertreter*innen am rth abgelehnt. Sie beschlossen die diskriminierende und kostensparende „Folgeschaden-Regelung“ (unter Ausschluss der Folgen systematischer Rechtsverletzungen wie der Zwangsarbeit), die durch den „Fonds Heimerziehung“ seit 2012 praktiziert wird und auch auf die ehemaligen Heimkinder aus Heimen der DDR angewendet wird. Der entscheidende Beschluss, auf dem diese „Regelung“ fußt, war bis zur letzten Sitzung des rth heftig umstritten. Obwohl es im Abschlussbericht des rth heißt: „Elementare Grundsätze der Verfassung wie das Rechtsstaatsprinzip, die Unantastbarkeit der Menschenwürde und das Recht auf persönliche Freiheit und körperliche Integrität fanden bei weitem zu wenig Beachtung und Anerkennung“, wurde diese Bewertung uminterpretiert, als es um die Konsequenzen der „Aufarbeitung“ für die noch lebenden Opfer dieser Heimerziehung ging: Zwar sei die Heimerziehung ein System gewesen in dem Unrecht geschah, ein Unrechtssystem sei sie aber nicht gewesen. Aus diesem Grunde könne die Forderung der ehemaligen Heimkinder nach einer Opferrente bzw. einer entsprechenden Einmalzahlung nicht akzeptiert werden. Im Entwurf der Geschäftsstelle des rth für den Abschlussbericht wurde diese Position der großen Mehrheit der Institutionenvertreter*innen damit begründet, dass das Unrecht in der Heimerziehung nicht gesetzlich intendiert gewesen sei, dass es von Menschen ausgeübt wurde und einzelne Heime gezeigt hätten, dass auch eine andere, dem Wohl der Kinder und Jugendlichen dienende Praxis möglich gewesen sei. Damit wurde die im Verlauf der Arbeit des rth angesichts der Fakten schon aufgegebene Rechtfertigungsformel von den „bedauerlichen Einzelfällen“, etwas sprachlich verbrämt, wieder benutzt , um die berechtigten Forderung der ehemaligen Heimkinder zuletzt doch noch ablehnen zu können. Zu dieser Argumentation im Entwurf, der auf der letzten Sitzung des rth verabschiedet werden sollte, schrieb Norbert Struck in der oben zitierten Eingabe: „Der Runde Tisch hat eine erdrückende Menge an erlittenem Unrecht zur Sprache gebracht und er hat deutlich gemacht, dass dieses Leid und Unrecht nicht individuelle einzelne Erfahrungen waren, sondern Erfahrungen, die in einem System totaler Institutionen gemacht wurden [...]. Jedenfalls basierten viele Funktionsmechanismen dieses Systems Heimerziehung auf Unrecht – der ganze Bericht gibt davon laufend beredt Zeugnis. Schwer einzusehen, warum man das dann nicht als Unrechtssystem bezeichnen soll. [...] Wenn das Kriterium eines Unrechtssystems ein gesetzlich intendiertes Unrecht wäre, dann gäbe es per se keine Unrechtssysteme. Selbst die fürchterlichsten Diktaturen verzichten nicht auf den Schein einer Rechtmäßigkeit ihres Terrors. Sie investieren sehr, um den Schein von Recht zu wahren. Auch gibt es kaum Systeme, die Unrecht zum Ziel haben. Immer behaupten sie, das Recht sei auf ihrer Seite, wenn sie Unrecht exekutieren. Insofern können Selbstdeklaration oder Intention nicht die Kriterien sein, an denen sich der Unrechtscharakter eines Systems erweist. [...] Selbstverständlich sind alle sozialen Tatsachen von Menschen gemacht und – insofern – vielleicht in historischer Perspektive veränderbar. Aber das Unrecht, das den ehemaligen Heimkindern widerfahren ist, hatte jedenfalls weit eher Systemcharakter als dass es eine Summe individueller Fehlverhalten gewesen wäre, was diese Formulierung suggeriert – der ganze Bericht erzählt davon! [...] Einzelne Berichte von positiven, angemessenen und hilfreichen Erfahrungen in der Heimerziehung, die sich oft auch auf Etappen innerhalb einer Heimkarriere beziehen, also von Menschen mit fürchterlichen Erfahrungen im System Heimerziehung als Kontrapunkt geschildert werden, widerlegen nicht das System, sondern beschreiben mögliche Menschlichkeit, die sich im Widerstand gegen das System realisiert" (zitiert nach Kappeler, 2011). Diese scharfe Kritik führte lediglich zu einer das Gesicht der Leiterin des Gremiums, Antje Vollmer, und der Mehrheit der Institutionenvertreter*innen aus Kirchen, Wohlfahrtsverbänden, kommunalen Spitzenverbänden, Bund, Ländern und Bundestag wahrenden Veränderung der Formulierung, nicht aber zu der von den ehemaligen Heimkindern geforderten unterstützten Bewertung. Auf Seite 31 des Abschlussberichts wurde der Mehrheitsbeschluss mitgeteilt. Seine Bedeutung wurde durch Fettdruck unterstrichen: „Festzustellen ist nun, dass dieses System Heimerziehung auch im Lichte des Grundgesetzes in Bezug auf die Wahrung der Rechte der Betroffenen ein mangelhaftes und demokratisch unreifes System war. Ein Unrechtssystem war es nach Bewertung des Runden Tisches jedoch nicht." Diese Formulierung unterschlägt, dass die Vertreter*innen der ehemaligen Heimkinder am rth bis zuletzt auf ihren Forderungen bestanden haben. Korrekt hätte es also heißen müssen: „Im Gegensatz zu den ehemaligen Heimkindern bewertet die Mehrheit der Institutionenvertreter*innen am rth die Heimerziehung nicht als ein Unrechtssystem." Dass diese Bewertung der Heimerziehung in direktem Zusammenhang mit der Verweigerung der von den ehemaligen Heimkindern geforderten Entschädigungszahlungen stand, wird in der Erläuterung der von der Mehrheit des rth vorgeschlagenen „Lösungswege" im Abschlussbericht deutlich: „Eine solche pauschale Lösung wäre aber nur dann denkbar, wenn auch eine pauschale Bewertung der damaligen Heimerziehung generell als Unrechtstatbestand vorliegen würde." Die Vertreter*innen der Interessen der Kirchen und Verbände, des Bundes, der Länder und der Kommunen setzten diese Interessen auf ganzer Linie gegen die Forderungen der ehemaligen Heimkinder nach substanzieller Rehabilitation und Entschädigung durch. Ihre „Lösungsvorschläge" wurden vom Bundestag mit der ganz großen Mehrheit der Fraktionen von CDU/CSU, SPD und Bündnis 90/Die Grünen gegen den Antrag der Linken, der die Forderungen der ehemaligen Heimkinder vertrat, beschlossen.

In der Folgezeit ging es für die ehemaligen Heimkinder um „Schadensbegrenzungen", bei denen sie in erster Linie von ihrem langjährigen Ombudsmann Peter Schruth unterstützt wurden. Dabei ging es um die Interpretation der beschlossenen „Regelungen" des „Fonds Heimerziehung". Es ist den ehemaligen Heimkindern und ihren Unterstützer*innen gelungen, das zu erreichen, was innerhalb der letztendlich harten politischen und bürokratischen Grenzen des „Fonds“ überhaupt möglich war. Allerdings gab es dabei große länderspezifische Unterschiede, die an der jeweiligen institutionellen Verfasstheit der Anlauf- und Beratungsstellen für ehemalige Heimkinder und dem Selbstverständnis und der Konfliktbereitschaft der in ihnen arbeitenden Mitarbeiter*innen bzw. Teams lagen. Die von den ehemaligen Heimkindern am rth erhobenen zentralen Forderungen sind aber nicht annähernd erfüllt worden.

Unabgegoltene Intention der Befreiung

In diesen Tagen, zum Ende der Laufzeit des „Fonds Heimerziehung“, geht es um die Bilanz dieses ganzen Prozesses, der mit dem Anspruch von Aufklärung vor 15 Jahren von mutigen ehemaligen Heimkindern begonnen wurde und in einer Aufarbeitung endete, von der Adorno einmal gesagt hat, dass sie dazu diene, begangenes Unrecht, das vorbehaltlos anerkannt werden müsse und nicht „aufgearbeitet“ werden könne, auf dem Müllhaufen der Geschichte zu entsorgen. Wie die Bilanz von Kirchen, ihren Wohlfahrtsverbänden, von Bund und Ländern aussehen wird, ist leicht vorherzusagen: In ihrer Bilanzierung werden die Kritik und die Enttäuschungen der ehemaligen Heimkinder und ihrer Unterstützer*innen, die diesen Prozess in Gang gebracht und durchgestanden haben, keine Stimme bekommen. Die „Aufarbeitung“ wird als große Erfolgsgeschichte, als wesentlicher Beitrag zur Herstellung des „sozialen Friedens in unserem demokratischen und sozialen Rechtsstaat“ gefeiert werden (vgl. zur Kommunikationsstruktur am rth Kappeler, 2015; zum Vergleich der politischen und materiellen Bedingungen der beiden Runden Tische Struck, 2015).

Es gibt bezogen auf die Kinder- und Jugendhilfe und ihre Heimerziehung heute wenig Gründe zum Feiern, aber viele Gründe für wachsame Kritik und engagiertes Handeln zum Schutz von Kindern und Jugendlichen und zur weiteren Verbesserung ihrer Lebens- und Erziehungsbedingungen. Ich will abschließend aus einem meines Wissens bisher unveröffentlichten Text zitieren:[1]

„Der Wirklichkeitsgehalt der Reden von zur Sprache gekommenem Leiden ist ungleich größer als institutionelle Absichtserklärungen. Deswegen möchte ich noch einmal auf ein Dilemma eingehen, dem wir nicht entkommen können, wenn wir uns mit der Heimerziehung und ihrer Geschichte befassen. […]“ Es komme darauf an, „den Subjekten Stimmen zu geben, institutionelle Praktiken immer wieder gegen den Strich zu bürsten, Stigmatisierungen entgegenzuarbeiten, Verhältnisse zu verändern, statt Verhalten zu manipulieren, Verständigung

---

1 Es handelt sich um das Manuskript für einen Vortrag, den Norbert Struck 2017 in Rittmarshausen in dem Heim gehalten hat, in dem 1976 sein Weg in und durch die Kinder- und Jugendhilfe begann.

an die Stelle von Bevormundung zu setzen. Und doch treffen wir immer wieder auf Praktiken expertokratischer Zuschreibungen und ihre Taubheit gegenüber Klagen und Verzweiflung, auf selbstgewisse Routinen professioneller Abschottung und Erfahrungsunfähigkeit. Und wir stoßen auf Hoffnungsträger befreiender öffentlicher Reden über Zwang und Unterdrückung, denen diese Reden zur subtilen Maske ihrer Gewalt und Zerstörung wurden. Deshalb geht es nicht darum, einem Konzept, einer Ideologie, zur Geltung zu verhelfen, sondern einer stets unabgegoltenen Intention von Befreiung" (Struck, 2017).

Literatur

Kappeler, Manfred (2011). Unrecht und Leid – Rehabilitation und Entschädigung? Der Abschlussbericht des Runden Tisches Heimerziehung. In: neue praxis 41. Jg., 1/2011, S. 3–19.

Kappeler, Manfred (2015). Betroffenenorganisationen und BetroffenenvertreterInnen im Spannungsfeld der Aushandlungen an den Runden Tischen. In: Jörg M. Fegert & Mechthild Wolff (Hrsg.). Kompendium „Sexueller Missbrauch in Institutionen" – Entstehungsbedingungen, Prävention und Intervention. Weinheim & Basel: Juventa, S. 83–103.

Struck, Norbert (2015). Zum Verhältnis Runder Tisch Heimerziehung und Runder Tisch sexueller Missbrauch. In Jörg M. Fegert & Mechthild Wolff (Hrsg.). Kompendium „Sexueller Missbrauch in Institutionen" – Entstehungsbedingungen, Prävention und Intervention. Weinheim & Basel: Juventa,

Struck, Norbert (2017). Das Psychagogische Kinderheim Rittmarshausen im Spiegel der Entwicklung der Heimerziehung. Unveröffentlichtes Manuskript.

Struck, Norbert & Thöne, Gisela (1979). Sisyphos – oder: Erfahrungen mit einer Reform auf halber Strecke. In: Anna Dorothea Brockmann, Manfred Liebel & Manfred Rabatsch (Hrsg.). jahrbuch der sozialarbeit 3 – arbeit mit frauen, heimerziehung, jugend- und stadtteilarbeit. Reinbek bei Hamburg: Rowohlt, S. 263–274.

Rechte von Kindern und Jugendlichen in Organisationen stärken

Schutzkonzepte als machtsensible und partizipative Lernprozesse

Mechthild Wolff

Der nachfolgende Beitrag zeigt, dass der längst überfällige Diskurs über Formen des Machtmissbrauchs von Betreuungspersonen gegenüber Abhängigen in der Geschichte der Heimerziehung der Nachkriegszeit in den letzten Jahren viel in Bewegung gesetzt hat. Erst durch das Offenlegen des Unrechts in der Geschichte konnten nunmehr auch aktuelle Fälle des Machtmissbrauchs in vielen Arbeitsfeldern, die mit Heranwachsenden arbeiten, enttabuisiert und angesprochen werden. Die Autorin verweist auf Aspekte eines selbstkritischen Blicks auf Organisationen und begründet notwendige Schutzkonzepte als dialogische und partizipative, organisationale Lernprozesse. Schließlich erweitert der Beitrag den Blick für eine machtsensible professionelle Beziehungsarbeit in der Kinder-, Jugend- und Familienhilfe.

Einleitung

Lange waren Mechanismen totaler Institutionen, die Ervin Goffman (1972) beschrieben hatte, als antiquierte organisationale Modelle angesehen und ohne Aktualität. Die Missbrauchsdebatte hat offengelegt, dass Mechanismen totaler Institutionen keine überkommenen Relikte einer kritischen Organisationssoziologie sind, vielmehr haben sie zu einer Selbstkritik geführt und zu Konsequenzen für eine höhere machtsensible Praxis in allen Einrichtungen der Erziehung, Bildung, Gesundheit und Freizeit aufgefordert.

Machtmissbrauch gegenüber Abhängigen in Institutionen ist ein weltweites Problem. In Deutschland gibt es in der jüngeren Geschichte seit den 90er-Jahren Hinweise auf Gewalt unterschiedlicher Art in pädagogischen Kontexten und es wurde auf Fälle des Machtmissbrauchs in sozialen Organisationen aufmerksam gemacht (Enders, 1995; Conen, 1995; Wolf, 1999; Fegert & Wolff, 2002; Braun et al., 2003). Dies blieb weitgehend ungehört und die Aufdeckung verlief nur rudimentär. Vor allem waren Skandale von Machtmissbrauch für die Heimerziehung nicht neu, so sprechen Carola Kuhlmann und Christian Schrapper von Skandalen, die bis dato alle 40 Jahre zum Ausbruch kamen (vgl. Kuhlmann & Schrapper 2001, S. 302 ff.). Skandalöse Lebensverhältnisse und Erziehungspraktiken, dazu gehören auch Ausbeutung, brutaler Disziplinierung sowie von gewaltförmigen Erziehungspraktiken in Form „Schwarzer Pädagogik“ (vgl. Rutschky, 1977) führten in der Geschichte der Heimerziehung zu Aufständen und einer intensiven und für die weitere Entwicklung bedeutsamen Auseinandersetzung um Funktion und Legitimation der Heimerziehung. Zu den drei Epochen zählen Kuhlmann und Schrapper den Waisenhausstreit (1750 bis 1800), die Fürsorgeerziehungsskandale (1927 bis 1932) und die Heimkampagne (1968 bis 1970) (ebd.).

Rechte von Adressat*innen in Organisationen im Blickpunkt

Im Jahr 2006, also im Vorfeld der Heimskandale in den Jahren 2009/2010, machte das Buch „Schläge im Namen des Herrn“ des Spiegeljournalisten Peter Wensierski in Deutschland von sich Reden und rüttelte die Öffentlichkeit auf (vgl. Wensierski, 2006). Seine journalistischen Recherchen und Zitate Geschädigter, die in konfessionellen und staatlichen Heimen in den 50er und 60er Jahren leben mussten, brachten das Ausmaß Schwarzer Pädagogik in der jüngeren deutschen Geschichte ins Bewusstsein. Geschlossene, weltanschaulich aufgeladene und elitäre Systeme, wie die kirchlichen und reformpädagogischen Einrichtungen, wurden hier in den Blick genommen, dies bleib vorerst aber ohne Konsequenz. Dies war auch der Fall bei der im Jahr 2008 veröffentlichten Studie von Carola Kuhlmann zu Lebens- und Berufserinnerungen aus der Heimerziehung der 50er und 60er Jahre. Die Tatsache, dass Organisationen, die eigentlich der Hilfe, Unterstützung und dem Empowerment von Menschen dienen sollten, durch unprofessionelles und fehlerhaftes Handeln für die Hilfesuchenden neue Probleme geschaffen haben, hatte niemand für möglich gehalten.

Weitere Skandale in Heimen, Internaten und den Kirchen, die in Medienberichten dokumentiert wurden, haben spätestens seit 2009/2010 zu einer verstärkten öffentlichen Debatte über die Formen des Machtmissbrauchs von Betreuungspersonen gegenüber Abhängigen geführt. Ehemalige Heimkinder beklagten sämtliche Formen von Gewalt im Sinne andauernder Gefahren für ihr körperliches, geistiges oder seelisches Wohl. Es geht hierbei alle möglichen Formen unwürdiger und unprofessioneller Erziehungspraktiken, um unzulässige Macht- bzw. Gewaltausübung, aber auch um die Nichtausübung der Erziehungsverantwortung oder Fürsorgepflicht oder Formen der Vernachlässigung durch körperliche, geistige oder seelische Unterversorgung (Runder Tisch Heimerziehung in den 50er und 60er Jahren 2010). In all diesen Gefährdungsmomenten drücken sich Gewalt und Machtmissbrauch aus, rechtlich geht es um sämtliche Formen von Kindeswohlgefährdungen (Kindler et al., 2006).

Angesichts der Skandale und aufgrund des hohen öffentlichen Drucks wurden zwei Runde Tische zu diesem Problembereich eingerichtet. So reklamierte der Runde Tisch Heimerziehung bereits für die Nachkriegsphase Missstände, wie fehlende Anhörungen, Nicht-Nachkommen von Informationspflichten, körperliche Züchtigung, Arrest und Essensentzug, demütigende Strafen, Kollektivstrafen, Kontaktsperre und Briefzensur, sexuelle Gewalt, religiöser Zwang, Medikamentenzwang, Arbeit und Arbeitszwang und unzureichende Förderung (Runder Tisch Heimerziehung in den 50er und 60er Jahren 2010). Der Runde Tisch mit der Fokussierung auf das Problem des sexuellen Missbrauchs an Kindern und Jugendlichen führte zu einer Erweiterung der fachpolitischen und wissenschaftlichen Debatten und aufgrund von immer mehr bekannt gewordenen Fällen des Machtmissbrauchs und hier vor allem des sexuellen Missbrauchs an Kindern und Jugendlichen in unterschiedlichen Organisationsformen (zu den Einschränkungen vgl. Kappeler in diesem Band). Dazu gehörten Einrichtungen der Erziehung und Bildung (u.a. Heime, Internate), der Freizeitgestaltung (u.a. Vereine, Verbände, Kirchen) und des Gesundheitswesens (u.a. Kliniken, Kinder- und Jugendpsychiatrien).

Seit Bekanntwerden all dieser Fälle stellen sich die Fragen, welche organisationalen Faktoren zu Kindeswohlgefährdungen in Institutionen führen können, wie sie durch persongebundene Faktoren befördert werden können und welche langfristigen Auswirkungen dieses Geschehen für alle Akteur*innen in und außerhalb der betreffenden Institutionen haben.

Was man zudem aus den Skandalen in der Heimerziehung der Nachkriegszeit lernen muss, ist die Einsicht, dass die jeweils nach den Skandalen eingeleiteten Reformen und Maßnahmen zur Verbesserung der Einrichtungen offenbar nicht so nachhaltig waren und zu keiner grundlegenden Stärkung der Bürger- und Schutzrechte von Zöglingen führten, sonst hätte es nicht alle 40 Jahre eine Renaissance der gleichen Problemstellungen gegeben. Mit anderen Worten: Eine dringend notwendige generelle Stärkung der Rechte von Kindern und Jugendlichen als Adressat*innen ist bislang offenbar nur ungenügend eingetreten. Die Rechte verstärkter in den Blick zu nehmen, ergibt sich vor allem auch aus einer institutionenkritischen Perspektive.

Fehleranfällige Organisationen und Systeme

Zunächst gilt ganz grundsätzlich, dass überall dort, wo mit Menschen gearbeitet wird, auch Fehler passieren können. Menschen sind fehlbar, ihre Praktiken sind fehlbar. Ob in Organisationen Fehler auffallen und bearbeitet werden, hängt von der Fehlerfreundlichkeit bzw. -kultur der Organisation ab und davon, wie achtsam dort mit potenziellen Fehlerquellen umgegangen wird und welche präventiven Vorkehrungen getroffen wurden. Es geht somit um die strukturellen Faktoren, die helfenden Organisationen und damit auch dem System Kinder- und Jugendhilfe inhärent sind.

Eine strukturelle Gegebenheit in Organisationen ist die grundsätzliche Übermächtigkeit von Organisationen gegenüber ihren einzelnen Mitgliedern.

Dies kann dazu führen, dass Organisationen Eigenlogiken produzieren, die vor allem dann nicht mehr hinterfragt werden, wenn ein hohes Systemvertrauen vorliegt (Wolff, 2018). In Organisationen kann auf diese Weise Wirklichkeit konstruiert werden, die dann von Einzelnen auch nicht mehr hinterfragbar ist. Schotten sich dann Organisationen nach innen und außen im Sinne von Ervin Goffman als totale Institutionen ab und entwickeln dabei noch einen Exklusivitätsanspruch, kann der Einzelne der Organisation ausgeliefert sein. Er findet sich als Einzelner gegenüber der Organisation als Entrechteter und Machtloser vor. Angesicht der Definitionsmacht von Professionellen liegt hier das Risiko einer strukturellen Machtasymmetrie begründet. Verfügen Adressat*innen über zusätzliche Marginalisierungs- und Diskriminierungserfahrungen, die sie in ihrer Herkunftsfamilien und ihrem -milieu erleben mussten, kann sie dies in eine noch vulnerablere Position versetzen. Sie haben dann auch ein erhöhtes Risiko der (Re-)Viktimisierung (Kindler & Unterstaller, 2007), aber auch das Risiko der Reinszenierung von Opfer- oder Täterschaft innerhalb von Organisationen erhöht sich dadurch.

Eine weitere grundsätzliche strukturelle Gegebenheit besteht in dem Mechanismus, dass aus vielen kleinen Fehlern in Organisationen ein möglicher großer Schaden werden kann, wenn er nicht frühzeitig erkannt, kommuniziert und präventiv in den Blick genommen wird. Die Erkenntnis aus der Analyse vieler Fälle besteht darin, dass viele Fehler in Organisationen passieren, sie bleiben jedoch unter der Oberfläche, werden nicht sichtbar und den Akteur*innen in Organisationen auch nicht bewusst. Sie sind damit nicht bearbeitbar, sondern werden verschwiegen und bleiben unentdeckt. Solche unsichtbaren Unfälle unter der Oberfläche oder kleinere Zwischenfälle, die immer passieren können, die aber nicht gesehen werden und denen auch nicht nachgegangen wird, können demnach zu einem Schaden führen. Aus der Fehlertheorie wissen wir, dass es dann zu einem möglichen großen Schaden kommen kann, wenn viele kleine Fehler oder Zwischenfälle nicht erkannt oder ernst genommen wurden (vgl. Reason 2015). Aus vielen Berichten Betroffener weiß man, dass sie auf Missstände und Unrechtsverhältnisse aufmerksam gemacht haben, ihnen wurden jedoch keine Aufmerksamkeit und kein Glaube geschenkt und sie bekamen kein Gehör. Dies war vor allem dort der Fall, wo ein Klima des Nicht-Hingehörens und Nicht-Hinsehens vorherrschte.

Das Zustandekommen von Fällen des Machtmissbrauch kann man darum nicht mehr als Versagen, Fehlverhalten oder pathologisches Vorgehen von Einzelpersonen abtun, sondern derartige Konstellationen entstehen in Systemen und können darum nur als Systemversagen gedeutet werden (Kappeler, 2011). Vor diesem Hintergrund sind es die soziokulturellen Faktoren, die in Organisationen zu Machtmissbrauch beitragen, d.h., wenn persönliche Macht nicht reguliert wird und sich destruktiv gegen andere richtet. So kann man grundsätzlich einräumen, dass Gewalt und Machtmissbrauch in Organisationen eine

Frage der Soziokultur ist. Ihre Entstehung hängt somit von der Soziokultur ab, also von all den Faktoren, die eigentlich eine Organisation zusammenhalten: gemeinsame Werte, Normen, Ideale und Visionen, gemeinsam vereinbarte, gewünschte Verhaltens- und Vorgehensweisen. Bei aller Risikolage muss man jedoch auch klarstellen, dass jede Institution über Risikofaktoren verfügt, aber gleichzeitig auch über Schutzfaktoren, die man auch benennen kann und muss. So verfügt jede Organisation über positive Aspekte und hat diese auch verinnerlicht, zumeist existiert auch Achtsamkeit. Passiert ein Machtmissbrauch in einer Organisation, handelt es sich immer um eine schwierige Gemengelage im System, denn Organisationen verfügen über positive und negative Faktoren (vgl. Bange 2015, S. 137 ff.) und es findet immer ein Zusammenwirken von strukturellen Mängeln, z. B. von fehlenden Handlungsplänen für den Ernstfall und personengebundenen Risiken statt. Seit langem ist in diesem Zusammenhang über Täterstrategien gesprochen worden (u. a. Heiliger, 2000), persongebundene Risiken können aber auch mit beruflichem oder persönlichem Stress zu tun haben. Es kann auch Momente geben, in denen private Konflikte in die berufliche Sphäre eindringen. Hinzu kommt, dass Organisationen mit der Zeit eine Kultur entwickeln, d. h., sie etablieren Verfahren, sie greifen auf Schlüsselprozesse zurück und halten sich im guten Falle wachsam für mögliche Fehlerquellen. Wenn es zu Gewalt und Machtmissbrauch kommt, geht es um das Zusammenwirken all dieser Momente. Personen in Organisationen schaffen demnach eine Soziokultur selbst, diese kann individuelle Machtansprüche hervorbringen und strukturelle Machtverhältnisse erzeugen. Auf diese Weise kann eine mangelnde Achtsamkeit gegenüber Fehlern im System entstehen oder es kann eine Unachtsamkeit in den Methoden auftreten (Weick & Sutcliffe, 2010). Achtsamkeit entsteht somit in einer Soziokultur, sie entsteht durch die Strukturen, die sich eine Organisation gibt, durch Methoden, die von den Menschen angewendet werden und durch deren Sensibilität, die Menschen aufbringen wollen und können.

Machtasymmetrien zwischen Professionellen und Adressat*innen

Die Fehleranfälligkeit von Systemen wird inzwischen auch vor dem Hintergrund von Macht diskutiert. Auch hier gilt, dass es zu Machtmissbrauch in Organisationen kommen kann, weil es in allen Organisationen Asymmetrien gibt. Je nach Charakter der Organisation können diese sich auf unterschiedliche Aspekte beziehen: In der Kinder- und Jugendhilfe geht es um Faktoren, wie z. B. der fachliche Wissensstand, Einfluss auf Entscheidungsbefugnisse, die Nutzung von Räumen, Freiheiten im Hinblick auf die Alltagsgestaltung etc., die eine Asymmetrie begründen. Die Asymmetrien können zwischen allen Akteur*innen bestehen, die an sozialstaatlichen Hilfeleistungen beteiligt sind: Dazu gehören die Adressat*innen der Kinder- und Jugendhilfe und ihre Angehörigen, Fachkräfte in Einrichtungen sowie Behörden und kooperierende Bildungs-, Gesundheits- oder Freizeiteinrichtungen. Diese Asymmetrien sind gegeben und sie sind auch konstitutionell für jede Beziehung und in allen Organisationen zu finden. Gerade in pädagogischen Beziehungen besteht ein natürliches Machtungleichgewicht zwischen Erziehenden und den zu Erziehenden, aber auch allen anderen helfenden Beziehungsformen ist dieses Gefüge inhärent. Dies kann zu persönlicher Macht führen, die aber nur dann in Organisationen zu Machtmissbrauch werden kann, wenn sie ein unreflektierter Bestandteil eines Systems ist und sich gegen die Rechte der Mitglieder der Organisation richtet.

Klaus Wolf hatte bereits vor Jahren für die Heimerziehung herausgearbeitet, dass Betreuungspersonen qua ihrer Rolle und qua ihres Wissens in einer übergeordneten und mit mehr Macht ausgestatteten Position im hierarchischen Gefüge sind. Er zeigte auf, welche Machtquellen hier wirken können. Bereits der Umstand, dass Professionelle über die Gewährung von Leistungen entscheiden, stellt demnach eine Machtquelle dar oder kann zu einem Vorsprung an Orientierungsmitteln führen. Auch die Tatsache, dass sich Professionelle in Räumen bewegen, die ihnen durch ihre Arbeit vertraut sind, stattet sie mit mehr Orientierungsmitteln und damit mit potentiellen Machtquellen (Wolf, 1999). Sie verfügen zudem über wichtige Informationen (z. B. Abläufe), die ihnen Rollensicherheit verleihen. Adressat*innen wissen auf der anderen Seite beispielsweise nicht, wie die genauen Verfahrensabläufe innerhalb eines Jugendamts geregelt sind und sie kennen auch nicht immer alle gesetzlichen Grundlagen. Klaus Wolf (2010) hält einen derartigen Überhang des Erziehenden in Entwicklungsaufgaben für nötig. Mit Überhang meint er, dass der Erziehende „in irgendeiner Hinsicht […] etwas wissen oder können [muss], was der andere (noch) nicht weiß oder kann" (ebd., S. 540). Dies bedeutet eine Machtasymmetrie, die jedoch eine notwendige strukturelle Voraussetzung darstellt, damit der eine die Entwicklung des anderen überhaupt fördern kann. Machtasymmetrien sind somit ein notwendiger Bestandteil von Erziehung. Umgekehrt heißt es jedoch nicht, dass alle Situationen und Beziehungen, in welchen Machtasymmetrien herrschen, auch Erziehung darstellen (ebd., S. 540). Machtasymmetrien sind also nicht per se ein Problem. Vielmehr stellen die Gestaltung und der Umgang mit diesen eine grundlegende Herausforderung in professionellen Beziehungen dar. Einräumen muss man jedoch, dass auch die Nicht-Ausübung der Erziehungsverantwortung und der Fürsorgepflicht in den Organisationen oder Vernachlässigung (körperliche, geistige oder seelische Unterversorgung) Formen von Macht- und Vertrauensmissbrauch (Schröer & Wolff, 2018) sind.

Diese Strukturbedingungen machen Kinder und Jugendliche letztlich in Organisationen des Erziehungs-, Bildungs- und Gesundheitswesen zu einer vulnerablen Zielgruppe, die auf Hilfe und Unterstützung von Erwachsenen angewiesen ist. Daher gilt es, diese Orte besonders zu reflektieren, denn Unterstützungs- und Abhängigkeitsbeziehungen können entsprechend danach „bemessen“ werden, inwieweit sie Macht- oder Gewaltausübung zulassen.

Sind sich Organisationen dieser Mechanismen um Machtasymmetrie nicht bewusst, erkennen und setzen sie sich nicht selbstkritisch mit möglichen Fehlerquellen auseinander oder entwickeln sie keine Kultur der Achtsamkeit und stellen keine Fehlerkultur her, können sich Risiken potenzieren. Mit anderen Worten: Wenn Risiken für mögliche Fehler („schwache Signale“) (vgl. Weick & Sutcliffe, 2010) nicht erkannt werden, steigt das Risiko für weitere größere Fehler. Werden sie auf Dauer nicht erkannt und bearbeitet, können Organisationen selbst mit Traumatisierungseffekten reagieren. Langzeiteffekte können entstehen, wenn sich nicht gekümmert wird um Fehlerquellen und wenn keine proaktive Bearbeitung stattfindet. Die Probleme können dann auf Dauer noch schwerwiegender und unbearbeitbarer werden, weil sie sich im Organisationsgedächtnis verankern können. Hier kann Wissen über Unrechtsfälle aufbewahrt werden, hier wird aber auch die mögliche Tabuisierung von Gewalt sowie deren Umdeutungen als Nicht-Gewalt gespeichert. An diesem Organisationsgedächtnis haben die Individuen teil, die sich mit der Organisation identifizieren. Eine verzerrte Wahrnehmung oder Fehlbenennung von derartigen Handlungen, die objektiv ein Unrechtsverhalten darstellen sowie eine unterlassene Intervention auf organisatorischer Seite kann weiteren Unrechtsfällen Vorschub leisten, indem Hemmschwellen gesenkt und Risikofaktoren verstärkt werden (vgl. Helfferich, 2012).

Achtsamkeit für den Schutz und die Beteiligung von Adressat*innen in der Kinder- und Jugendhilfe

Der Auftrag der Kinder- und Jugendhilfe besteht darin, das höchst persönliche und subjektive Recht von Kindern und Jugendlichen auf Schutz ihrer persönlichen Integrität zu sichern. Kinder und Jugendliche haben einen Anspruch und das höchstpersönliche und damit unveräußerbares Recht auf Schutz. Dabei sind sie aber auf Organisationen und Akteur*innen angewiesen, die auf allen Ebenen die Rechte von Kindern zur Entfaltung ihres selbstbestimmten persönlichen Lebens stärken und achtsam sind, dass diese nicht beeinträchtigt werden. Das ist eine grundlegende Voraussetzung. Damit wird die Kinder- und Jugendhilfe zu einer „high reliability organization“ (Weick & Sutcliffe, 2010) oder anders „Zuverlässigkeitsorganisation“: Sie muss stets sicherstellen, dass Kinder und Jugendliche günstige Entwicklungsbedingungen geboten bekommen. Sie benötigen diese, weil sie mitunter aus ungünstigen Lebensbedingungen kommen und darum in der Kinder- und Jugendhilfe bessere, sichere und geschützte Orte vorfinden sollen. Um dies zu gewährleisten, müssen „high reliability organisations“

sich darüber bewusst sein, dass die o.a. Risiken des Machtmissbrauchs bestehen, sie müssen reflektieren, welche Risiken existieren und was sie in Situationen tun müssen, um Gefahren und Risiken abwenden zu können.

Hierfür benötigen Organisationen eine Kultur der Achtsamkeit, die sie herstellen müssen. Es hilft demnach nicht, sich zurückzulehnen und darauf zu warten, dass sich eine Organisation bewegt. Die Kultur einer Organisation wird von den Menschen, die dort tätig sind, aktiv durch Interaktionen hergestellt. Alle Personen gelten somit als Akteur*innen, die durch organisiertes Handeln eine Organisation konstruieren. Erst die Personen geben einer Organisation durch ihr Handeln einen Sinn. Es sind also die Menschen in Organisationen, die sich selbst und ihrer Organisation einen Sinn geben, z.B. durch ihr Tun, durch ihre gemeinsame Konzeption. Das heißt, in Organisationen wirken unterschiedliche Faktoren zusammen: Dies können strategische Überlegungen der Institutionen und der Menschen sein, dies kann u.a. auch mit Macht, mit Rollen und divergierenden Interessenslagen der Menschen zu tun haben. Auch das Umfeld der Organisation spielt dabei eine Rolle. Mit diesem Verständnis würden wir die Kultur einer Organisation als ein Konglomerat aus den verschiedenen genannten Faktoren ansehen. Dies macht es auch so schwer, eine neue Kultur in Organisationen zu etablieren – schon gar wenn es um eine Kultur der Achtsamkeit geht.

Es geht demnach um das frühzeitige Erkennen von Fehlerquellen, denn wenn diese nicht ernstgenommen werden, lassen sie sich auf Dauer immer schwerer bearbeiten. Mit anderen Worten: Machen sich Organisationen nicht auf den Weg, um eine *Kultur der Achtsamkeit und Fehlerkultur* herzustellen, besteht die Gefahr, dass Risiken für Fehlerquellen ansteigen. Die „schwachen Signale“ müssen demnach früh erkannt werden, damit sie sich nicht – wie oben ausgeführt – zu größeren Fehlern entwickeln können. Werden sie auf Dauer nicht erkannt und bearbeitet, können Organisationen selbst mit Traumatisierungseffekten reagieren. Langzeiteffekte können entstehen, wenn sich nicht gekümmert wird um Fehlerquellen und keine proaktive Bearbeitung stattfindet. Die Probleme können dann auf Dauer noch schwerwiegender und unbearbeitbar werden. Dieser Effekt wurde in allen Organisationen beobachtet, in denen lange nicht über mögliches Unrecht geredet wurde, nur so konnte es in die Kultur und in die soziale Umwelt hineinwachsen und nicht mehr aufgelöst werden.

Die Herstellung von Schutz in Organisationen muss darum auch eng gekoppelt werden an eine *Kultur des Sprechens und der Beteiligung.* Trauen sich Kinder und Jugendliche nicht, sich zu artikulieren, haben sie gar keine Begriffe von Unrecht, das ihnen widerfahren könnte oder wird ihnen kein Gehör und kein Glaube geschenkt, wenn sie sich beschweren, werden sie noch verletzbarer, d.h. vulnerabler. Damit sich Kinder und Jugendliche anderen Vertrauenspersonen anvertrauen können, benötigen sie unterschiedliche und ihnen gemäße Beschwerdemöglichkeiten. Diese helfen dabei, mögliche Asymmetrien abzumildern bzw. auszubalancieren. Durch die *Implementierung eines Beschwerdeverfahrens* kann somit ein Gegengewicht zu den ungleichen Machtstrukturen entstehen (Urban-Stahl 2012, S. 151 f.; Urban-Stahl & Jann 2014, S. 61 ff.). Ob Kinder und Jugendliche davon Gebrauch machen, hängt wiederum mit einem Klima des Sich-Anvertrauens zusammen, wenn also Kinder und Jugendliche informiert sind über Beschwerdestellen oder Ombudspersonen und wenn sie sie motiviert und herangeführt werden an solche Möglichkeiten. Sie müssen auch wissen, was überhaupt ein Beschwerdefall sein könnte und sie müssen bemächtigt werden, so dass sie sich trauen, eine solche Beschwerde gegen einen Erwachsenen oder gegen eine andere Person zu führen. Es setzt eine hohe Selbstwirksamkeit voraus, dass Kinder sich überhaupt beschweren können. Dies ist bei Kindern und Jugendlichen in der Kinder- und Jugendhilfe vielfach nicht der Fall. Darum müssen sie dazu ermutigt und motiviert werden, was ein großes Projekt für jede Einrichtung darstellt.

Kulturen in Organisationen verändern durch partizipative Organisationsentwicklung

Um die Achtsamkeit für „schwache Signale" (vgl. Weick & Sutcliffe, 2010) und für Fehlerfreundlichkeit zu erhöhen und um damit die Kinderrechte in Organisationen besser einzulösen, wurde am Runden Tisch „Sexueller Kindesmissbrauch in Abhängigkeits- und Machtverhältnissen in privaten und öffentlichen Einrichtungen und im familiären Bereich" die Implementierung von Schutzkonzepten in allen Einrichtungen gefordert, die mit Kindern und Jugendlichen arbeiten. Sie sollte zu einer Kultur des Hinhörens und Hinsehens beitragen (BMJ, BMFSFJ & BMBF, 2011). Schutzkonzepte gelten dabei als Organisationsentwicklungsprozesse, um mögliche Risiken und Gefährdungen zu erkennen und Sorge dafür zu tragen, dass diese Risiken minimiert werden. Anliegen eines Schutzkonzepts ist es darum, eine Organisationskultur zu schaffen, die sich durch Achtsamkeit auszeichnet. Achtsamkeit im Sinne eines aktiven Hinhörens, Hinschauens und Eingreifens, wenn höchstpersönliche Rechte verletzt werden. Schutzkonzepte sind darum als alltägliche Schutzprozesse zu verstehen, denn es geht nicht um einzelne Präventionsmaßnahmen, Checklisten zum Abhaken oder eine Ansammlung von (Fortbildungs-)Zertifikaten oder unterzeichneten Verhaltenskodizes, die in einem Ordner abgeheftet werden (Kampert, 2015). „Vielmehr geht es um partizipative Dialoge in lernenden Organisationen, die Schutzkonzepte als organisationale Bildungsprozesse für sich nutzen, d.h. in denen sich Organisationen über Risiken, Gefährdungen und Gelingensfaktoren ihrer eigenen professionellen Arbeit selbstvergewissern" (Allroggen et al. 2017, S. 12). Die Schutzkonzepte haben das Ziel, Spielregeln, Vereinbarungen,

Regularien unter allen Akteur*innen gemeinsam zu entwickeln, die allen mehr Sicherheit im Umgang miteinander bringen und die tabuisierte und heikle Alltagsthemen aufgreifen, wie z. B. Nähe und Distanz, Sexualität, Macht und Machtmissbrauch, Beschwerden, illegitime Erziehungspraktiken, Beteiligung, Körper. Vielfach werden diese Themen unzureichend beachtet oder die Regeln werden lediglich von den Professionellen definiert. Alle Vereinbarungen machen ein Schutzkonzept aus. Insofern geht es hierbei auch um sozialpädagogische Professionalität, die auf der Einsicht basiert, dass Organisationen stets zielgruppenspezifische Risiken und Schutzfaktoren aufweisen. Eine gelingende partizipative Entwicklung kann im besten Falle auch zu einem „Beitrag zur Neujustierung der Kultur einer Organisation" (Wolff 2015, S. 47) werden. Vor dem Hintergrund eines solchen Verständnisses werden Schutzkonzepte auch zu einer Frage der Versorgungsqualität und der Rechte von Kindern und Jugendlichen. Sie betreffen auch die bestehende Garantenpflicht, denn jede Jugendhilfeeinrichtung garantiert, dass sie eigentlich sichere Orte (Kühn, 2008) vorhält.

Die vier Schlüsselprozesse von Schutzkonzepten werden als „ein Zusammenspiel aus Analyse, strukturellen Veränderungen, Vereinbarungen und Ansprachen sowie Haltung und Kultur einer Organisation" (UBSKM, 2015) verstanden.

Eine *Gefährdungs- oder Risikoanalyse* ist ein erster Schritt und somit der Ausgangspunkt der Erarbeitung eines Schutzkonzepts. Hier wird die Wissensgrundlage geschaffen für die sich anschließenden organisational zu bearbeitenden Prozesse der Prävention, der Intervention und der (langfristigen) Aufarbeitung. Mit „Analyse" ist hier der (selbst-)kritische Blick auf die eigene Organisation gemeint, um die organisationalen Strukturen, Arbeitsabläufe sowie arbeitsfeldspezifischen Besonderheiten hinsichtlich potenzieller Risikofaktoren/Gelegenheitsstrukturen zu überprüfen, die Machtmissbrauch ermöglichen bzw. begünstigen könn(t)en (Wolff & Bawidamann 2017, S. 246).

Zu *einrichtungs- und zielgruppenspezifischen Präventionsmaßnahmen* gehören Informationen, Aufklärungs- und Empowermentmaßnahmen von Kindern und Jugendlichen über Beschwerde- und Beteiligungsmöglichkeiten, die der Förderung der Disclosure-Bereitschaft dienen. Hierzu zählen zudem Beteiligungsmöglichkeiten für Mitarbeiter*innen, aber auch präventionsorientierte Einstellungsverfahren für neue Mitarbeiter*innen in Verantwortung von Leitungskräften oder Verhaltenskodizes für Fachkräfte oder ehrenamtlich Tätige.

Bei den nötigen *Interventionsmaßnahmen* geht es um die Bekanntmachung und Aufklärung über gesetzliche Gewährleistungspflichten für die Organisationen und ihre Mitarbeiter*innen, dazu gehören z. B. in Melde- oder Dokumentationspflichten oder arbeitsrechtlich oder strafrechtlich relevante Verfahrensabläufe in Fällen unprofessionellen Verhaltens von Fachkräften.

Maßnahmen der *Aufarbeitung* möglichen Unrechts in Organisationen dienen dazu, Fälle, in denen es zu Unrechtshandlungen gekommen ist und in denen im Sinne eines Systemversagens keine Konsequenzen gezogen wurden, einer Fehleranalyse zu unterziehen. Dies kann als Chance dienen, um aus der kollektiven Analyse erneut Präventionsmaßnahmen ableiten zu können.

Für den Entwicklungsprozess von Schutzkonzepten ist die Beteiligung ein zentrales Prinzip. Kinder und Jugendliche, aber auch ihre Eltern sollten Fachkräften und deren Regeln und Vereinbarungen nicht ausgeliefert sein. Insbesondere Kinder und Jugendlich in professionellen Organisationen haben ein Anrecht darauf, sich selbstsicher im Alltag mit Erwachsenen und Peers auseinander zu setzen und sich als aktive Gestalter*innen ihres Alltags zu erfahren. Dafür ist es notwendig, dass ihnen Chancen eingeräumt werden, ihre Handlungsmöglichkeiten zu erkennen und eigene, sowie fremde Bedürfnisse und Grenzen wahrzunehmen und artikulieren zu können. Die Beteiligung von Kindern und Jugendlichen, aber auch ihrer Herkunftsfamilien an der Entwicklung von Schutzkonzepten schafft den Raum, damit diese sich mit den Strukturen der Organisation und deren Chancen und Grenzen auseinander setzen können. Erst die aktiven Mitgestaltungsmöglichkeiten und der Respekt vor den Perspektiven und Interessen von Kindern, Jugendlichen und ihren Eltern ermöglichen partizipative Schutzkonzepte. Die Mitgestaltung an Schutzkonzepten im Sinne eines Rechts, sich in die eigenen Angelegenheiten einzumischen (Hansen et al., 2011) steht für eine Beteiligungskultur, die die Kinder- und Jugendhilfe auszeichnet. Die Umsetzung wird aber nur auf diesem Weg spürbar und im Alltag erlebbar. Im alltäglichen Zusammensein und Zusammenwirken und in alltäglichen Aushandlungsprozessen sollte sich darum eine Beteiligungskultur stetig unter Beweis stellen und zu einem „Klima der Beteiligung“ (Wolff & Hartig, 2013), also erlebbarer Alltag für die Kinder und Jugendlichen werden.

Schutzkonzepte für eine machtsensible Beziehungsarbeit

Organisationen durch Vereinbarungen, Verfahren, gegenseitige Abmachungen und Regeln sicherer für alle Adressat*innen zu gestalten, ist die eine Seite der Medaille. Auf der anderen Seite kommt es auch darauf an, diese in eine konkrete Alltagspraxis in der professionellen Beziehungsarbeit zu überführen und damit spür- und nachvollziehbar, vor allem für Kinder und Jugendliche zu machen. Dafür ist ein machtreflexiver Umgang in professionellen Beziehungen erforderlich und die die Auseinandersetzung mit der Frage, wie professionelle Beziehungen im Sinne eines gelingenden Arbeitsbündnisses (Wagenblass 2016, S. 30) entstehen können, denn sie sind nicht selbstverständlich. Eingestehen muss man sich zudem, dass ein hoher Beteiligungsgrad in der professionellen Beziehungsarbeit und in den pädagogischen Konzepten nicht automatisch ein Garant für die Einhaltung von höchstpersönlichen Rechten von Kindern und Jugendlichen ist. Eine Macht reflektierende Beziehungsgestaltung setzt fehlersensible Organisationen voraus, sie erfordert den stetigen Dialog über Bedürfnisse und gegenseitige Grenzen in einer kooperativen und partizipativen Zusammenarbeit. Viel zu wenig wurde in der Vergangenheit darauf geschaut, was eine professionelle Beziehungsarbeit gerade im Rahmen der Kinder- und Jugendhilfe ausmacht und welche Anforderungen an sie zu stellen sind (vgl. Gahleitner, 2016). Es sind demnach neue Rahmenbedingungen in Organisationen erforderlich, die zur Reduzierung bestehender Machtasymmetrien in den konkreten Beziehungen beitragen. Leitungs- und Betreuungspersonen sollten ihre Verantwortung erkennen, durch die Entwicklung von einrichtungsspezifischen Schutzkonzepten auch einen Mehrwert an Vertrauen in die Personen und Organisationen zu erzeugen. Jeder Machtmissbrauch gegenüber einem Kind bzw. einem/einer Jugendlichen durch eine Betreuungsperson stellt sowohl einen Vertrauensverlust in der Beziehung als auch einen Vertrauensverlust in die Organisation selbst dar. Die Entwicklung und Implementierung eines umfassenden Schutzkonzepts sollte darum auch die Institutionalisierung wirksamer Widerspruchsmöglichkeiten (z. B. externe Beschwerdestellen, Ombudsmann/-frau) beinhalten, bei denen die Adressat*innen keine negativen Konsequenzen oder Sanktionen zu befürchten haben, wenn sie diese gebrauchen (Liebhardt, 2015; Urban-Stahl & Jann, 2014, Wagenblass, 2016). Eine gelingende professionelle Beziehung, die sich durch Sicherheit und Schutz auszeichnet sowie von Vertrauen geprägt ist, kann nur entstehen, wenn „(…) Spielräume zu Beteiligung und Mitentscheidung eingerichtet werden und in diesen Bereichen der Adressat bzw. die Adressatin eine Ermächtigung erfährt“ (Wagenblass 2016, S. 31). Auf die pädagogische und politische Notwendigkeit von Beteiligungs- und Beschwerdemöglichkeiten in stationären Jugendhilfesettings wird seit vielen Jahren verwiesen (Hansbauer & Kriener, 2006; BMFSFJ, 2010; Wolff & Hartig, 2013) und gleichzeitig die fehlende konsequente alltägliche Implementierungspraxis in der Gegenwart beklagt (Stork, 2007; Betz et al., 2010; Urban-Stahl & Jann, 2014). Die Bemühungen, Machtstrukturen zu hinterfragen und Beteiligungs- und Beschwerdemöglichkeiten im Kontext von Schutzkonzepten weiterzuentwickeln, darf auch in Zukunft nicht nachlassen, um die Rechte von Kindern und Jugendlichen in Organisationen nachhaltig zu stärken.

Literatur

Allroggen, Marc, Domann, Sophie, Eßer, Florian, Fegert, Jörg M., Kampert, Meike, Rau, Thea, Rusack, Tanja, Schröer, Wolfgang & Wolff, Mechthild (2017). Einleitung: Schutzkonzepte zur Verbesserung des Kinderschutzes in Organisationen. In: Mechthild Wolff, Wolfgang Schröer, Jörg M. Fegert (Hrsg.). Schutzkonzepte in Theorie und Praxis. Ein beteiligungsorientiertes Werkbuch. Weinheim, Basel: Beltz Juventa, S. 10–13.

Bange, Dirk (2015). Gefährdungslagen und Schutzfaktoren im familiären und institutionellen Umfeld in Bezug auf sexuellen Kindesmissbrauch. In: Jörg M. Fegert, Ulrike Hoffmann, Elisa König, Johanna Niehues, Hubert Liebhardt (Hrsg.). Sexueller Missbrauch von Kindern und Jugendlichen. Ein Handbuch zur Prävention und Intervention für Fachkräfte im medizinischen, psychotherapeutischen und pädagogischen Bereich. Berlin, Heidelberg: Springer Verlag, S. 137–141.

Betz, Tanja, Gaiser, Wolfgang & Pluto, Liane (Hrsg.) (2011). Partizipation von Kindern und Jugendlichen. Forschungsergebnisse, Bewertungen, Handlungsmöglichkeiten. Schwalbach/Ts.: Wochenschau-Verlag.

Braun, Gisela, Hasebrink, Marianne & Huxoll, Martina (2003). Pädosexualität ist Gewalt: (Wie) kann die Jugendhilfe schützen? Münster: Beltz Votum.

Bundesministerium der Justiz (BMJ), Bundesministerium für Familie, Senioren, Frauen und Jugend (BMFSFJ) & Bundesministerium für Bildung und Forschung (BMBF) (Hrsg.) (2011). Abschlussbericht Runder Tisch Sexueller Kindesmissbrauch in Abhängigkeits- und Machtverhältnissen in privaten und öffentlichen Einrichtungen und im familiären Bereich. Berlin. www.bmjv.de/SharedDocs/Downloads/DE/Fachinformationen/Abschlussbericht_RTKM.pdf?__blob=publicationFile&v=4, [14.08.2018].

Bundesministerium für Familie, Senioren, Frauen und Jugend (BMFSFJ) (Hrsg.) (2010). Qualitätsstandards für Beteiligung von Kindern und Jugendlichen. Allgemeine Qualitätsstandards und Empfehlungen für die Praxisfelder Kindertageseinrichtungen, Schule, Kommune, Kinder- und Jugendarbeit und Erzieherische Hilfen. Für ein kindgerechtes Deutschland! Berlin.

Conen, Marie-Luise (1995). Sexueller Missbrauch durch Mitarbeiter stationärer Einrichtungen für Mädchen und Jungen. Praxis der Kinderpsychologie und Kinderpsychiatrie, 44. Jg., Heft 4, S. 134–140.

Enders, Ursula (1995). Die eigenen Hände in Unschuld waschen! Kirche und sexueller Missbrauch – ein Fallbeispiel. In: Dirk Bange & Ursula Enders (Hrsg.). Auch Indianer kennen Schmerz. Köln: Kiepenheuer & Witsch, S. 221–224.

Gahleitner, Silke Birgitta (2016). Professionelle Beziehungsarbeit in der Kinder- und Jugendhilfe. Jugendhilfe, 54. Jg. Heft 1, S. 6–11.

Goffman, Erving (1972). Asyle. Frankfurt am Main: Suhrkamp.

Hansbauer, Peter & Kriener Martina (2006). Erziehung braucht eine Kultur der Partizipation. Diakonieverbund Schweicheln e. V. (Hrsg.). Hiddenhausen.

Hansen, Rüdiger, Knauer, Raingard & Sturzenhecker, Benedikt (2011). Partizipation in Kindertageseinrichtungen. So gelingt Demokratiebildung mit Kindern! Berlin: verlag das netz.

Heiliger, Anita (2000). Täterstrategien und Prävention. Sexueller Mißbrauch an Mädchen innerhalb familialer und familienähnlicher Strukturen. München: Verlag Frauenoffensive.

Helfferich, Cornelia (2012). Schweigen, Sprechen, Wissen, Lernen. Vom Umgang mit Gewalt in Einrichtungen der Behindertenhilfe. Vortrag EH Freiburg, 16. 12. 2012.

Kampert, Meike (2015). „Unser Schutzkonzept ist in einem Ordner, ich weiß aber nicht, wo der gerade steht" – Hürden bei der Implementation von Schutzkonzepten in stationären Setting. In: Sozial Extra, Jg. 39, H. 5, S. 22–24.

Kappeler, Manfred (2011). Anvertraut und ausgeliefert. Sexuelle Gewalt in pädagogischen Einrichtungen. Berlin: Nicolaische Verlagsbuchhandlung.

Kindler, Heinz, Lillig, Susanna, Blüml, Herbert, Meysen, Thomas & Werner, Annegret (Hrsg.) (2006). Handbuch Kindeswohlgefährdung nach § 1666 BGB und Allgemeiner Sozialer Dienst (ASD). München: Deutsches Jugendinstitut.

Kindler, Heinz & Unterstaller, Adelheid (2007). Reviktimisierung sexuell missbrauchter Kinder. In: IzKK Nachrichten, Heft 1, S. 8–12.

Kühn, Martin (2008). Wieso brauchen wir eine Traumapädagogik? Annäherung an einen neuen Fachbegriff. Trauma & Gewalt, 2. Jahrgang, Heft, 4, S. 318–327.

Kuhlmann, Carola & Schrapper, Christian (2001). Zur Geschichte der Erziehungshilfen von der Armenpflege bis zu den Hilfen zur Erziehung. In: Vera Birtsch, Klaus Münstermann & Wolfgang Trede (Hrsg.). Handbuch Erziehungshilfen. Münster: Votum, S. 282–328

Liebhardt, Hubert (2015). Beschwerdeverfahren als Teil einer Fehlerkultur. In: Gerburg C & Hubert Liebhardt (Hrsg.). Institutioneller Schutz vor sexuellem Missbrauch. Achtsam und verantwortlich handeln in Einrichtungen der Caritas. Weinheim und Basel: Beltz Juventa, S. 50–62.

Reason, James (2015). Organizational Accidents Revised. Boca Raton, Florida: CRC Press.

Runder Tisch Heimerziehung in den 50er und 60er Jahren (rth) (2010). Abschlussbericht. Berlin: Arbeitsgemeinschaft für Kinder- und Jugendhilfe (AGJ) www.rundertisch-heimerziehung.de/documents/RTH_Abschlussbericht.pdf (Aufruf: 14. 8. 2018).

Rutschky, Katharina (Hrsg.) (2001[8]). Schwarze Pädagogik. Quellen zur Naturgeschichte der bürgerlichen Erziehung. München: Ullstein List Verlag (Erstausgabe: Frankfurt am Main 1977).

Schröer, Wolfgang & Wolff, Mechthild (2018). Grenzkonstellationen in Organisationen. In: Carolin Oppermann, Veronika Winter, Claudia Harder, Mechthild Wolff & Wolfgang Schröer (Hrsg.): Lehrbuch Schutzkonzepte in pädagogischen Organisationen. Mit Online-Materialien. Weinheim und Basel: Beltz Juventa, S. 128–140.

Stork, Remi (2007). Kann Heimerziehung demokratisch sein? Eine qualitative Studie zum Partizipationskonzept. Weinheim und München: Juventa.

Unabhängiger Beauftragter für Fragen des sexuellen Kindesmissbrauchs (UBSKM) (2015). Schutzkonzepte. https://beauftragter-missbrauch.de/praevention/schutzkonzepte/ (Aufruf: 14. 8. 2018).

Urban-Stahl, Ulrike (2012). Der Status der Profession als Machtquelle in der Hilfeplanung. In: Martina Huxoll & Jochem Kotthaus (Hrsg.). Macht und Zwang in der Kinder- und Jugendhilfe. Weinheim und Basel: Beltz Juventa, S. 140–152.

Urban-Stahl, Ulrike & Jann, Nina (2014). Beschwerdeverfahren in Einrichtungen der Kinder- und Jugendhilfe. München und Basel: Ernst Reinhardt Verlag.

Wagenblass, Sabine (2016). Vertrauen als Basis für Beziehungsarbeit. Jugendhilfe, 54. Jg., Heft 1, S. 27–32.

Weick, Karl E. & Sutcliffe, Kathleen M. (2010). Das Unerwartete managen. Wie Unternehmen aus Extremsituationen lernen. Stuttgart: Schäffer-Poeschel Verlag.

Wensierski, Peter (2006). Schläge im Namen des Herrn: Die verdrängte Geschichte der Heimkinder in der Bundesrepublik. München: Deutsche Verlags-Anstalt GmbH.

Wolf, Klaus (1999). Machtprozesse in der Heimerziehung. Forschung & Praxis in der Sozialen Arbeit. Band 2. Münster: Votum.

Wolf, Klaus (2010). Machtstrukturen in der Heimerziehung. neue praxis, 6, S. 539–557.

Wolff, Mechthild & Hartig, Sabine (2013). Gelingende Beteiligung in der Heimerziehung. Ein Werkbuch für Jugendliche und ihre BetreuerInnen. Weinheim: Beltz Juventa.

Wolff, Mechthild (2015). Organisationsanalysen als Ausgangspunkt der Entwicklung eines besseren Kinderschutzes. In: Gerburg Crone & Hubert Liebhardt (Hrsg.). Institutioneller Schutz vor sexuellem Missbrauch. Achtsam und verantwortlich handeln in Einrichtungen der Caritas. Weinheim und Basel: Beltz Juventa, S. 39–49.

Wolff, Mechthild & Bawidamann, Anja (2017). Schutzkonzepte – Beispiele aus der Praxis für die Praxis. In: Mechthild Wolff, Wolfgang Schröer & Jörg M. Fegert (Hrsg.). Schutzkonzepte in Theorie und Praxis. Ein beteiligungsorientiertes Werkbuch. Weinheim, Basel: Beltz Juventa, S. 245–265.

Wolff, Mechthild (2018). Sexualisierte Gewalt in stationären Einrichtungen der Kinder- und Jugendhilfe. In: Alexandra Retkowski, Angelika Treibel & Elisabeth Tuider (Hrsg.). Handbuch Sexualisierte Gewalt und pädagogische Kontexte. Weinheim und Basel: Beltz Juventa, S. 460–468.

Gleiches Recht für alle!

Vielfalt und Besonderheiten einer inklusiven Kinder- und Jugendhilfe

Lydia Schönecker & Norbert Müller-Fehling

*Die inklusive Weiterentwicklung der Kinder- und Jugendhilfe und die Diskussionen um die Reform des SGB VIII sind in der Fachöffentlichkeit und der Politik eines der zentralen Themen. Die Akteur*innen aus der Kinder- und Jugendhilfe und der Behindertenhilfe diskutieren bereits seit Jahren, wie eine Zusammenführung aller Kinder und Jugendlichen in einem Sozialleistungsgesetz, dem SGB VIII, gelingen kann. Stand dabei noch vor kurzem das Trennende im Vordergrund, kristallisiert sich nun immer stärker das Gemeinsame heraus. Wo diese Gemeinsamkeiten liegen, dem gehen die beiden Autor*innen in ihrem Beitrag nach und skizzieren anhand verschiedener Beispiele, wie eine zukünftige, inklusive Gestaltung des Kinder- und Jugendhilferechts gelingen kann.*

Ausgangspunkt und Intention

Egal, wie die Ankündigungen des Koalitionsvertrags im Rahmen der jetzigen 19. Legislaturperiode zur sog. Inklusiven Lösung auszulegen sind, die Zusammenführung der Leistungen für alle Kinder, Jugendlichen und jungen Erwachsenen im Kinder- und Jugendhilferecht (SGB VIII) ist unausweichlich. Wenn nicht von dieser, dann von einer der nächsten Bundesregierungen. Die Zuständigkeitswegweisung junger Menschen mit körperlichen und/oder geistigen Behinderungen aus dem SGB VIII ins SGB XII (§ 10 Abs. 4 S. 2 SGB VIII) führt in vielfacher Hinsicht zu Friktionen und Ungleichbehandlungen im Verhältnis zu allen anderen jungen Menschen, nicht in erster Linie als Kinder und Jugendliche adressiert zu sein – sondern stark auf das Merkmal der Behinderung reduziert zu werden. Die Argumente für die Zusammenführung sind vielfach vorgetragen und – rechtlich wie fachlich – unbestreitbar. Die Allianz der Befürworter*innen ist breit aufgestellt und umfasst Akteure der Fachorganisationen der Kinder- und Jugendhilfe und der Behindertenhilfe, der Politik und der Verwaltung, der Leistungserbringer und der Elternselbsthilfeorganisationen. Der dringende Weiterentwicklungsbedarf der Eingliederungshilfe für Kinder und Jugendliche mit einer körperlichen und/oder geistigen Behinderung, der im Bundesteilhabegesetz (BTHG) aufgrund der erhofften SGB VIII-Reform ausdrücklich ausgeklammert wurde, liefert einen zusätzlichen Grund, die Reform in absehbarer Zeit nachzuholen.

Die ersten Konkretisierungsbemühungen der Zusammenführung stießen auf breite Ablehnung, nicht zuletzt, weil sie von Interessen und Regelungen mitgeprägt waren, die in keinem unmittelbaren Zusammenhang mit den eigentlichen Zielsetzungen einer Inklusiven Lösung standen. Doch die gemeinsame Ablehnung der vorgeschlagenen tiefgreifenden Veränderungen des bestehenden Kinder- und Jugendhilferechts hat auch deutlich gemacht, dass die Behindertenhilfe und mit ihr die Familien und Leistungserbringer nur an einer Kinder- und Jugendhilfe interessiert sind, deren Wesenskern nicht angetastet wird. Dazu gehören u. a. gesicherte Hilfeansprüche – auch von Eltern, der systemische Blick der Kinder- und Jugendhilfe auf das Kind und seine Familie, der sich in der Hilfeplanung wiederfindet, und das partnerschaftliche Verhältnis von öffentlichen und freien Trägern. Ebenso der Zugang zu Infrastrukturleistungen und Regelangeboten der Kinder- und Jugendhilfe, die der Eingliederungshilfe, nicht zuletzt durch den ausgeprägten individuellen Rechtsanspruch, weitgehend fremd sind.

Während der Reform und des sich anschießenden Dialogprozesses wurde deutlich, dass nicht nur die Lebenswelten von Kindern und Jugendlichen mit und ohne Behinderung immer noch weitgehend getrennt voneinander existieren, sondern auch die gegenseitigen Kenntnisse von Kernanliegen, Geschichte, Sprache, Erwartungen und Empfindlichkeiten des jeweils anderen Systems erheblich verbesserungsbedürftig sind. Es wird darum gerungen, die Systemunterschiede zu erkennen und zu verstehen – ein unbedingt wichtiger Prozess, will man im Interesse der betroffenen jungen Menschen und ihrer Familien bedarfsgerecht und aus der Sicht beider Systeme identitätsbewahrend und -stiftend zusammenfinden (mit grundlegenden Auseinandersetzungen hierzu Schönecker, 2017; Coester & Müller-Fehling, 2017; Smessaert, 2018).

Gleichzeitig darf das Herausarbeiten von Systemunterschieden aber nicht dazu führen, dass die Probleme und möglichen Differenzen so erdrückend und unüberwindbar erscheinen, dass eher Lösungen der Vorzug gegeben wird, die die Systeme – wenn auch unter einem Dach – letztlich doch voneinander getrennt halten. Wenn die Kinder- und Jugendhilfe der Eingliederungshilfe für Kinder und Jugendliche mit einer geistigen und/oder körperlichen Behinderung zwar das Erdgeschoss freiräumt, aber sonst weitgehend unverändert die obere Etage bezieht, entgeht ihr die Chance, sich zu einer Kinder- und Jugendhilfe für alle weiterzuentwickeln, von deren Veränderungen auch tatsächlich alle profitieren können – insbesondere auch sie selbst.

Deshalb sollen in diesem Beitrag nicht die Unterschiede der beiden Systeme herausgearbeitet werden, sondern unter Berücksichtigung der jeweiligen Ausgangslagen vor allem die Gemeinsamkeiten herausgestellt und daraus exemplarisch eine gemeinsame Perspektive für eine Kinder- und Jugendhilfe für alle entwickelt werden.

Gleiche Ausgangspunkte, gleiches Ziel

Stellt man die Programmsätze beider Hilfesysteme gegenüber, so wird erkennbar, dass sie sich bereits in einem gemeinsamen Auftrag gegenüber den jungen Menschen treffen:

- *Kinder- und Jugendhilfe* soll diese in ihrer individuellen und sozialen Entwicklung fördern und dazu beitragen, Benachteiligungen zu vermeiden oder abzubauen (§ 1 Abs. 3 Nr. 1 SGB VIII) sowie positive Lebensbedingungen für junge Menschen und ihre Familien sowie eine kinder- und familienfreundliche Umwelt zu erhalten oder zu schaffen (§ 1 Abs. 3 Nr. 4 SGB VIII).
- *Eingliederungshilfe* soll die persönliche Entwicklung der jungen Menschen ganzheitlich fördern, ihre Teilhabe am Leben in der Gesellschaft sowie eine möglichst selbstständige und selbstbestimmte Lebensführung ermöglichen oder erleichtern (§ 4 Abs. 1 Nr. 4 SGB IX). Sie soll eine individuelle Lebensführung ermöglichen, die der Würde des Menschen entspricht, und ihre volle, wirksame und gleichberechtigte Teilhabe am Leben in der Gesellschaft fördert (§ 90 Abs. 1 SGB IX-2020).

Dass sich die Kinder- und Jugendhilfe aus verfassungsrechtlichem wie auch fachlich überzeugtem Selbstverständnis in ihrem Hilfeauftrag vor allem auch an die Eltern als notwendige Beziehungs- und Erziehungspartner ihrer Kinder richtet (§ 1 Abs. 3 Nr. 2 SGB VIII), steht hierzu keineswegs im Widerspruch. Ohne Antrag und damit gegen den Willen der Personensorgeberechtigten kann ohnehin keine Leistung erbracht werden. Darüber hinaus ist die eltern- und familiensystemische Hilfeperspektive einer der Hauptgründe, warum die Behindertenhilfe überzeugt ist, dass „ihre“ Kinder im Hilfesystem der Kinder- und Jugendhilfe richtig aufgehoben sind (Coester & Müller-Fehling 2017, S. 477).

Entscheidender als die Programmsätze der Leistungsgesetze ist indes die Betrachtung der konkreten Lebenssituation von Familien mit einem Kind mit Behinderung. Neben den individuellen und gesellschaftlich verursachten Problemlagen, die alle Familien bewältigen müssen, haben sie zusätzliche Herausforderungen zu bestehen (ausführlich hierzu Müller-Fehling, 2016). Selten können sie für das Zusammenleben mit einem behinderten Kind und für seine Erziehung auf Erfahrungen aus der eigenen Familie zurückgreifen. Gleichzeitig sind sie jedoch gefordert, ihren Kindern besonders förderliche Bedingungen zu bieten, damit diese ihre Entwicklungsmöglichkeiten entfalten können. Sie müssen sich für und gegen Therapien, Förderkonzepte oder medizinische Eingriffe entscheiden, Pflege, Therapie, medizinische Versorgung, Hilfsmittel, Förderung und Inklusion organisieren und in ihrem Alltag unterbringen – nicht selten auch um deren Finanzierung kümmern. Bei all dem sollen sie auch nicht die

Geschwisterkinder, sich selbst und ihre Partnerschaft vernachlässigen. Viele Eltern behinderter Kinder bewältigen diese Anforderungen. Aber nicht immer und nicht allen gelingt das. Über die Behinderung des Kindes hinaus kann somit auch die Überforderungssituation der Eltern zu einem zusätzlichen Entwicklungsrisiko für das Kind werden.

Therapie und Förderung verhelfen dem Kind, das zu tun, was es tun möchte, bieten ihm Bewegungserleichterung an, zeigen Handlungsstrategien und Handlungsalternativen auf. Oft stehen sie bei Kindern mit Behinderung jedoch im Mittelpunkt und überdecken andere entscheidende Entwicklungsbedingungen. Doch auch Kinder mit Behinderung brauchen für ihre Entwicklung, wie alle Kinder, eine anregende und emotional weitgehend gesicherte Atmosphäre, in der sie vielfältige Alltagserfahrungen machen können.

Hier treffen sich die Hilfen zur Erziehung und die Eingliederungshilfe für Kinder und Jugendliche mit Behinderung. Ausgangspunkt für diese Hilfen sind stets Entwicklungs- und Teilhaberisiken von Kindern und Jugendlichen, die unter erschwerten Bedingungen aufwachsen – ob mit einer Behinderung und/oder einer anderweitig belasteten Familiensituation. Hilfen zur Erziehung und die Eingliederungshilfe haben ein gemeinsames Ziel: Das gelingende Aufwachsen von Kindern in ihren Familien zu unterstützen und zu fördern – ob in der Frühförderung, den Kindertageseinrichtungen, der Jugendsozialarbeit oder auch und gerade im Rahmen von individuellen Hilfen.

Schutzauftrag als gemeinsam anerkannte Jugendhilfeaufgabe für alle jungen Menschen

Die Kinder- und Jugendhilfe hat zudem die Aufgabe, Kinder- und Jugendliche vor Gefahren für ihr Wohl zu schützen (§ 1 Abs. 3 Nr. 3 SGB VIII). Diesen Schutzauftrag erfüllt sie grundsätzlich nicht allein, steht aber für die Erfüllung dieses sog. Wächteramts ganz besonders in der Verantwortung und wird mit etlichen gesetzlichen Regelungen (§§ 8a, 37 Abs. 3, §§ 42, 43 ff. SGB VIII) ausdrücklich adressiert. Seine Wahrnehmung von den hierfür fachlich besonders qualifizierten Fachkräften in den Allgemeinen Sozialen Diensten (ASD) gilt wohl als die anspruchsvollste Aufgabe in Jugendämtern.

In der gesellschaftlichen Wahrnehmung ist die Arbeit der Jugendämter nicht selten auf diese Aufgabe reduziert und beurteilt. Vor dem Hintergrund dieser öffentlichen Wahrnehmung stehen auch Eltern behinderter Kinder dem Jugendamt häufiger skeptisch gegenüber. Die Vorstellung, dass sich ein Leistungsträger mit ihrer Lebenssituation auseinandersetzt, aufklärt und berät, mitunter für die Inanspruchnahme von Leistungen wirbt, wie das bei der Hilfe zur Erziehung der Fall sein kann, ist für die Familien mit einem Kind mit Behinderung fremd. Ihre Erfahrung ist eher dadurch geprägt, dass sie bei Kranken- und

Pflegekassen oder im Sozialamt bis zur Zermürbung um die Leistungen für ihre Kinder ringen müssen.

Doch in einer wertschätzenden, auf Partizipation und Aktivierung der Hilfeadressat*innen ausgerichteten Beratung wird auch mit Eltern von Kindern mit Behinderung über alles geredet werden können. Zum respektvollen Umgang mit Eltern gehört es, dass es die Fachleute akzeptieren, wenn Eltern angebotene Leistungen für ihr Kind nicht in Anspruch nehmen und möglicherweise eigene Vorstellungen entwickeln. Das ist in der Eingliederungshilfe nicht anders als in der Kinder- und Jugendhilfe. Die Hilfe muss von den Personensorgeberechtigten nicht nur beantragt werden, sie muss grundsätzlich auch gewollt sein.

Bei der Frage, wann jedoch die Grenze zur Kindeswohlgefährdung überschritten ist, kann es keine Unterscheidung zwischen Kindern mit und ohne Behinderung geben. Kinderschutz ist unteilbar. Wenn der Schutzanspruch von Kindern mit einer körperlichen oder geistigen Behinderung, der bislang grundsätzlich schon für alle Kinder und Jugendliche besteht, stärker in den Blick der Kinder- und Jugendhilfe gerät, ist dies im Interesse der Elternorganisationen und einer großen Mehrheit von Eltern behinderter Kinder. Mit der seit 2017 vorgesehenen Einbeziehung des Jugendamts im Zusammenhang mit der Genehmigung freiheitseinschränkender Maßnahmen, ist dieser Personenkreis ohnehin bereits in sein Aufgabenfeld gerückt.

Die Hilfeverantwortung der Kinder- und Jugendhilfe für die Eingliederungsleistungen für Kinder und Jugendliche mit Behinderung bietet zudem die Chance, die Fehlwahrnehmung der Hilfeadressat*innen und der Öffentlichkeit vom Jugendamt als bloße Eingriffsbehörde zu korrigieren.

Von der Hilfeplanung bis zur Leistungserbringung – die beiden Systeme liegen eng beieinander

Herzstück der Individualleistungen der Kinder- und Jugendhilfe ist die Hilfeplanung nach § 36 SGB VIII. Hier werden durch die Verknüpfung oder gar Überlagerung mit der (formelleren) Bedarfsfeststellung im Rahmen der Leistungsplanung für die Eingliederungshilfe seitens und für die Kinder- und Jugendhilfe erhebliche Risiken gesehen. Doch die Gemeinsamkeiten der Bedarfsfeststellung und Hilfeplanung von Kinder- und Jugendhilfe und Eingliederungshilfe verschwinden in der Diskussion um Begrifflichkeiten, wie Verfahren, Instrumente, ICF-Orientierung oder in den verbindlichen Fristen und Regeln des SGB IX für alle Rehabilitationsträger, zu denen im Übrigen auch die Kinder- und Jugendhilfe bereits seit 2001 gehört. Wertschätzung, Partizipation, die Stärkung von Selbstbestimmung und die Befähigung der Hilfeadressat*innen müssen auch die Wesensmerkmale einer zukünftig inklusiven Hilfeplanung sein.

Der dringende Wunsch der Menschen mit Behinderung und ihrer Organisationen nach gesetzlich geregelten Verfahren und fachlich gesichertem Vorgehen bei der Hilfeplanung, hat seine Wurzeln in der historischen Erfahrung. Eine beanspruchte Leistung auf Teilhabe und Rehabilitation setzte in der Regel einen anonymen und undurchsichtigen Entscheidungsprozess in Gang, an dessen Ende, weitgehend ohne Beteiligung der Betroffenen, eine Entscheidung stand, die hinzunehmen war oder gegen die Rechtsmittel eingelegt werden musste. In einer auf institutionelle Hilfen ausgerichteten Eingliederungshilfe konnte ein bestimmter Sachverhalt, z. B. eine medizinische Diagnose, eine Leistung, z. B. den Besuch eines Förderkindergartens, veranlassen. Dessen Angebote waren indes bereits vorher zwischen dem Eingliederungshilfeträger und dem Einrichtungsträger vereinbart. Ein auf Partizipation ausgerichteter dialogischer Aushandlungsprozess, an dessen Ende nach Möglichkeit ein Einvernehmen erzielt wird, war in der Behindertenhilfe indes eher die Ausnahme.

Das BTHG hat hier bereits wichtige Veränderungen gebracht (mit ersten Hinweisen zu den Auswirkungen auf die Kinder- und Jugendhilfe Rosenow, 2017; Schönecker, 2018). Der neue Behinderungsbegriff im SGB IX mit seinem sog. bio-psycho-sozialen Modell (dazu sogleich), oder auch eine an der selbstbestimmten Entscheidung des behinderten Menschen ausgerichtete Eingliederungshilfe (sog. Personenorientierung), eröffnen Gestaltungsoptionen für Leistungen, die fachlich begründet und möglichst im Konsens gefunden werden sollen. Hinzu kommende Anforderungen an die Instrumente für die Bedarfsfeststellung sollen die notwendige Fachlichkeit sicherstellen, nicht zuletzt auch, um gemeinsam mit den Hilfeadressat*innen entsprechende Gestaltungsmöglichkeiten zu entwickeln.

Da sich ein Teilhabebedarf nicht allein aus einer medizinischen Diagnose ableiten lässt, ist eine ICF-Orientierung für Menschen, die auf Eingliederungshilfe angewiesen sind, von besonderer Bedeutung. Unter ICF-Orientierung ist das Zugrundelegen des bio-psycho-sozialen Modells der ICF und der von ihr aufgerufenen Lebensbereiche zu verstehen (hierzu genauer z. B. Müller-Fehling, 2016). Es vereinigt das medizinische Modell mit dem sozialen Modell von Behinderung, das diese hauptsächlich als ein gesellschaftlich verursachtes Problem ansieht und durch veränderte Einstellungen und Bedingungen der Gesellschaft und der Umwelt beeinflusst wird. Damit wird eine systematische und interdisziplinäre Beschreibung der gesundheitlich bedingten Aus- und Wechselwirkungen auf der Ebene von Funktion, Aktivitäten und der Teilhabe an Lebensbereichen einer Person möglich. Dies erhöht die Chance, dass nichts übersehen wird, was für die Teilhabe und Entwicklung von Bedeutung sein kann. Doch hier taucht immer wieder ein Missverständnis auf: Denn es geht nicht um die Anwendung des Klassifizierungs-, Codier- und Beurteilungssystems der ICF, sondern vielmehr um ein an der ICF orientiertes methodisches Vorgehen (interessant hierzu DVfR, 2017). In diesem Sinne stellt es ein Angebot dar, das neben anderen fachlichen Vorgehensweisen und Methoden auch für die Kinder- und Jugendhilfe interessant sein kann.

Die Bundesarbeitsgemeinschaft Allgemeiner Sozialer Dienst/Kommunaler Sozialer Dienst (BAG ASD/KSD) hat unter Beteiligung von Fachleuten aus der Behindertenhilfe ein Diskussionspapier für ein „inklusives Hilfeplanverfahren" erarbeitet und veröffentlicht (BAG ASD/KSD, 2018). Die dort herausgearbeiteten Kriterien berücksichtigen die unterschiedlichen Logiken und Anforderungen in den beiden Bedarfskonstellationen von Hilfen zur Erziehung und Eingliederungshilfe und wahren ein angemessenes Verhältnis zwischen Regelungsvorgaben und Ausgestaltungsspielräumen, die für eine situative individuelle Hilfeplanung erforderlich sind. Sie erscheinen geeignet, ein integriertes Hilfeplanverfahren für alle Kinder und Jugendliche zu gestalten. Ein von der Arbeitsgruppe der BAG ASD/KSD diskutierter Vorschlag zur gesetzlichen Ausgestaltung der Kriterien versucht zu zeigen, wie ggf. ihre rechtliche Umsetzung aussehen könnte und dass eine integrierte Hilfeplanung möglich ist, die für niemanden mit einem Qualitätsverlust einhergeht, sondern stattdessen die Wahrscheinlichkeit für fachlich qualifiziertes Handeln erhöht. Gesetzlich normierte Verfahrensregelungen können auch dazu beitragen, fachliche Entscheidungen gegenüber fachfremden Entscheidungsvorgaben, z. B. Finanzressourcen, zu schützen.

Fachlich begründetes, methodisch gesichertes Vorgehen, die Partizipation der Hilfeadressat*innen, systemische und sozialraumorientierte Sichtweisen gehören von je her zu den Standards der Kinder- und Jugendhilfe. Die abweichungsfesten Regeln des SGB IX sollten die Kinder- und Jugendhilfe daher nicht schrecken. So ist z. B. die zügige Klärung von Zuständigkeiten nach §§ 14, 15 SGB IX im Interesse der Menschen mit Behinderung und ihrer Familien und kann von einer Kinder- und Jugendhilfe, die an und auf der Seite von Familien steht, nicht ernsthaft kritisiert werden. Die Verfahrensregeln gelten bereits seit langem für die Leistungen nach § 35a SGB VIII. Die neuen Regelungen des SGB IX beabsichtigen im Übrigen eine Stärkung der Eingliederungsträger – und damit auch der Kinder- und Jugendhilfe – gegenüber anderen Leistungsträgern (z. B. Krankenkassen, Bundesagentur für Arbeit). Denn sie eröffnen die Möglichkeit, Leistungen für „ihre" Hilfeadressat*innen zu erschließen und zu sichern, um zu verhindern, dass sich andere Leistungsträger dem entziehen können. Damit schreiben sie allen Leistungsträgern vor, was in der Kinder- und Jugendhilfe ohnehin zum Programm gehört. Den Menschen, seine Familie und sein Umfeld in den Blick zu nehmen und Teilhabebedarfe ganzheitlich, auch über das eigene Leistungsspektrum hinaus zu erkennen und wenn möglich zugänglich zu machen. Das sind neue Chancen, die das SGB IX der Kinder- und Jugendhilfe eröffnet.

Die Erfahrungen der Träger, die sowohl auf dem Feld der Kinder- und Jugendhilfe als auch der Behindertenhilfe unterwegs sind, zeigen, dass es auch eine große Nähe bei der Leistungserbringung gibt. In beiden Bereichen dominieren, sowohl in der Hilfeplanung als auch in der Leistungserbringung, sozialpädagogisch ausgerichtete Fachkräfte. Abgesehen von der Schulassistenz für Schüler*innen mit Behinderung, die häufig dringend entwicklungsbedürftig ist, werden auch die Leistungen der Eingliederungshilfe grundsätzlich von Fachkräften erbracht. Die Entwicklungsförderung von Kindern und Jugendlichen mit Behinderung erfordert zwangsläufig die interdisziplinäre Zusammenarbeit pädagogischer, medizinisch-therapeutischer und pflegerischer Fachkräfte. In der unmittelbaren Arbeit mit dem Kind, dem Jugendlichen und seiner Familie werden sie daher im Idealfall als Komplexleistung erbracht. Interdisziplinarität hat sich als sehr wirkungsvoll erwiesen und könnte auch in der Kinder- und Jugendhilfe weitere ergänzende Handlungsmöglichkeiten eröffnen.

Fazit

In der Diskussion um die Gestaltung der Inklusiven Lösung drehte sich bislang viel um die Differenzen zwischen den beiden Systemen der Kinder- und Jugendhilfe und der Eingliederungshilfe. Doch wirft man bewusst einen Blick auf die Verbindungen zwischen beiden, lassen sich viele Gemeinsamkeiten und positive Perspektiven erkennen. Im Übrigen ist die gegenseitige Anerkennung und Wertschätzung in der Vergangenheit so gewachsen, dass die noch offenen fachlichen Fragen alle gemeinsam lösbar scheinen.

Schwieriger dürfte es werden, zu Lösungen hinsichtlich der horizontalen und vertikalen Verschiebungen zwischen den Systemen und der örtlichen und überörtlichen Leistungsträger zu finden. Dafür reichen keine fachlichen Argumente, sondern bedarf es des politischen Willens. Entscheidend hierfür wird sein, ob die finanziellen und personellen Ressourcen für das sozialpolitische Großprojekt „inklusive Lösung“ bereitgestellt werden. Damit können die Träger der Eingliederungshilfe und der Kinder- und Jugendhilfe, die Städte, Kreise und Gemeinden nicht allein gelassen werden. Ohne ein erhebliches finanzielles Engagement des Bundes wird das Projekt nicht gelingen.

Literatur

Bundesarbeitsgemeinschaft Allgemeiner Sozialer Dienst/Kommunaler Sozialer Dienst (BAG ASD/KSD) (2018). Diskussionsbeitrag zu einem „inklusiven Hilfeplanverfahren“. Kriterien für Regelungen zur Hilfeplanung in einem „inklusiven SGB VIII“. Münster. www.bag-asd-ksd.de (Aufruf: 29.10.2018)

Coester, Ruth & Müller-Fehling, Norbert (2017). Ein neuer Anlauf für die inklusive Lösung – Vorstellungen der Fachverbände für Menschen mit Behinderung zu einer Reform des SGB VIII. In: Das Jugendamt (JAmt), S. 478–480.

Deutsche Vereinigung für Rehabilitation (DVfR) (2017). Stellungnahme der DVfR zur ICF-Nutzung bei der Bedarfsermittlung, Bedarfsfeststellung, Teilhabe- und Gesamtplanung im Kontext des Gesetzes zur Stärkung der Teilhabe und Selbstbestimmung von Menschen mit Behinderungen (Bundesteilhabegesetz – BTHG). August 2017. www.dvfr.de (Aufruf: 29.10.2018)

Müller-Fehling, Norbert (2016[2]). Kinder und Jugendliche mit Behinderung und ihre Familien, in: Wolfgang Schröer, Norbert Struck & Mechthild Wolff (Hrsg.). Handbuch Kinder- und Jugendhilfe. Weinheim Basel: Beltz Juventa, S. 557–590.

Rosenow, Roland (2017). Auswirkungen des Bundesteilhabegesetzes auf die Kinder- und Jugendhilfe ab 1.1.2018. In: Das Jugendamt (JAmt), S. 480–487.

Schönecker, Lydia (2018). Auswirkungen des Bundesteilhabegesetzes (BTHG) auf die Kinder- und Jugendhilfe (Verfahrensfragen) – erste Hinweise für die Praxis, DIJuF-Themengutachten TG-1233. In: Deutsches Institut für Jugendhilfe und Familienrecht e.V. (DIJuF) (Hrsg.). Recht der Kinder- und Jugendhilfe (KiJuP-online). www.kijup-online.de

Schönecker, Lydia (2017). Inklusive Weiterentwicklung der Kinder- und Jugendhilfe – Von der Konstruktion zweier Hilfesysteme unter einem Dach und den dafür zu betrachtenden Zwischenräumen. In: Das Jugendamt (JAmt), S. 470–475.

Smessaert, Angela (2018). Auf zum zweiten Anlauf! Zur Weiterführung der Debatte um ein inklusives SGB VIII. FORUM Jugendhilfe, H. 1, S. 52–60.

Kinderschutz und Kontrolle in Deutschland

Reflexionen und internationaler Vergleich

Thomas Meysen

*Kontrolle ist integraler Bestandteil jeder Hilfe. Professionelle Neugier und Reflexion der eigenen Wahrnehmungen, Hypothesen, Einschätzungen und der Entwicklungen in der Lebenswirklichkeit der Kinder, Jugendlichen, Mütter, Väter und Familien gehören zu den zentralen Wesensmerkmalen sozialpädagogischer Fachlichkeit. Die Frage, inwieweit Kontrolle ein eigenständiger, von Hilfe unabhängiger Auftrag der Kinder- und Jugendhilfe in Deutschland sein kann (darf, sollte), ist zudem Dauerthema im Zuge der täglichen Umsetzung des rechtlichen Rahmens im Kinderschutz und auf der fachpolitischen Agenda. In der deutschen Rechtsordnung gehen die rechtlichen Grundlagen zur Legitimierung von Eingriffen in die Selbstbestimmung der Adressat*innen mit dem breiten Spektrum an Hilfen in Resonanz. Es stellt sich daher die Frage, welche Spielräume das Recht derzeit lässt, Kinderschutz vor Ort ordnungspolitisch zu organisieren und zu praktizieren. Eine international-vergleichende Einordnung soll die Perspektive auf die spezifischen Handlungsorientierungen des deutschen Kinderschutzsystems lenken, um von dort aus einen Ausblick zu geben darauf, welche potenziellen Folgerungen zukünftige Richtungsentscheidungen von Politik und Gesetzgebung zum Schutz von Kindern und Jugendlichen haben können.*

Einleitung

In den notwendig kontinuierlichen Debatten um Verbesserungen im Kinderschutz gehen die Vorstellungen naturgemäß auseinander. Einerseits werden administrative Übergriffigkeiten und Anmaßungen beklagt (Struck, 2018), andererseits wird bemängelt, der Mitwirkungsbereitschaft und Mitwirkungsfähigkeit der Eltern werde zu viel Raum eingeräumt (Kepert, 2017). Kinder- und Jugendhilfe wird mitunter leichtfertig in eine Reihe mit Polizei und Strafverfolgung gestellt, wenn Soziale Arbeit im Kinderschutz den „ordnungsrechtlichen Aufgaben" zugerechnet wird (Schone, 2018). Die Prämisse, Fachkräfte im Jugendamt müssten bei der Bearbeitung von „Meldungen" und „Verdacht" auf Kindeswohlgefährdung neben der Wahrnehmung des Kontrollauftrags immer auch den Familien in ihren Notlagen helfen, wird gar als „falsch" gebrandmarkt (Schrödter, 2018). Dem hält Forschung entgegen und kritisiert, dass Familien an der Falldeutung und Hilfeplanung nicht mehr beteiligt werden und dass standardisierten Modellen der Fallbearbeitung und Gefährdungseinschätzung zunehmend Vorrang eingeräumt wird (Marks et al., 2018). Sozialarbeiter*innen im Jugendamt werden von den Adressat*innen in der Position begleitender

Entscheider*innen und nicht selbst als unterstützende Instanz erlebt (Ackermann, 2017).

Umgeben von dieser Gemengelage an Leitideen und Bildern zur Rahmung des Kinderschutzes in Deutschland hält Politik bislang daran fest, den Schutz und die damit assoziierten Kontrollelemente noch innerhalb des umfassenden Hilfeauftrags zu integrieren und diesem zuzuordnen. Auch im Koalitionsvertrag von CDU, CSU und SPD vom 7. Februar 2018 heißt es: „Wir werden den Kinderschutz verbessern und die Familien unterstützen" (CDU et al. 2018, S. 812f.) und der Unabhängige Beauftragte für Fragen des sexuellen Kindesmissbrauchs fordert: „Es ist wichtig, dass Menschen nicht mehr wegschauen. Hierfür braucht es Wissen und Unterstützungs- und Hilfeangebote, die allen bekannt sind" (Rörig, 2018). Das Kinder- und Jugendstärkungsgesetz (KJSG) hatte vorgesehen, dass auf der einen Seite durch Einbeziehung von Berufsgeheimnisträgern aus der Gesundheitshilfe in die Gefährdungseinschätzung eine möglichst umfassenden Erkenntnisgrundlage sichergestellt werde. Auf der anderen Seite sollten dabei ausweislich der Gesetzesbegründung der Schutz ihrer Persönlichkeitsrechte sowie Vertrauensschutzaspekte Berücksichtigung finden (BT-Drucks. 18/12330, S. 46).

Vor diesem Hintergrund wird im Folgenden der Frage nachgegangen, was das geltende Recht – jenseits plakativer Rahmung der Handlungsorientierungen – zum Verhältnis von Hilfe und Kontrolle im deutschen Kinderschutz sagt. Der Beitrag nimmt dann eine international-vergleichende Einordnung vor, um abschließend einen Ausblick zu geben.

Aktuelle Rechtslage

Schutzauftrag des Jugendamts

Der Schutzauftrag bei Kindeswohlgefährdung in § 8a SGB VIII konkretisiert die Aufgaben des Jugendamts, wenn gewichtige Anhaltspunkte für eine Kindeswohlgefährdung bekannt werden. Mit der Einführung des § 8a SGB VIII zum 1. Oktober 2005 hat der Gesetzgeber gezielt das Verhältnis zwischen Hilfe und Kontrolle angesprochen. So markiere der Schutzauftrag die Grenzen des Dienstleistungsverständnisses im Bewusstsein, „dass Hilfe und Kontrolle im Bereich Sozialer Arbeit ohnehin nicht streng voneinander getrennt werden können und die strukturelle Ambivalenz der Erziehungshilfe nicht aufgelöst werden kann"; die Vorschrift solle hierbei lediglich zur Verdeutlichung der (verfassungs-)rechtlichen Grundlagen des Schutzauftrags der Kinder- und Jugendhilfe und somit als Konkretisierung der Aufgaben im Rahmen des staatlichen Wächteramts dienen (BT-Drucks. 15/3676, S. 25f.).

Die in dieser Weise vom Gesetzgeber proklamierte Untrennbarkeit von Hilfe und Kontrolle kommt in der Regelung des § 8a Abs. 1 SGB VIII deutlich zum

Ausdruck. Die Gefährdungseinschätzung (Satz 1) ist in Satz 2 ausgestaltet als partizipativer Prozess, in den die Erziehungsberechtigten und das Kind bzw. der/die Jugendliche einzubeziehen sind. Mit der Einbeziehung ist ihnen Gelegenheit zur Mitwirkung zu geben (Kunkel et al./Bringewat 2018, § 8a Rn. 69). Die Kinder, Jugendlichen und Erziehungsberechtigten werden nicht Objekte der Kontrolle im Prozess der Gefährdungseinschätzung als Prozess professioneller Diagnose. Vielmehr erkennt § 8a SGB VIII ihnen beim sozialpädagogischen Verstehen und Deuten einen Expertenstatus hinsichtlich ihres eigenen Lebens und dessen Gestaltung zu (Wiesner/Wiesner 2015, § 8a Rn. 18; Münder et al./Meysen 2018, § 8a Rn. 29; Kelly & Meysen, 2016). Das Einbeziehen der Adressat*innen in die fachlichen Beurteilungen gehört daher grundsätzlich zur Hilfe sowie zur Hilfebeziehung und ist somit entscheidendes Merkmal sozialpädagogischer Qualität (Schrapper 2008, S. 75 ff.).

Wenn § 8a Abs. 1 SGB VIII in seinem Satz 3 das Jugendamt dazu auffordert, zur Abwendung der Gefährdung Hilfe anzubieten, macht die Vorschrift weiter deutlich, dass die Gefährdungseinschätzung und -beseitigung Bestandteile eines integrierten Hilfeprozesses sind (Gerber, 2006). Aus dem Kinder- und Jugendhilferecht lässt sich somit keine Befugnis zu eigenständigen Schutzmaßnahmen gegen den Willen der Personensorgeberechtigten ableiten (DIJuF, 2017). Auch die Empfehlungen des Deutschen Städtetages zu fachlichen Standards für den Umgang mit Kindeswohlgefährdung aus dem Jahr 2003, auf welche die Gesetzesbegründung zur Einführung des § 8a SGB VIII ausdrücklich Bezug genommen hat (BT-Drucks. 15/3676, S. 26, 30), rekurrieren übergreifend auf das Konzept der Hilfe – durch Unterstützung und Intervention (Deutscher Städtetag, 2004).

Die Inobhutnahme nach § 42 SGB VIII ist per se „Schutz durch Hilfe". Kinder und Jugendliche werden bei einer geeigneten Pflegeperson, in einer Einrichtung oder sonstigen Wohnform untergebracht und von Fachkräften begleitet (Abs. 1 Satz 2). Die Situation wird zusammen mit dem Kind oder Jugendlichen geklärt (Abs. 2 Satz 1). Das Jugendamt ist gehalten, die Gefährdung mit den Personensorgeberechtigten einzuschätzen (Abs. 3 Satz 1). Trenczek spricht von vorläufiger betreuender Schutzgewährung (Gefahrenabwehr und Betreuung) und weiterführender Klärungshilfe, die mit sozialpädagogischen Standards auszuführen sind (Münder et al./Trenczek 2018, § 42 Rn. 1; Trenczek et al., 2017).

Fachkräfte bei Trägern der freien Jugendhilfe und Berufsgeheimnisträger

Der Schutzauftrag wird in Deutschland trotz deren exponierter Stellung rechtlich nicht exklusiv bei Jugendamt und Familiengericht gebündelt. Das Gesetz nimmt die Professionellen im Kontakt mit Kindern, Jugendlichen und Familien mit in die Pflicht und beschränkt sich dabei nicht darauf, Verdachtsmomente unverzüglich an das Jugendamt weiterzuleiten. Weitgehend parallel konstruiert werden sowohl Fachkräfte in der Kinder- und Jugendhilfe als auch Berufsgeheimnisträger in Heilberufen, Schulen, Beratungsstellen bzw. -diensten und beruflicher Praxis als Psycholog*in oder Sozialarbeiter*in verbindlich aufgefordert, sich gewichtigen Anhaltspunkten für Kindeswohlgefährdung anzunehmen. Sie sollen innerhalb ihrer Hilfe- oder sonstigen professionellen Beziehung zunächst näher heranrücken an ihre Adressat*innen, Klient*innen, Patient*innen, sollen die eigenen Sorgen mit ihnen erörtern (§ 8a Abs. 4 Satz 1 Nr. 3 SGB VIII, § 4 Abs. 1 KKG). Auch hier ist die verpflichtende Bewertung der Wahrnehmungen im Wege einer Gefährdungseinschätzung gekoppelt mit der Einbeziehung der Beteiligten aus der Familie. Der Gesetzgeber hat insoweit von „Aufklärungspflicht" als Voraussetzung dafür gesprochen, dass Eltern selbstbestimmt ihrer Verantwortung gerecht werden können, wirksame Maßnahmen zur Abwendung von Kindeswohlgefährdung zu ergreifen (BT-Drucks. 17/6256, S. 19).

Die Fachkräfte der Kinder- und Jugendhilfe – jenseits der Sozialen Dienste im Jugendamt – sind gesetzlich gehalten, ihre eigenen Hilfezugänge zur Abwendung der Gefährdung zu nutzen und gegebenenfalls auf die Inanspruchnahme (weitergehender) Hilfe hinzuwirken (§ 8a Abs. 4 Satz 2 SGB VIII, § 4 Abs. 1 SGB VIII). Eine Informationsweitergabe ist entweder rückgebunden an eine Einwilligung (Art. 4 Nr. 11 DS-GVO; Hoffmann, 2017; Münder & Smessaert, 2009) oder, bei Erforderlichkeit einer Weitergabe ohne Einwilligung, an die Herstellung von Transparenz über die Mitteilung an das Jugendamt (§ 4 Abs. 3 Satz 1 Halbs. 2 KKG). Die dahinter liegende Leitorientierung kann übersetzt werden als ein „Vielleicht gegen den Willen, aber nicht ohne Wissen" (NZFH, 2015).

Transparenz, Vertraulichkeit mit ihren Teilaspekten der Verschwiegenheit und Anonymität sowie Partizipation im Sinne von selbstbestimmter Mitgestaltung sind somit gesetzlich gerahmte und ohne Gesetzesänderung nicht zur Disposition stehende Basis der Kinderschutzarbeit bei Leistungserbringern der Kinder- und Jugendhilfe und Berufsgeheimnisträger*innen. Die Professionellen sind gehalten, ihre Aufgaben und Pflichten zum Schutz von Kindern und Jugendlichen im Dialog sowie in respektvoller und, wenn möglich, vertrauensvoller Zusammenarbeit mit den Adressat*innen einzulösen (NZFH, 2016; Thyen et al., 2010).

Raum für isolierte Kontrollaufgaben?

Schrödter meint, für Professionelle im Kinderschutz eine Lanze brechen zu müssen. Wenn Fachkräfte, die ausschließlich mit der Verdachtsabklärung betraut seien, wenig fallverstehendes, dialogisches und verständigungsorientiertes Handeln an den Tag legten, sei dies kein Ausdruck schlechter Kinderschutzpraxis, denn dies seien Maßstäbe helfenden Handelns, nicht jedoch Maßstäbe, an denen kontrollierendes Handeln gemessen werden könne (Schrödter, 2018). Seine Einschätzungen zur Fachlichkeit und das dahinterliegende Verständnis von Sozialer Arbeit und Kinderschutz als polizeiliche Ermittlungstätigkeit verdienen sicherlich weiterer kritischer Diskussion, seien hier aber dahingestellt. Spätestens am Recht zum Kinderschutz dürfte die Lanze, die er für eine investigative Kinderschutzkontrollpraxis ohne helfende Elemente in Deutschland bricht, jedenfalls zerbersten. Eine Annahme, Maßnahmen im Rahmen des Schutzauftrags nach § 8a SGB VIII seien auch ohne Hilfeantrag oder Durchführung eines Hilfeplanverfahrens möglich (siehe bspw. die Anfrage eines Jugendamts in DIJuF, 2017), decouviert in mehrfacher Hinsicht Fehlvorstellungen.

„Maßnahmen" zur Gefahrenabwehr ist die übliche Begrifflichkeit in den Polizeigesetzen der Länder. Bei Gefahren für die öffentliche Sicherheit und Ordnung sind Maßnahmen zu deren Abwendung zu ergreifen. Die Regelungen zum Schutzauftrag nach SGB VIII vermeiden die Begrifflichkeit bewusst und ordnen sie dem Familiengericht zu (§ 42 Abs. 3 Satz 2 Nr. 2 SGB VIII). Lediglich beim – mit der Kinder- und Jugendhilfe in deutlichem Spannungsverhältnis stehenden – Freiheitsentzug im Rahmen von Inobhutnahmen spricht das Gesetz von Maßnahmen (§ 42 Abs. 5 Satz 1 SGB VIII). Mit dem Verzicht auf die Begrifflichkeit versucht das SGB VIII kenntlich zu machen, dass dem Jugendamt die regelmäßig mit „Maßnahme" assoziierten hoheitlichen Eingriffsbefugnisse nur in sehr begrenztem Rahmen zustehen (DIJuF, 2017). Der Übergang vom JWG zum KJHG und die Neukonzipierung der Kinder- und Jugendhilfe als Leistungsrecht seit 1990/1991 rückt das Jugendamt in die Funktion einer „Hilfebehörde" und beschränkt die Eingriffsbefugnisse seitdem auf Ausnahmen. Der Vorrang öffentlicher Hilfen als Ausdruck des Verhältnismäßigkeitsgrundsatzes (§ 8a Abs. 1 Satz 3 SGB VIII, § 1666a BGB) sollte auch bei Einführung des § 8a SGB VIII der Zulässigkeit unkonsentierter Schutzmaßnahmen entgegenstehen (Meysen & Schindler, 2004).

„Maßnahmen nach § 8a SGB VIII" sind daher allein die im Gesetz erwähnten Verfahrensschritte mit den dort benannten Rahmungen. Gefährdungseinschätzung und -abwendung sind als Bestandteile eines integrierten Hilfeprozesses konzipiert (Münder et al./Meysen 2018, § 8a Rn. 35). Diejenigen, die kontrollieren, sollen Kinder, Jugendliche, Eltern und andere Erziehungsberechtigte nicht allein mit staatlicher Macht begegnen. Mit der Kontrolle und der Verständigung über die Lebenswirklichkeit des Kindes bzw. Jugendlichen und seiner Familie (§ 8a Abs. 1 Sätze 1 u. 2 SGB VIII) sollen Angebote der Unterstützung verbunden sein (§ 8a Abs. 1 Satz 3 SGB VIII), die Gefahr im Zusammenwirken abzuwenden. Die Freiwilligkeit der Mitwirkung und der Inanspruchnahme von Hilfe (Schellhorn et al./Mann 2017, § 8a Rn. 30) kann nicht mit alternativen „Maßnahmen" außerhalb des rechtlichen Befugnisrahmens umgangen werden (DIJuF, 2017). Kontrolle darf bei derzeitiger Rechtslage somit nicht ohne eine Verschränkung mit dem Angebot von Hilfe durchgeführt werden.

Internationaler Vergleich: Kinderschutz als Ordnungsrecht oder Hilfeauftrag

Die rechtlich-organisatorische Rahmung des deutschen Kinderschutzsystems ist in den letzten zehn Jahren immer wieder Gegenstand internationaler Vergleiche gewesen (siehe die Nachweise bei Meysen & Kelly 2017; Betz et al., 2017). Burns et al. (2016) unterscheiden zwischen den investigativ-schutzorientierten anglo-amerikanischen Ländern, den familienhilfeorientierten im westlichen Kontinentaleuropa und den nordischen mit sozialdemokratischen Wohlfahrtssystemen. Deutschland wird hierbei zu den familienorientiert-konservativen Systemen gezählt. Nach einer anderen Einteilung wird unterschieden zwischen primär reaktiv-investigativen und primär proaktiv-hilfeorientierten Systemen, wobei Deutschland – insbesondere seit der Einführung des Systems der Frühen Hilfen – deutlich letzterer Gruppe zuzurechnen sei (Meysen & Hagemann-White, 2011).

Eine weitere bedeutende Dimension der Charakterisierung macht sich am Vorhandensein und der Gestalt von ambulanten, teilstationären und stationären Hilfen fest, insbesondere inwieweit eine flächendeckende, rechtzeitige und ausreichend differenzierte Zurverfügungstellung von bedarfsgerechten Hilfen gewährleistet ist (European Commission 2010, 39). Deutschland dürfte weltweit – gemeinsam mit den Niederlanden – vermutlich zu den Staaten mit dem zuverlässigsten und am breitesten aufgestellten, systemübergreifenden Angebot von Hilfen zählen. Die nordischen Staaten mit teilweise besonders ausgeprägten universell-präventiven Angebotsstrukturen erfüllen ebenfalls hohe Standards, wobei die familienbezogenen Hilfen in Finnland zur Vermeidung einer außerfamilialen Unterbringung nicht an die Dichte und Bedeutung in den anderen skandinavischen Staaten heranreichen. Länder wie England und Irland haben rechtlich-organisatorische Strukturen, die zwar Hilfeorientierung nahelegen, wenn auch mit einer landesweit nur bedingt verlässlich breiten Angebotspalette hinterlegt. Kulturell kann die Praxis in diesen beiden Ländern aber eine stark reaktiv-investigative Orientierung nicht abschütteln. Am anderen Ende der Skala bei einer entsprechenden Zuordnung der Kinderschutzsysteme stehen sicherlich Länder wie die Vereinigten Staaten oder Australien, aber auch Kanada. Die Aktivierung des Systems erfolgt nahezu ausschließlich über Meldungen, durch die eine kontrollierende Ermittlung in der Familie mit binärer Ergebnislogik ausgelöst wird, die im Wesentlichen nur danach unterscheidet, ob der Verdacht bestätigt oder nicht bestätigt ist. In letzterem Fall werden auch bei Vorliegen eines Bedarfs überwiegend keine Hilfen angeboten (zu den umfassenden Nachweisen zur Charakterisierung der einzelnen Länder Meysen, 2018).

Zentrale Weichenstellung für jedes Kinderschutzsystem ist der Umgang mit der Informationsweitergabe an die Kinderschutzbehörde und/oder Strafverfolgungsbehörden. Das Vorhandensein von Meldepflichten wird mitunter als herausragendes Qualitätskriterium angesehen (Svevo-Cianci et al., 2010). Solche Wertungen stützen sich auf Studien zur Entwicklung bestätigter Verdachtsfälle nach Einführung von Meldepflichten (Mathews et al., 2016). Allerdings dürften derartige Kausalitätsannahmen stark anzuzweifeln sein, da Hintergrund oft nicht das Gesetz, sondern die gesteigerte öffentliche Aufmerksamkeit sein wird (Ellonen & Pösö, 2014). Nicht unberücksichtigt bleiben kann auch, dass Meldepflichten direkte Auswirkungen auf die Hilfebeziehungen haben und die Mitwirkungsbereitschaft von Kindern und ihren Familien beeinflussen (Melton, 2005; Lonne, 2015; Goldson, 2015; Meysen & Kelly, 2017).

Das deutsche System ist eines von nur drei Kinderschutzsystemen in der Europäischen Union, das für Fachkräfte keine Meldepflicht bei Gefährdungsverdacht vorsieht. Das Bekanntwerden von gewichtigen Anhaltspunkten für eine Kindeswohlgefährdung löst bei Fachkräften außerhalb des Jugendamts gerade keinen umgehenden Prozess der Kontrolle und Ermittlung aus, sondern einen partizipativen Prozess der Klärung und des Werbens für weitergehende Hilfen innerhalb der eigenen professionellen Beziehung zu den Adressat*innen. Das breite Spektrum von Hilfen und der Verzicht auf eine Meldepflicht zugunsten eines Nutzens der bestehenden Vertrauenszuschreibungen zu und Vertrauensbeziehungen in den vorhandenen (Hilfe-)Beziehungen scheint Auswirkungen auf das Vertrauen der Adressat*innen in die Jugendämter als Kinderschutzbehörden zu haben. Die Zahl der Gefährdungsmitteilungen aus der Familie und dem Umfeld des Kindes ist in Deutschland, soweit Statistiken dies erfassen, im internationalen Vergleich mit 26,0% die höchste. Gleiches gilt mit 8,4% für Mitteilungen von Einrichtungen der Kinder- und Jugendhilfe (Meysen, 2018). Es ist zu erwarten, dass Gesetzes- oder Praxisänderungen hin zu einer verstärkten Kontrollorientierung des deutschen Kinderschutzsystems, etwa mit Meldepflichten oder isolierter investigativer Gefährdungseinschätzung, die Koordinaten verschieben würden. Das Vertrauen der Adressat*innen in das Hilfe und Kontrolle konsequent miteinander verknüpfende Kinderschutzsystem dürfte dann signifikant abnehmen.

Schlussfolgerungen und Ausblick

Soziale Arbeit ist im 20. Jahrhundert zur führenden Profession im Kinderschutz aufgestiegen und hat sich als solche in Deutschland fest etabliert (Richter, 2011). Leistungsberechtigte werden in der Kinder- und Jugendhilfe zu Mitentscheidern in einer als Dienstleistung konzipierten Sozialen Arbeit. An den Grenzen zur Freiwilligkeit wird der Sozialen Arbeit, wie Alberth et al. (2014, S. 42ff.) dies provozierend umschreiben, eine „Mission" zugeschrieben, „die Klienten zu bekehren". Dem entsprechen internationale vergleichende Befunde, wonach in Politik und Gesellschaft deutliche Konvergenzen bei der Wertigkeit von „guter Erziehung“ auszumachen sind (Lundqvist & Ostner, 2017). In Deutschland, anders als in vielen anderen Ländern, wird dabei – selbst im Kontext von Kinderschutz – der Kooperation mit den Beteiligten aus der Familie und dem Aufbau sowie Erhalt einer Hilfebeziehung eine exponierte Bedeutung beigemessen. Das Mitteilen von Gefährdung zu erleichtern und die Zusammenarbeit hin zu einem sicheren Aufwachsen zu verbessern, sind in der Folge zentrale Anliegen der Fachkräfte (Meysen & Kelly, 2017). Da ein solcher Ansatz hohe Anforderungen an die Fähigkeiten der Fachkräfte stellt, entsteht ein Spannungsfeld, in welchem das Bedürfnis nach mehr Sicherheit immer wieder auch mit dem Ruf nach Standardisierungen Kompensation sucht (Bode & Turba, 2014). Forderungen nach einer Trennung von Kontrolle und Hilfe im Kinderschutz wähnen sich daher mitunter auf der Seite der Praxis (so Schrödter, 2018). Sichtweisen, in denen direktive Kontrollen mit vorgeblich schlechtem Gewissen als „unvermeidbar“ propagiert werden (Wegenke & Lüttringhaus, 2018), hat sich Norbert Struck entschieden entgegengestellt (Struck, 2018) und sich unermüdlich gegen den Missbrauch von Macht in der Kinder- und Jugendhilfe engagiert. Kontrolle gehört zur Hilfe und zur sozialpädagogischen Fachlichkeit. Die deutsche Kinder- und Jugendhilfe tut gut daran, sie nicht an investigativ-ermittelnde Instanzen zu überantworten oder selbst zu einer solchen zu werden. Sie ist aufgefordert, Kontrolle in einer gegenüber den Adressat*innen transparenten und respektvollen Weise in eine hilfeorientierte Praxis zu integrieren.

Literatur

Ackermann, Timo (2017). Über das Kindeswohl entscheiden. Eine ethnographische Studie zur Fallarbeit im Jugendamt. Bielefeld: transcript.

Alberth, Lars, Bühler-Niederberger, Doris & Eisentraut, Steffen (2014). Wo bleiben die Kinder im Kinderschutz? Die Logik der Intervention bei Sozialarbeiern, Ärzten und Hebammen. In Doris Bühler-Niederberger, Lars Alberth & Steffen Eisentraut (Hrsg.). Kinderschutz. Wie kindzentriert sind Programme, Praktiken, Perspektiven?. Weinheim & Basel: Beltz Juventa.

Betz, Tanja, Honig, Michael-Sebastian & Ostner, Ilona (Hrsg.) (2017). Parents in the Spotlight. Parenting Practices and Support from a Comparative Perspective. In Journal of Family Research/Zeitschrift für Familienforschung, Special Issue 11 (2016/2017). Opladen, Berlin & Toronto: Barbara Budrich Publishers.

Bode, Ingo & Turba, Hannu (2014). Organisierter Kinderschutz in Deutschland. Strukturdynamiken und Modernisierungsparadoxien. Wiesbaden: Springer VS.

Burns, Kenneth, Pösö, Tarja & Skivenes, Marit (Eds.) (2017). Child Welfare Removals by the State. A cross-country analysis of decision-making systems. New York: Oxford University Press.

CDU, CSU & SPD (2018). Ein neuer Aufbruch für Europa. Eine neue Dynamik für Deutschland, Ein neuer Zusammenhalt für unser Land. Koalitionsvertrag zwischen CDU, CSU und SPD vom 7. 8. 2018. Berlin.

Deutscher Städtetag (2004). Strafrechtliche Relevanz sozialarbeiterischen Handelns. Empfehlungen zur Festlegung fachlicher Verfahrensstandards in den Jugendämtern bei akut schwerwiegender Gefährdung des Kindeswohls (Stand: 1. April 2003). In Zentralblatt für Jugendrecht (ZfJ), 91. Jg., S. 187–193.

Deutsches Institut für Jugendhilfe und Familienrecht e. V. (DIJuF) (2017). Möglichkeit von „Maßnahmen nach § 8a SGB VIII" ohne Hilfeantrag der Personensorgeberechtigten und Hilfeplanung?. In Das Jugendamt (JAmt), 90. Jg., S. 118–119.

Ellonen, Noora & Pösö, Tarja (2014). Hesitation as a System Response to Children Exposed to Violence. International Journal of Children's Rights 22, S. 730–747.

European Commission (2010a). Feasibility study to assess the possibilities, opportunities and needs to standardise national legislation on violence against women, violence against children and sexual orientation violence. Annexes. Brussels: European Commission.

Gerber, Christine (2006). Kinderschutzarbeit im Dreieck zwischen standardisierten Verfahren, professionellem Handeln und strukturellen Rahmenbedingungen. In IzKK-Nachrichten 1/2, S. 34–39.

Goldson, Edward (2015). Should There Be Mandatory Reporting? In: B. Mathews & D.C. Bross (Eds.). Mandatory Reporting Laws and the Identification of Severe Child Abuse and Neglect (pp. 219–244). Heidelberg, New York & London: Springer.

Hoffmann, Birgit (2017). Einwilligung der betroffenen Person als Legitimationsgrundlage eines datenverarbeitenden Vorgangs im Sozialrecht nach dem Inkrafttreten der DSGVO. In Neue Zeitschrift für Sozialrecht (NZS), 26. Jg., S. 807–812.

Kelly, Liz & Meysen, Thomas (2016). Transnationale Grundlagen für ethische Praxis bei Interventionen wegen Gewalt gegen Frauen und Kinder. London/Heidelberg.

Kepert, Jan (2017). Die Abwendung einer Kindeswohlgefährdung durch Hilfen nach § 8a Abs. 1 S. 3 SGB VIII – Eingeschränkte Zulässigkeit der Gewährung von Hilfen bei festgestellter Kindeswohlgefährdung sowie Pflicht zur regelmäßigen Überprüfung bei Hilfegewährung. In Sozialrecht aktuell (SRa), 20. Jg., S. 41–43.

Kunkel, Peter-Christian, Kepert, Jan & Pattar, Andreas Kurt (2018^7). Sozialgesetzbuch VIII Kinder- und Jugendhilfe. Lehr- und Praxiskommentar. Baden-Baden: Nomos. (zit. Kunkel et al./Autor*in 2018, § X Rn. Y)

Lonne, Bob (2015). Mandatory Reporting and the Difficulties Identifying and Responding to Risk of Severe Neglect: A Response Requiring a Rethink. In: B. Mathews & D.C. Bross (Eds.). Mandatory Reporting Laws and the Identification of Severe Child Abuse and Neglect (pp. 245–274). Heidelberg, New York & London: Springer.

Lundqvist, Åsa & Ostner, Ilona (2017). Parenting and parenting support in Germany and Sweden: Convergence and persistent dissimilarities. In Tanja Betz, Michael-Sebastian-Honig & Ilona Ostner (Hrsg.). Parents in the Spotlight. Parenting Practices and Support from a Comparative Perspective. In Journal of Family Research/Zeitschrift für Familienforschung, Special Issue 11 (2016/2017) (pp. 313–337). Opladen, Berlin & Toronto: Barbara Budrich Publishers.

Marks, Svenja, Sehmer, Julian & Thole, Werner (2018). Arbeitsauftrag „Gefährdungsbereich". In Sozial extra, Jg. 42, S. 12–14.

Mathews, Ben & Bross, Donald C. (Eds.) (2015). Mandatory Reporting Laws and the Identification of Severe Child Abuse and Neglect (p. 3–26). Heidelberg, New York & London: Springer.

Melton, Gary B. (2005). Mandated Reporting: a policy without reason. Child Abuse & Neglect, 29, S. 9–18.

Meysen, Thomas & Hagemann-White, Carol (2011). Institutional and Legal Responses to Child Maltreatment in the Family. In: Liz Kelly, Carol Hagemann-White, Thomas Mey-

sen, Renee Römkens (Eds.). Realising Rights. Case studies on state responses to violence against women and children in Europe (p. 110–204). London: London Metropolitan University.
Meysen, Thomas & Kelly, Liz (2017). Child protection systems between professional cooperation and trustful relationships: A comparison of professional practical and ethical dilemmas in England/Wales, Germany, Portugal, and Slovenia. In Child & Family Social Work, S. 1–8. https://doi.org/10.1111/cfs.12403 (Aufruf 15. 8. 2018)
Meysen, Thomas & Schindler, Gila (2004). Schutzauftrag bei Kindeswohlgefährdung: Hilfreiches Recht beim Helfen. In Das Jugendamt (JAmt), 77. Jg., S. 449–466.
Meysen, Thomas (2018). Nationale statistische Erhebungen sowie darauf aufbauende Formen der Berichterstattung zu Gefährdungsmeldungen und -einschätzungen als Maßnahmen zur Umsetzung des hoheitlichen Schutzauftrages bei Kindeswohlgefährdung. Expertise im Auftrag des Forschungsverbunds Deutsche Jugendinstitut e. V. (DJI) & Technische Universität Dortmund, www.socles.org (Aufruf 15. 8. 2018).
Münder, J. & Smessaert, A. (2009). Frühe Hilfen und Datenschutz. Münster: Waxmann Verlag.
Münder, Johannes, Meysen, Thomas & Trenczek, Thomas (Hrsg.) (2018[8]). Frankfurter Kommentar SGB VIII. Kinder- und Jugendhilfe. Baden-Baden: Nomos. (zit. Münder et al./Autor*in 2018, § X Rn. Y)
Nationales Zentrum Frühe Hilfen (NZFH) (2015[2]). Datenschutz bei Frühen Hilfen. Praxiswissen Kompakt. Erarbeitet vom Deutschen Institut für Jugendhilfe und Familienrecht e. V. (DIJuF). Köln: NZFH.
Nationales Zentrum Frühe Hilfen (NZFH) (2016[2]). Leitbild Frühe Hilfen. Beitrag des NZFH-Beirats. Köln: NZFH.
Richter, Johannes (2011). „Gute Kinder schlechter Eltern“. Familienleben, Jugendfürsorge und Sorgerechtsentzug in Hamburg, 1884–1914. Wiesbaden: Springer Fachmedien.
Rörig, Johannes-Wilhelm (2018). Missbrauchsbeauftragter Rörig zu Urteilsverkündung im Hauptprozess gegen Haupttäter Berrin T. und Christian L. im „Fall Staufen“. Pressemitteilung Nr. 46 vom 7. 8. 2018.
Schellhorn, Walter, Schellhorn, Helmut, Hohm, Karl-Heinz & Scheider, Peter (Hrsg.) (2015[19]). Kommentar zum Sozialgesetzbuch XII. Köln: Luchterhand. (zit. Schellhorn et al./ Autor*in 2015, § X Rn. Y)
Schone, Reinhold (2018). Wenn Schutzkonzepte aus dem Ruder laufen. In Forum Erziehungshilfen (ForE), 24. Jg., S. 186–188.
Schrapper, Christian (2008). Kinder vor Gefahren für ihr Wohl schützen – Methodische Überlegungen zur Kinderschutzarbeit sozialpädagogischer Fachkräfte in der Kinder- und Jugendhilfe. In Institut für Sozialarbeit und Sozialpädagogik (Hrsg.). Vernachlässigte Kinder besser schützen. Sozialpädagogisches Handeln bei Kindeswohlgefährdung. München: Ernst Reinhardt Verlag, S. 58–102.
Schrödter, Mark (2018). Wider die Professionsschelte. Kommentar zum Schwerpunktheft 6-7/2018 „Sozialpädagogische Kinderschutzarbeit“ der Sozial extra, www.researchgate.net/ publication/324521410 (Aufruf 20. 8. 2018).
Struck, Norbert (2018). Ein Dokument und eine überfällige Diskussion – eine Einleitung. In Forum Erziehungshilfen (ForE), 24. Jg., S. 181–183.
Svevo-Cianci, Kimberly A., Hart, Stuart N. & Rubinson, Claude (2010). Protecting children from violence and maltreatment: A qualitative comparative analysis assessing the implementation of U. N. CRC Article 19. In Child Abuse & Neglect, 34, S. 45–56.
Thyen, Ute, Meysen, Thomas & Dörries, Andrea (2010). Kinderschutz im Spannungsfeld ärztlichen Handelns. In: Gerhard J. Suess & Wolfgang Hammer (Hrsg.). Kinderschutz –

Risiken erkennen, Spannungsverhältnisse gestalten. Stuttgart: Klett-Cotta Verlag, S. 126–149.

Trenczek, Thomas, Düring, Diana & Neumann-Witt, Anderas (2017[3]). Inobhutnahme, Krisenintervention und Schutzgewährung durch die Jugendhilfe § 8a, §§ 42, 42a ff. SGB VIII. Stuttgart: Boorberg Verlag.

Wegenke, Markus & Lüttringhaus, Maria (2018). Über ihre Betätigung wacht die staatliche Gemeinschaft. In Forum Erziehungshilfen (ForE), 24. Jg., S. 184–186.

Wiesner, Reinhard (Hrsg.) (2015[5]). SGB VIII Kinder- und Jugendhilfe. Kommentar. München: C. H. Beck Verlag. (zitiert Wiesner/Autor*in 2015, § X Rn. Y)

Nach dem „kreativen Pragmatismus"?

Geflüchtete in der Kinder- und Jugendhilfe: von Bereicherungen, Grenzerfahrungen und möglicherweise verpassten Chancen. Eine Zwischenbilanz

Christian Lüders

Auf der Suche nach Zuflucht migrierten im Spätsommer 2015 über eine Million Menschen nach Deutschland, davon rund die Hälfte unter 25 Jahre. Für die Kinder- und Jugendhilfe – wie für viele andere gesellschaftliche Akteure – waren damit vielfältige neue und zum Teil überraschende Herausforderungen verbunden, war sie doch wie viele andere darauf nicht vorbereitet. „Kreativer Pragmatismus" ohne sich fachlich zu verbiegen, war das Motto der Stunde – und aufs Ganze gesehen hat die Kinder- und Jugendhilfe sich als bemerkenswert leistungsfähig erwiesen. Mittlerweile scheint in Bezug auf die jungen Geflüchteten wieder eine gewisse Normalität in Praxis und Fachdiskussion eingekehrt zu sein. Diese läuft jedoch Gefahr, einerseits einige der fachlichen Chancen der jüngsten Erfahrungen zu verspielen und andererseits keine ausreichend tragfähigen Antworten auf die nach wie vor bestehenden Vulnerabilitäten junger Geflüchteter zu finden; zugleich stellt die migrationspolitisch gespaltene Gesellschaft die Kinder- und Jugendhilfe vor eine in dieser Form neue Herausforderung: Sie kommt nicht umhin, sich in neuer Weise politisch zu positionieren und dem Hass und der Agitation entgegenzutreten.

Ein kurzer Blick zurück

Als im (Spät-)Sommer 2015 in kurzer Zeit über eine Million Menschen, davon rund die Hälfte unter 25 Jahre, in Deutschland Zuflucht suchten, war die Kinder- und Jugendhilfe – ebenso wie alle anderen gesellschaftlichen Akteure – sowohl im Hinblick auf die für die Bewältigung der damit einhergehenden Herausforderungen notwendigen Ressourcen wie auch in fachlicher Hinsicht – nicht ausreichend vorbereitet. Zwar gab es nach den Entwicklungen in den Jahren davor vereinzelte erste Diskussionen vor allem in Bezug auf die Gruppe der unbegleitet minderjährigen Geflüchteten (vgl. z.B. schon früh Angenendt, 2000; von Ballusek, 2003; Dieckhoff, 2010; Weiss et al., 2001; jüngeren Datums Arbeitsgruppe Fachtagung Jugendhilfe, 2015; Brinks et al., 2014; Meysen & González Méndez de Vigo, 2013); doch sowohl in Bezug auf die Zahlen als auch die Vielfalt und Gleichzeitigkeit der Herausforderungen stellten der Spätsommer 2015 und die Zeit danach eine besondere historische Konstellation dar.

Das ist kein Vorwurf, sondern eine Feststellung. Wie hätte es auch anders sein können? Weder konnte irgendjemand seriöserweise die Entwicklungen im

(Spät-)Sommer 2015 frühzeitig prognostizieren noch waren Geflüchtete in einer Weise als Thema in der Fachdiskussion etabliert, die den gesellschaftlichen und fachlichen Herausforderungen nach 2015 hätte gerecht werden können. Man muss nur die Jahrgänge der einschlägigen Fachzeitschriften – beispielsweise ab 2000 – durchblättern, um zu erkennen, dass erstens zwar breite Diskussionen um die sogenannte interkulturelle Öffnung der Einrichtungen, interkulturelle Kompetenzen, interkulturelle Verständigung, später häufig auch im Kontext von Diversity, geführt wurden; auch gab es zweitens vielfältige migrationsbezogene bzw. diversity-orientierte Dienste und Angebote (vgl. z. B. Auernheimer, 2000; Handschuk & Klawe, 2004); junge Geflüchtete und ihre Familien jedoch wurden – wie erwähnt mit Ausnahme weniger Veröffentlichungen und einzelner Fachtagungen – entweder weitgehend unter Migration subsumiert oder gar nicht erst als eigene Gruppe wahrgenommen. Mit anderen Worten, die fachlich in vielen Fällen bedeutsame Differenz zwischen Migrationsgeschichte und Fluchtgeschichte, nicht selten im Zusammenspiel mit einem fragilen Aufenthaltsstatus, spielte keine systematische Rolle. Dem entspricht, dass den wichtigsten einschlägigen Fachverband, den Bundesverband unbegleitete minderjährige Flüchtlinge (BumF) – immerhin schon 1998 (sic!) gegründet – wenige kannten. Studierende und nicht wenige Fachleute hätte man mit einer Frage zur Asylsozialarbeit ernsthaft in Verlegenheit bringen können. Und als im Juni 2013 das Netzwerk Flüchtlingsforschung[1] das Licht der Fachöffentlichkeit erblickte, interessierten sich zu Beginn auch nur ein paar Spezialisten dafür (zu den damaligen Defiziten im Bereich der Geflüchtetenforschung vgl. auch Johansson, 2016). Um es zuzuspitzen, die Kinder- und Jugendhilfe, ihre Diskurse und die einschlägige Forschung erwiesen sich als ein getreues Spiegelbild des gesellschaftlichen Selbstverständnisses, in dem Zuwanderung in Form von Flucht ein vernachlässigenswertes Thema darstellte – und dies trotz der „Flüchtlingskrise" 1979/1980 und den Erfahrungen Anfang der neunziger Jahre im letzten Jahrhundert im Zusammenhang mit dem sogenannten Jugoslawienkrieg. Es ist ein erstaunliches Phänomen, wie schnell die Erfahrungen im Zusammenhang mit dem Zuzug von Geflüchteten in den Jahren 1991/1992 und fortfolgende verdrängt wurden (vgl. auch Struck 2017a, S. 313 ff.). Allein in diesen beiden Jahren stellten knapp 695 000 Menschen einen Antrag auf Asyl (vgl. BamF 2018, S. 9). Und auch damals folgte eine Welle von Gewalt – u. a. als Fanal: Hoyerswerda – sowie der politische Erfolg rechter und rechtsextremer Parteien (vgl. z. B. Meier-Braun, 2018; Oltmer, 2017).

Mit der Entscheidung im September 2015, die Grenzen nicht zu schließen, war die Praxis der Kinder- und Jugendhilfe – wie viele andere gesellschaftliche Akteure einschließlich der Zivilgesellschaft – in kurzer Zeit vor eine Fülle neuer

1 Vgl. https://fluechtlingsforschung.net/

Herausforderungen gestellt. Neben der Erstversorgung der ankommenden Geflüchteten – z. B. in den Münchner Messehallen, die für einige Zeit zu einem ersten Anlaufpunkt nach dem Grenzübertritt und der Ankunft in München umfunktioniert wurden – galt es vor allem, die unbegleiteten minderjährigen Geflüchteten in die Verantwortung der Kinder- und Jugendhilfe zu überführen. Zuständig für diese jungen Menschen waren letztendlich die Einrichtungen der stationären Unterbringung und teilweise die Pflegekinderdienste sowie Pflegefamilien, mit der Folge, dass vor allem in Kommunen, wo die meisten Geflüchteten ankamen, die räumlichen und personellen Kapazitäten der Einrichtungen und Pflegefamilien innerhalb von Tagen an die Grenzen gerieten und überlastet waren. Es mussten extrem schnell neue Orte der fachlich vertretbaren Unterbringung geschaffen und Fachpersonal bereitgestellt werden.

Hinzu kam – soweit als irgendwie machbar – die Betreuung der in den nicht selten provisorisch eingerichteten Erstaufnahmeeinrichtungen und Gemeinschaftsunterkünften (z. B. in Turn- und Tennishallen) untergebrachten begleiteten jungen Geflüchteten und ihrer Familien bzw. Begleitungen. Dass die Kinder- und Jugendhilfe sich dabei auch auf neue Kooperationspartner wie einerseits den Sicherheitsdiensten, den für die Einrichtungen zuständigen Ämtern bzw. Behörden sowie den Ausländerbehörden und andererseits auf vielfältige, neu entstandene Formen zivilgesellschaftlichen Engagements einzustellen hatte, sei nur am Rand erwähnt.

Was in der Zeit innerhalb eines Jahres seit Spätsommer 2015 von der Kinder- und Jugendhilfe, den öffentlichen wie den freien Trägern gleichermaßen, in Kooperation mit anderen Institutionen sowie den ungezählten ehrenamtlich Engagierten – sei es in Form von runden Tischen vor Ort, sei es in Form von patenschaftlicher Unterstützungen aller Art, sei es in anderer Weise –, ermöglicht und geleistet wurde, verdient eine eigene Geschichte, die aber erst noch geschrieben werden muss. Dass es geradezu unvermeidlich zu personellen und räumlichen Engpässen kam, dass übliche Standards flexibel gehandhabt und Verfahren abgekürzt werden mussten, dass man viel unkonventionellen Ideenreichtum brauchte, um die vielfältigen neuen Herausforderungen zu bewältigen und es zugleich auch an einigen Stellen Widerstand unterschiedlicher Art zu überwinden galt, wären alles Kapitel dieser Geschichte. Allerorten fehlte qualifiziertes Personal; auch hier musste improvisiert werden, wobei man mitunter nicht nur an fachliche, sondern auch an rechtsstaatliche Grenzen geriet, weil z. B. Vormünder fehlten. Und immer wieder galt es, den Stellenwert der Kinder- und Jugendhilfe und ihrer fachlichen Anliegen sichtbar zu machen (vgl. z. B. Meysen & Katenzenstein, 2016).

Hinzu kam, dass sich in der Praxis schnell zeigte, dass bislang bewährte fachliche Standards und Verfahren offenbar Prämissen innewohnten, die in der Begegnung mit jungen Geflüchteten brüchig wurden. So scheiterte mancherorts das Anliegen, Hilfeplangespräche durchzuführen, nicht nur aus Gründen der fehlenden Sprachmittler*innen, sondern auch daran, dass die jungen Geflüchteten offenbar keine Vorstellung davon hatten, in welchem institutionellen Kontext sie sich befanden und welche Funktion dabei einem derartigen Gespräch zukam. Woher sollten junge Geflüchtete auch wissen, dass dieser nette Mensch gegenüber nicht vorrangig das Interesse hat, sie wieder loszuwerden oder auszuhorchen, sondern näherungsweise ihren „erzieherischen Bedarf im Einzelfall“ eruieren wollte?

Genau in diesem Sinne müsste die noch zu schreibende Geschichte auch sensibel sein gegenüber den damals allerorten erfahrbaren vielfältigen, heute zum Teil schon wieder vergessenen Konfrontationen mit dem gänzlich Anderen, den daraus resultierenden Überraschungen, Brüchen und Ambivalenzen und den mitunter entstehenden komischen Konstellationen. In nicht wenigen stationären Einrichtungen hat beispielsweise die Sorge, auf den Vorgaben des Jugendschutzes beharren zu müssen und dem eigenen Auftrag gerecht zu werden (z. B. in Bezug auf den Zeitpunkt der verbindlichen abendlichen Rückkehr in die Einrichtung), die zuständigen Erzieher*innen wiederholt in die Verzweiflung getrieben. Schließlich wollte man ja in jedem Fall vermeiden, die Polizei holen zu müssen; aus der Sicht der geflüchteten Jugendlichen machten viele der Vorgaben aber schlicht keinen Sinn; ganz im Gegenteil: Auf der zum Teil über einjährigen Flucht konnten mitunter überlebenswichtige Dinge erfolgreich erst nach Einbruch der Dunkelheit erledigt werden. Die Bedingungen der Flucht und die biografischen Hintergründe einerseits und die Regeln eines ordentlichen deutschen Heims andererseits erwiesen sich also gelegentlich als nur begrenzt kompatibel.

Ähnliches konnten cum grano salis die Fachkräfte nach und nach auch in allen anderen Feldern der Kinder- und Jugendhilfe wie der Kindertagesbetreuung, der Familienbildung, der frühen Hilfen, der Kinder- und Jugendarbeit, der allgemeinen sozialen Dienste, der Asylsozialarbeit etc. fast täglich erleben. Offenbar gänzlich differente kulturelle, institutionelle und biografische Hintergründe trafen auf ein pädagogisches Personal, das erst lernen musste, die Dinge zu verstehen und neu zu sortieren (vgl. z. B. Willmann & Schwarze, 2017), aber zugleich in der Verantwortung stand, die Bedarfe möglichst fachlich vertretbar zu decken und sich zugleich durch seine eigenen impliziten Regeln und Wissensbeständen sowie einer Fülle gesellschaftlicher Normalitätsvorstellungen herausgefordert sah. Wenn man über den nötigen Abstand verfügte – was zugegebenermaßen nicht immer ganz leicht war – eröffneten derartige Konstellationen nicht nur neue persönlich und fachlich bereichernde Erfahrungen, sondern auch Anlässe, die eigenen Normalitätsentwürfe auf den Prüfstand zu stellen, mindestens aber ein wenig ironische Distanz zu entwickeln.

Diese Chancen zur fachlichen Reflexion und Überprüfung der eigenen Normalitätsentwürfe gerieten allerdings insofern schnell unter Druck, als die massive Ausweitung der Plätze, des Personals und der Angebote viel Geld kosteten, das politisch erst bereit gestellt werden musste. Sehr früh rückte dementsprechend die Frage in den Mittelpunkt, welche Leistungen unter welchen Bedingungen vorzuhalten, von wem zu finanzieren und vonseiten der Kinder- und Jugendhilfe zu ermöglichen sind. Dabei spielten nicht nur föderale Zuständigkeiten und Möglichkeiten eine zentrale Rolle; zugleich tauchten auch eine Reihe neuer Fragestellungen auf (als ein informatives Beispiel aus der Sicht eines Bundeslandes Reinhardt, 2016). Fachleute mit juristischen Kompetenzen im Bereich Kinder- und Jugendhilfe und an der Schnittstelle zum Asylrecht waren gefragt und gefordert (nur als Beispiele vgl. Münder, 2016; Meysen et al., 2016; Wissenschaftliche Dienste des Deutschen Bundestages, 2016) – wobei daran zu erinnern ist, dass Letzteres, das Asylrecht, in wichtigen Details wiederholt sehr schnell geändert wurde (vgl. z. B. Deutscher Bundestag, 2017b), was teilweise wiederum unmittelbare Auswirkungen auf die sozialpädagogische Arbeit der Kinder- und Jugendhilfe hatte, wenn es um die Anforderungen an Schutz und das Stellen von Asylanträgen ging. Nicht selten musste das dafür notwendige fachliche Wissen erst mühsam erworben werden.

Man erahnt die dahinterstehenden Kontroversen, wenn man sich vergegenwärtigt, dass die Sachverständigenkommission für den 15. Kinder- und Jugendbericht sich gleichsam genötigt sah, ein zunächst gar nicht vorgesehenes Kapitel zur Situation geflüchteter Jugendlicher in den Bericht aufzunehmen, um dort in einer eigenen These ausdrücklich festzuhalten: „Geflüchtete junge Menschen sind in erster Linie als Jugendliche und junge Erwachsene anzusehen, die z. B. Peergroups suchen und sich ebenfalls mit Qualifizierungs-, Selbstpositionierungs- und Verselbstständigungsprozessen konfrontiert sehen, die ihnen aber hinsichtlich der sozialen Verwirklichungschancen undurchsichtig bleiben" (Deutscher Bundestag 2017a, S. 486). Vermieden werden sollten die Absenkung von Standards und die Schaffung eines Sondergruppenstatus (vgl. auch Struck, 2017b).

Es wäre nicht überraschend, wenn kritische Beobachter zu der Diagnose gelangt wären, dass die damalige Gesamtkonstellation einen Hang zur Überforderung der Kinder- und Jugendhilfe in sich tragen würde. Erfreulicherweise war dies jedoch nicht das bestimmende Moment. Den Zeitgeist auf den Punkt brachte vielmehr eine Formulierung von Angela Smessaert und Norbert Struck, die damals, Anfang 2016 kurz nach der Verabschiedung und In-Kraft-Setzung des bundesweiten Verteilungsverfahrens einschließlich der damit verbundenen Quotenregelung, mit Blick auf die interne Fachdiskussion und Praxis sowie die Gruppe der unbegleiteten minderjährigen Geflüchteten, für „ein gutes Stück Pragmatismus und Kreativität" (Smessaert & Struck 2016, S. 40) plädierten. So kann man – aufs Ganze gesehen – zunächst einmal eine durchaus erfreuliche Zwischenbilanz ziehen: Die Kinder- und Jugendhilfe hat sich – mal wieder – als bemerkenswert flexibel erwiesen und sich schnell auf die neuen fachlichen Herausforderungen eingestellt, ohne sich im Großen korrumpieren zu lassen. Vor allem in Bezug auf die unbegleiteten jungen Geflüchteten ist es ihr gelungen, in ihren Möglichkeiten weitgehend vernünftige Lebensbedingungen und Teilhabeperspektiven zu bieten.

Nicht gerade erleichtert wurden allerdings schon damals Pragmatismus, Kreativität, die fachliche Selbstvergewisserung und das Ringen um Ressourcen und Chancen durch den Umstand, dass sich das Gefasel von der „Flüchtlingskrise“ als ein extrem polarisierendes Thema entwickelte und die zahlreichen, mit der fluchtförmigen Zuwanderung in dieser Größenordnung unvermeidlich verbundenen Probleme politisch instrumentalisiert wurden. Schon die Sachverständigenkommission für den 15. Kinder- und Jugendbericht sprach in diesem Zusammenhang von einer „migrationspolitisch gespaltenen Gesellschaft“ bzw. von „Geflüchtetenfeindlichkeit“ und beobachtete: „Je nachdem, wo junge Geflüchtete ankommen, treffen sie entweder auf eine in hohem Maße zivilgesellschaftlich getragene Willkommens- und Unterstützungskultur, die weit in die professionellen Fachpraxen und Behörden reicht, oder auf eine eher verwaltende und sich auf das Notwendigste beschränkende Aufnahme oder aber sogar auf eine mehr oder weniger offene Feindseligkeit bei gleichzeitiger Schwäche einer toleranten Zivilgesellschaft und zurückhaltenden Behörden“ (Deutscher Bundestag 2017a, S. 486 f.). Man kann es auch anders formulieren: Wie kein anderes Praxisfeld in jüngerer Zeit war und ist die pädagogische und Soziale Arbeit mit jungen Geflüchteten eingezwängt in die politischen Kontroversen, den Instrumentalisierungen und Anfeindungen vonseiten des Rechtspopulismus und des Rechtsextremismus sowie zu Teilen der politischen Mitte und immer mal wieder auch linker Bewegungen. Nicht nur, dass zum ersten Mal ehrenamtliches Engagement in der Arbeit mit jungen Menschen sich vor den Stammtischen und den rechten Geiferern rechtfertigen muss; auch die Fachkräfte können nicht davon absehen, dass Sozialer Arbeit immer auch eine politische Dimension innewohnt und dass dies im vorliegenden Fall eine neue Bedeutung bekommen hat.

Und heute?

Zunächst ein Blick auf die Zahlen: Am 1. August 2018 befanden sich bundesweit insgesamt 47 004 unbegleitete junge Geflüchtete in der Zuständigkeit der Kinder- und Jugendhilfe.[2] Auch wenn sich damit der schrittweise Rückgang der Zahlen aus den Vormonaten fortschreibt, handelt es sich dabei immer noch um eine bemerkenswert große Zahl. Interessant ist auch die Zahl der jungen Volljährigen: Anfang August 2018 befanden sich über 27 000 junge unbegleitete

2 Zu den Daten vgl. www.stmas.bayern.de/uma/index.php#sec2

Volljährige in der Verantwortung der Kinder- und Jugendhilfe. Im Horizont der in den letzten Jahren wiederholt geführten Debatten um die jungen Volljährigen ist dies ein bedenkenswertes Datum, indiziert es doch – entgegen mancher Kritik – die ernsthafte Bereitschaft und Fähigkeit der Kinder- und Jugendhilfe und Kommunen, an dieser Stelle Verantwortung für junge Volljährige zu übernehmen.

13 430 unbegleitete minderjährige Ausländer (umA) – wie sie amtlich heißen – befanden sich zu diesem Zeitpunkt in Anschlussmaßnahmen, meist also Hilfen zur Erziehung. Vorläufige Inobhutnahmen wurden am 1. August 2018 bundesweit 393, Inobhutnahmen 1 952 gezählt. 4 192 umA befanden sich noch auf der Basis des Altverfahrens in der Zuständigkeit der Kinder- und Jugendhilfe.

Gesicherte Zahlen, wie viele geflüchtete Kinder, Jugendliche, junge Volljährige und Familien darüber hinaus Angebote der Kinder- und Jugendhilfe nutzen, liegen nicht vor. Einzelne Erfahrungsberichte, näherungsweise Schätzungen und vor allem trägerbezogene Daten aus dem Bereich der Kindertagesbetreuung, der Familienbildung, der Jugendarbeit, der Jugendsozialarbeit, der Jugendberufshilfe, den nicht-stationären Angebote der Hilfen zur Erziehung deuten darauf hin, dass – wenn auch lokal in unterschiedlichem Umfang – junge Geflüchtete und ihre Familien in der Kinder- und Jugendhilfe angekommen sind, dass nach wie vor ein hoher Bedarf besteht und dass sich das Thema junge Geflüchtete keineswegs fachpolitisch erledigt hat. Das ist die eine Seite.

Zugleich scheint es fast so, als ob allerorten Routine im Umgang mit den nun nicht mehr ganz so neuen Adressat*innengruppen eingekehrt wäre. Zwar gibt es ganz offenbar noch Bedarfe, für die es keine ausreichenden Angebote gibt. Wenn man dem unvermeidlich selektiven Blick des Gutachters[3] trauen darf, dann sind es an erster Stelle vor allem Projekte, die sich um geflüchtete Mütter mit ihren meist sehr jungen Kindern kümmern wollen, die Fördergelder suchen. Und an zweiter Stelle gibt es offenbar neben den staatlichen Angeboten der schulischen und beruflichen Integration noch immer einen erheblichen Bedarf an Alltagsbegleitung und Unterstützung jugendlicher und junger volljähriger Geflüchteter bis hin zur Sprachförderung und der Eröffnung von eigenen Teilhabe- und Gestaltungsräumen. Ein dritte Gruppe stellen schließlich jene jungen Geflüchteten mit unsicherem Bleibestatus dar, die oft nicht einmal Praktika und oder eine Ausbildung beginnen können. Zugleich scheint sich die Lage im Bereich der Hilfen zur Erziehung einigermaßen stabilisiert zu haben. Zumindest werden derzeit keine breit angelegten Debatten über Light-Versio-

3 Der Autor hatte das Glück lange Jahre zusammen mit Norbert Struck und anderen Vertreter*innen der Wohlfahrtsverbände und des DBJR Projektanträge für die Aktion Mensch zu begutachten.

nen von Hilfeangeboten, Absenkung von Standards oder Strategien der Verweigerung von Hilfen für junge Geflüchteten geführt.

Mit anderen Worten, die Lage hat sich scheinbar in fast schon erstaunlicher Weise normalisiert. Dem entspricht, dass eine breiter angelegte Fachdiskussion, von Ausnahmen abgesehen (vgl. Bröse et al., 2018), derzeit kaum erkennbar ist. Und obwohl sich Schritt für Schritt auch der belastbare Stand des Wissens und die Datenlage (vgl. z. B. Fendrich et al., 2017; Deutscher Bundestag, 2017c) verbessert, die ersten Forschungsprojekte ihre Ergebnisse vorlegen (vgl. Lechner & Huber, 2017; Matthes et al., 2018; SVR-Forschungsbereich, 2017), die Zahl der Praxisberichte und -orientierungen stetig steigt (vgl. AGJ, 2016; BAG Landesjugendämter, 2017; Fischer & Graßhoff, 2016; Gravelmann, 2016; IGfH, 2018) und die ersten Handbücher (vgl. Brinks et al., 2017; Hartwig et al., 2018) bzw. Handbuchbeiträge zum Thema (Espenhorst, 2016) vorliegen, ist das Thema eher wieder in den Hintergrund gerückt. Vereinzelte Versuche, anlassbezogen die eigenen Grundlagen zu reflektieren (vgl. z. B. Kurz-Adam 2015; dies., 2016), blieben weitgehend ohne Resonanz, erfuhren noch nicht einmal ernsthaften Widerspruch.

Herausforderungen und ungenutzte Chancen

Das ist umso irritierender, als aufs Ganze gesehen die vorliegenden Daten und Erfahrungsberichte nicht nur in mehrfacher Hinsicht die Heterogenität der Gruppen (junger) Geflüchteter belegen, sondern vor allem ihre Vulnerabilität in Bezug auf

- ihre asylrechtliche/aufenthaltsrechtliche Lage,
- ihre psychischen und physischen Belastungen, die zu Teilen aus den Erfahrungen auf der Flucht resultieren,
- ihre biografische Situation als Jugendliche unter gänzlich fremden Bedingungen,
- ihre in Deutschland verwertbaren Qualifikationen bzw. Bildungsabschlüsse einschließlich ihrer Sprachkompetenzen und Muster der Lebensführung,
- ihre Erfahrungen in Deutschland zwischen Willkommenskultur und offener Diskriminierung, zwischen Schutz und neuer Bedrohung bzw. konkreter Gewalt,
- ihre Wege durch den institutionellen Dschungel der Zuständigkeiten sowie ihrer gesellschaftlichen, schulischen und beruflichen Integration.

Wenn man sich die entsprechende Praxis ansieht, wird schnell sichtbar, dass das zitierte „gute Stück Pragmatismus und Kreativität“ noch immer ein hilfreiches Leitprinzip darstellt. Um es vereinfacht zu formulieren: Nach wie vor bringen junge Geflüchtete und ihre Familien sowohl in qualitativer wie in quantitativer Hinsicht Anderssein und Fremdheit in die verschiedenen Praxisfelder der Kinder- und Jugendhilfe, mit der Folge, dass bewährte Arbeitsansätze, Verfahren und institutionelle Kontexte auf den Prüfstand gestellt werden, nachjustiert, ggf. aufgegeben und durch andere, passendere ersetzt werden müssen.

Erfreulicherweise trifft man immer wieder auf Praxis, die sich dafür einen Sinn bewahrt hat, wo also die Bereitschaft gelebt und gefördert wird und die Rahmenbedingungen bestehen, auszuprobieren und sich einzulassen auf andere Formen der Lebensführung, auf differente kultureller Hintergründe und Biographien bei gleichzeitiger Reflexion der eigenen Standards. Dass dabei zwischendurch Ratlosigkeit angesichts reichlich verfahrener Konstellationen aufkommt und mitunter auch Hilfslosigkeit erlebt wird, ist nahezu unvermeidlich. Man kann es auch anders formulieren: Die soziale und pädagogische Arbeit mit jungen Geflüchteten und ihren Familien stellt die Kinder- und Jugendhilfe noch immer vor eine ganze Reihe von neuen, noch nicht gelösten, zum Teil grundsätzlichen Herausforderungen (vgl. z. B. als ein Aspekt Quindeau & Rauwald, 2017; vgl. auch die einschlägigen Beiträge in Brinks et al., 2017; Hartwig et al., 2018).

Die sich mitunter breit machende und durchaus verständliche Bereitschaft, zur scheinbaren Normalität zurückkehren zu wollen, nachdem der große Ansturm vorüber ist, läuft allerdings Gefahr, genau dies zu übersehen. Was stattdessen notwendig erscheint, ist die bewusste Förderung und Eröffnung von Gestaltungsspielräumen in der Praxis, die Begleitung all derer, die sich im Feld engagieren, sowie die proaktive fachpolitische und politische Unterstützung des Praxisfeldes. Vor diesem Hintergrund kann man den im August 2018 veröffentlichten Appell von Fachverbänden der Jugendhilfe, der Freien Wohlfahrt und von Menschenrechtsorganisationen „Es reicht! Fachlichkeit statt Diffamierung" nur unterschreiben[4] – wobei, am Rande vermerkt, zu ergänzen wäre, dass man diesen Appell genau genommen auf alle jungen Geflüchteten und ihre Familien, nicht nur auf die unbegleiteten minderjährigen Geflüchteten, erweitern müsste. Die unabweisbare, unmittelbare Verantwortung der Kinder- und Jugendhilfe für die unbegleiteten minderjährigen Geflüchteten darf nicht dazu führen, dass andere Konstellationen in Kontext von Zuflucht aus dem Blick geraten.

Neben den vielen offenen Fragen wie z. B. die Diskussion um die Altersfeststellung/Alterseinschätzung (vgl. Schmeling et al., 2016; Wissenschaftliche Dienste des Deutschen Bundestages, 2018), die bedarfsgerechte Versorgung in den sogenannten AnkER-Zentren – der Begriff geht einem immer noch nicht

4 Vgl. https://b-umf.de/material/appell-fachlichkeit-statt-diffamierung-im-umgang-mit-unbegleiteten-minderjaehrigen-fluechtlingen/

richtig über die Lippen –, die Unterstützung derjenigen mit ungewissem Bleibestatus (z. B. einer Duldung), die Unterstützung bei der Ausreise bzw. Abschiebung u. a. sowie der erwähnten diversitätsorientierten Weiterentwicklung der Angebote und Strukturen, professionellen Kompetenzen und Fachstandards enthält die Geschichte des Umgangs mit jungen Geflüchteten in der Kinder- und Jugendhilfe aber noch ein Lehrstück mit offenem Ausgang: Wie bereits angemerkt, können Praxis und Fachdiskussion zur Situation junger Geflüchteter in der Kinder- und Jugendhilfe nicht darüber hinwegsehen, dass das Thema mittlerweile im hohen Maße politisiert und für heterogene, zu weiten Teilen auch unanständige Zwecke instrumentalisiert wird. Dabei handelt es sich nicht nur um einem Streit, der zwischen Koalitionspartnern staunenswert heftig ausgetragen, für Wahlkampfinteressen gnadenlos genutzt und von rechtspopulistischer und rechtsextremer Seite mit dem Ziel gesellschaftlicher Spaltung und Radikalisierung bewusst geschürt wird und der offenbar auch anderenorts schnell Konflikte eskalieren lässt; vielmehr handelt es sich auch um einen gesellschaftspolitischen Konflikt, der die Kinder- und Jugendhilfe im Kern auf allen Ebenen trifft und sie zwingt, sich zu positionieren.[5] Man kann nicht mit jungen Geflüchteten und ihren Familien pädagogisch, alltagsbegleitend oder wie auch immer arbeiten und zugleich gleichgültig zusehen, wie die Suche nach Zuflucht und Sicherheit politisch umstritten ist und in übler Weise instrumentalisiert wird und wie Geflüchtete im wahrsten Sinne des Wortes durch die Straßen gejagt werden.

Zu den bislang nicht genutzten Chancen – um es einmal positiv zu formulieren – der Kinder- und Jugendhilfe gehört deshalb auch, dass sie sich neu der Frage ihrer (fach-)politischen Rolle stellen muss. Die Kinder- und Jugendhilfe hat in den letzten zehn Jahren intern viel über Inklusion, Kinderrechte, Gendergerechtigkeit, interkulturelle Öffnung, Diversitätsorientierung, Verbesserung von Bildungschancen u. Ä. diskutiert und konnte sich – von Ausnahmen z. B. im Bereich schulischer Inklusion abgesehen – dabei auf einen vergleichsweise tragfähigen gesellschaftspolitischen Konsens berufen. Im Kern handelte es sich um Fachdebatten und man war nicht in Gefahr, im Zweifelsfall beschimpft oder verprügelt zu werden. Die internen Fachdebatten müssen auch im Hinblick auf die Praxis mit jungen Geflüchteten und ihren Familien weiter geführt werden; es gibt ausreichend Bedarf dafür. Zugleich aber steht gegenwärtig genau in diesem Feld der gesellschaftliche Hintergrundkonsens in Frage – und die interessante Frage lautet: Wie geht die Kinder- und Jugendhilfe damit um? Es ist Zeit, sich dem zu stellen.

---

5 Es muss in diesem Zusammenhang nicht diskutiert werden, dass der Konflikt selbst den Charakter eines stellvertretenden Konflikts hat und dass dahinter ganz andere Fragen gesellschaftlicher Spaltung stehen.

Literatur

Angenendt, Steffen (2000). Kinder auf der Flucht. Minderjährige Flüchtlinge in Deutschland Im Auftrag des Deutschen Komitees für UNICEF. Wiesbaden: VS-Verlag.

Arbeitsgemeinschaft für Kinder- und Jugendhilfe – AGJ (2016). Im Fokus – Junge Flüchtlinge. Themenheft 1/2016 der Zeitschrift *Forum Jugendhilfe*. Berlin, AGJ. www.agj.de/fileadmin/files/publikationen/forum/druckfreigabe_forum_agj_0116_FINAL.pdf

Arbeitsgruppe Fachtagung Jugendhilfe im Deutschen Instituts für Urbanistik (2015). Angekommen in Deutschland. Unbegleitete minderjährige Flüchtlinge in der Kinder- und Jugendhilfe. Berlin, Deutscher Städtetag Dokumentation der Fachtagung in Kooperation mit dem Deutschen Städtetag am 23. und 24. April 2015 in Berlin. Berlin: DIfU.

Auernheimer, Georg (Hrsg.) (2000). Migration als Herausforderung für pädagogische Institutionen. Opladen: Leske + Budrich.

Bundesarbeitsgemeinschaft Landesjugendämter (2017). Handlungsempfehlungen zum Umgang mit unbegleiteten Minderjährigen. Verteilungsverfahren, Maßnahmen der Jugendhilfe, Clearingverfahren. 2. aktualisierte Fassung Saarbrücken April 2017. www.bagljae.de/downloads/128_handlungsempfehlungen-zum-umgang-mit-unbge.pdf

Ballusek, Hilde von (Hrsg.) (2003). Minderjährige Flüchtlinge. Sozialisationsbedingungen, Akkulturationsstrategien und Unterstützungssysteme. Wiesbaden: VS-Verlag.

Brinks, Sabrina, Dittmann, Eva & Müller, Heinz (2014). Unbegleitete minderjährige Flüchtlinge: Was wissen wir und wie ist die Kinder- und Jugendhilfe aufgestellt? In: Migration und Soziale Arbeit. Jahrgang 36/2014, S. 300–306.

Brinks, Sabrina, Dittmann, Eva & Müller, Heinz (Hrsg.) (2017). Handbuch unbegleitete minderjährige Flüchtlinge. IGfH-Reihe Grundsatzfragen Nr. 53. Regensburg: Walhalla-Verlag.

Bröse, Johanna, Faas, Stefan & Stauber, Barbara (Hrsg.) (2018). Flucht. Herausforderungen für Soziale Arbeit. Wiesbaden: Springer VS.

Bundesamt für Migration und Flucht (BamF) (2018). Das Bundesamt in Zahlen 2017. Asyl. Nürnberg, März 2018, 9 www.bamf.de/SharedDocs/Anlagen/DE/Publikationen/Broschueren/bundesamt-in-zahlen-2017-asyl.html?nn=1694460

Deutscher Bundestag (2015). Entwurf eines Gesetzes zur Verbesserung der Unterbringung, Versorgung und Betreuung ausländischer Kinder und Jugendlicher. BT-Drucksache 18/5921 vom 7. 9. 2015. Berlin. http://pdok.bundestag.de/

Deutscher Bundestag (2017a). 15. Kinder- und Jugendbericht. Bericht über die Lebenssituation junger Menschen und die Leistungen der Kinder- und Jugendhilfe in Deutschland. BT-Drucksache 18/11050 vom 1. 2. 2017. http://pdok.bundestag.de/

Deutscher Bundestag (2017b). Entwurf eines Gesetzes zur besseren Durchsetzung der Ausreisepflicht. BT-Drucksache 18/11546 vom 16. 3. 2017. Berlin. http://pdok.bundestag.de/

Deutscher Bundestag (2017c). Bericht über die Situation unbegleiteter ausländischer Minderjähriger in Deutschland. BT-Drucksache 18/11540 vom 15. 3. 2017. http://pdok.bundestag.de/

Dieckhoff, Petra (Hrsg.) (2010). Kinderflüchtlinge. Theoretische Grundlagen und berufliches Handeln. Wiesbaden: VS-Verlag.

Dittmann, Eva & Müller, Heinz (2013). Unbegleitete minderjährige Flüchtlinge in der Kinder- und Jugendhilfe. Fachlich-konzeptionelle Anforderungen und Entwicklungsperspektiven. In: Forum Erziehungshilfen, Jg. 19, S. 262–267.

Espenhorst, Niels (2016). Kinder und Jugendliche auf der Flucht. In: Wolfgang Schröer, Norbert Struck, Mechthild Wolff (Hrsg.). Handbuch Kinder- und Jugendhilfe. 2. Aufl. Weinheim & Basel: Beltz Juventa, S. 328–345.

Fendrich, Sandra, Pothmann, Jens & Tabel, Agathe (2017). Hilfen zur Erziehung – weiterer Anstieg durch Hilfen für junge Geflüchtete. Kurzanalyse. Dortmund, akjstat, Dezember 2017. www.akjstat.tu-dortmund.de/fileadmin/Analysen/HzE/Kurzanalyse_HzE2016.pdf

Fischer, Jörg & Graßhoff, Gunther (Hrsg.) (2016). Unbegleitete minderjährige Flüchtlinge. „In erster Linie Kinder und Jugendliche!" (1. Sonderband Sozialmagazin 2016). Weinheim & Basel: Beltz Juventa.

Forschungsbereich beim Sachverständigenrat deutscher Stiftungen für Integration und Migration (SVR-Forschungsbereich) (2017). Wie gelingt Integration? Asylsuchende über ihre Lebenslagen und Teilhabeperspektiven in Deutschland. Eine Studie des SVR-Forschungsbereichs und der Robert Bosch Stiftung, Berlin. www.svr-migration.de/publikationen/wie_gelingt_integration/

Gravelmann, Reinhold (2016). Unbegleitete minderjährige Flüchtlinge in der Kinder- und Jugendhilfe. Orientierung für die praktische Arbeit. München & Basel: Ernst Reinhardt Verlag.

Handschuck, Sabine & Klawe, Willy (2004). Interkulturelle Verständigung in der Sozialen Arbeit. Ein Erfahrungs-, Lern- und Übungsprogramm zum Erwerb interkultureller Kompetenz. Weinheim & München: Juventa.

Hartwig, Luise, Mennen, Gerald & Schrapper, Christian (Hrsg.) (2018). Handbuch Soziale Arbeit mit geflüchteten Kindern und Familien. Weinheim & Basel: Beltz Juventa.

Internationale Gesellschaft für erzieherische Hilfen (IGfH) (2018). Junge Geflüchtete und erzieherische Hilfen. Themenheft 1/2018 der Zeitschrift Forum Erziehungshilfe. Weinheim & Basel: Beltz Juventa.

Johansson, Susanne (2016). Was wir über Flüchtlinge (nicht) wissen. Der wissenschaftliche Erkenntnisstand zur Lebenssituation von Flüchtlingen in Deutschland. Eine Expertise im Auftrag der Robert Bosch-Stiftung und des SVR Forschungsbereichs. Berlin. www.svr-migration.de/publikationen/was-wir-ueber-fluechtlinge-nicht-wissen/

Koalitionsvertrag zwischen CDU, CSU und SPD (2013). Deutschlands Zukunft gestalten. 18. Legislaturperiode. Berlin. www.bundesregierung.de/Content/DE/_Anlagen/2013/2013-12-17-koalitionsvertrag.html

Kurz-Adam, Maria (2015). Zuversichtliche Hilfe. Anmerkungen zur Zukunft der Flüchtlingsarbeit in der Kinder- und Jugendhilfe. In: neue praxis, 45 Jg., S. 539–544.

Kurz-Adam, Maria (2016). Kinder auf der Flucht. Die Soziale Arbeit muss umdenken. Opladen, Berlin & Toronto: Verlag Barbara Budrich.

Lechner, Claudia/Huber, Anna (2017). Ankommen nach der Flucht. Die Sicht begleiteter und unbegleiteter junger Geflüchteter auf ihre Lebenslagen in Deutschland. www.dji.de/medien-und-kommunikation/publikationen/detailansicht/literatur/25854-ankommen-nach-der-flucht.html

Matthes, Stephanie, Eberhard, Verena, Gei, Julia, Borchardt, Dagmar, Christ, Alexander, Niemann, Moritz, Schratz, Rafael, Engelmann, Dorothea & Pencke, Alexander (2018). Junge Geflüchtete auf dem Weg in Ausbildung Ergebnisse der BA/BIBB-Migrationsstudie 2016. Bonn, BIBB 2018. www.bibb.de/veroeffentlichungen/de/publication/show/8620

Meier-Braun, Karl-Heinz (2018). Schwarzbuch Migration: Die dunkle Seite unserer Flüchtlingspolitik. München: C. H. Beck.

Meysen, Thomas & González Méndez de Vigo, Nerea (2013). Kindeswohlvorrang nach Art. 3 Abs. 1 KRK und unbegleitete minderjährige Flüchtlinge. In: Forum Jugendhilfe, H. 4, S. 24–32.

Meysen, Thomas & Katzenstein Henriette (2016). Integration gelingt nur mit der Kinder- und Jugendhilfe. Versuch einer Verortung. In: Fischer, Jörg & Graßhoff, Gunther (Hrsg.). Unbegleitete minderjährige Flüchtlinge. „In erster Linie Kinder und Jugendliche!“ (1. Sonderband Sozialmagazin 2016). Weinheim & Basel: Beltz Juventa, S. 19–32.

Meysen, Thomas, Beckmann, Janna & González Méndez de Vigo, Nerea (2016). Flüchtlingskinder und ihre Förderung in Tageseinrichtungen und Kindertagespflege. Rechtsexpertise im Auftrag des Deutschen Jugendinstitutes. München. www.dji.de/medien-und-kommunikation/publikationen/detailansicht/literatur/22623-fluechtlingskinder-und-ihre-foerderung-in-tageseinrichtungen-und-kindertagespflege.html

Münder, Johannes (2016). Sprachmittlung als Teil der Leistungen der Kinder- und Jugendhilfe. Rechtsexpertise. Hrsg. vom Deutschen Roten Kreuz. Generalsekretariat Berlin, Team Kinder-, Jugend- und Familienhilfe. Berlin. http://drk-kinder-jugend-familienhilfe.de/uploads/tx_ffpublication/DRK_Sprachmittlung_KiJuHilfe_2016_BF.pdf

Oltmer, Jochen (2017). Migration: Geschichte und Zukunft der Gegenwart. Darmstadt: wbg Theiss.

Quindeau, Ilka & Rauwald, Marianne (2017). Soziale Arbeit mit unbegleiteten minderjährigen Flüchtlingen. Traumapädagogische Konzepte für die Praxis. Weinheim & Basel: Beltz Juventa.

Reinhardt, Martina (2016). „Das erforderliche Wissen binnen kurzer Zeit aneignen“ – Ein Gespräch mit Martina Reinhardt, Leiterin der Abteilung für Kinder, Jugend, Sport und Landesjugendamt im Thüringer Ministerium für Bildung, Jugend und Sport. In: Jörg Fischer & Gunther Graßhoff (Hrsg.). Unbegleitete minderjährige Flüchtlinge. „In erster Linie Kinder und Jugendliche“ (1. Sonderband Sozialmagazin 2016). Weinheim & Basel: Beltz Juventa, S. 129–135.

Schmeling, Andreas, Dettmeyer, Reinhard, Rudolf, Ernst, Vieth, Volker & Geserick, Gunther (2016): Forensische Altersdiagnostik. Methoden, Aussagesicherheit, Rechtsfragen. In: Deutsches Ärzteblatt, 113. Jg., H. 4, S. 44–50. www.aerzteblatt.de/archiv/173611/Forensische-Altersdiagnostik

Smessaert, Angela & Struck, Norbert (2016). Mehr Fragen als Antworten!? Kreativer Pragmatismus zugunsten unbegleiteter minderjähriger Flüchtlinge statt formelhafter Standarddiskussionen. In: Forum Jugendhilfe, 22. Jg., H. 1, S. 36–41. www.agj.de/fileadmin/files/publikationen/forum/druckfreigabe_forum_agj_0116_FINAL.pdf

Struck, Norbert (2017a). Jugendpolitische Entwicklungsperspektiven. In: Brinks, Sabrina, Dittmann, Eva & Müller, Heinz (Hrsg.). Handbuch unbegleitete minderjährige Flüchtlinge. IGfH-Reihe Grundsatzfragen Nr. 53. Regensburg: Walhalla-Verlag, S. 312–324.

Struck, Norbert (2017b). Spezialstandards für junge Flüchtlinge darf es nicht geben! Gegen ein Entree zu Standardabsenkungen für alle. In: Sozial Extra, 41. Jg., H. 2, S. 42–45.

Weiss, Karin, Enderlein, Oggi & Rieker, Peter (2001). Junge Flüchtlinge in multikultureller Gesellschaft. Wiesbaden: VS-Verlag.

Willmann, Dietmar & Schwarze, Reinhard (2017). Die besonderen Bedarfe von Flüchtlingen in der Jugendhilfe. Die notwendigen Standards sind anders, aber nicht niedriger. In: Sozial Extra, 41. Jg., H. 2, S. 51–56.

Wissenschaftliche Dienste des Deutschen Bundestages (2016). Leistungen und andere Aufgaben der Kinder- und Jugendhilfe. Zum Anspruch ausländischer Kinder nach inner-, über- und zwischenstaatlichem Recht. WD 9 – 3000 – 012/16. Berlin. www.bundestag.de/blob/437646/a8c31413094265bb32cd6afbf46957cf/wd-9-012-16-pdf-data.pdf

Wissenschaftliche Dienste des Deutschen Bundestages (2018). Methoden zur forensischen Altersdiagnostik. WB 9 – 3000 – 001/18. Berlin. www.bundestag.de/blob/546724/0c59134fdab5d8814f97728cec10ba77/wd-9-001-18-pdf-data.pdf

Vorsicht Übergang!

Care Leavern Jugend ermöglichen!

Josef Koch & Wolfgang Schröer

*Das Kapitel rückt die Übergangsperspektive und damit den Aspekt der prinzipiellen biografischen Offenheit und die Handlungsspielräume des Subjekts in den Mittelpunkt und plädiert dafür, nicht nur die Frage nach dem Gelingen oder Scheitern im Kontext institutionalisierter Erwartungen in den Vordergrund zu stellen. In der Konsequenz – und mit dem Wissen des Engagements für die sogenannten Care Leaver des in diesem Buch geehrten Norbert Struck – fordern die Autor*innen von Zuschauenden zu Handelnden zu werden und Unterstützungsmöglichkeiten für junge Erwachsene und Care Leaver bei einer Weiterentwicklung des Kinder- und Jugendhilferechts zu erweitern und zu qualifizieren.*

Vorworte

Übergange sind zunächst einmal relativ normale Phänomene in nahezu allen Gesellschaften. Doch häufig rufen sie trotzdem viel soziale Aufmerksamkeit hervor und bringen das persönliche Leben der Menschen und die sozialen Beziehungen sowie Umwelten in helle Aufregung. Zudem hat die Wissenschaft ebenfalls unzählige Übergangssituationen inzwischen bemerkt und ethnographisch erforscht. Der Wechsel eines Wohnorts, der Beginn eines Urlaubs, der erste Schultag, die erste, zweiten, dritte Liebe sowie der Übergang eines älteren Herren aus dem Lohnarbeiterstatus in eine für ihn ungewisse Zukunft verdienen demnach Beachtung und üben scheinbar geradezu eine magnetisierende Wirkung auf uns aus. Die Gefahr von „misleading trajectories" (Walther et al., 2001) erscheint so groß, dass wir beinahe alle Übergänge durch die Mittel der modernen Wissensgesellschaft unter Kontrolle bringen wollen und entsprechende Analysen durchführen sowie den Betroffenen Trainings anbieten, damit die Übergangskonstellationen gemeistert werden können.

Ja, man kann am Übergang Fehler machen, die vorhandenen Gelegenheiten und Räume übersehen und beginnen sich auf einem Übergangs-„Schiff" heimisch einzurichten, so dass man irgendwann meint, „das Schiff selbst wäre das neue Land" (Blumenberg 1979, S. 22). Aus der Forschung wissen wir, dass die wichtigste Ressource im Übergang – ob bei jungen oder älteren Menschen – soziale Beziehungen und Freunde sind, die Acht geben, dass der Übergang kein „Schiffbruch mit Zuschauer" wird, wie der Titel des Buches von Hans Blumenberg lautet, dem das oben genannte Zitat von Georg Simmel entnommen ist. So erscheint es auch für ältere Männer[1] im Übergang grundlegend, dass sie Freunde haben, die sie an „Land“ bringen und sie für neue Übergänge neugierig und offen halten.

„Schiffbruch mit Zuschauer“ nach der Kinder- und Jugendhilfe?

Doch im Folgenden soll es weniger um den Übergang von älteren Menschen aus der Lohnarbeit gehen, sondern vielmehr um Übergänge junger Menschen aus den stationären Erziehungshilfen und die Rechte von jungen Menschen in diesem Kontext. Nehmen wir die Rede „Schiffbruch mit Zuschauer“ nicht philosophisch, die letztlich die tragische Eigenart jeder reflexiven Haltung in der modernen Welt ausdrückt, sondern einmal sozial konkret, dann wäre es zynisch, wenn die Überschrift „Schiffbruch mit Zuschauer“ in Bezug auf die Übergangskonstellationen junger Menschen aus den stationären Erziehungshilfen ernst gemeint wäre. Es würde den Vorwurf ausdrücken, dass inzwischen genügend Wissen darüber vorliegt, dass junge Menschen – sog. Care Leaver – nach der stationären Erziehungshilfe scheitern und die Kinder- und Jugendhilfe zuschaut, wie dieses geschieht. Es würde bedeuten, dass billigend in Kauf genommen wird, dass junge Menschen, die in stationären Erziehungshilfen oder in der Pflegefamilien aufgewachsen sind, beim Übergang ins Erwachsenenalter vor Herausforderungen gestellt werden, die sie mit den vorhandenen Ressourcen nicht oder nur schwer meistern können und sie zumindest in sozial hochgradig ambivalente Lebenskonstellationen freigesetzt werden.

Insgesamt erscheint die Situation aus unserer Sicht komplexer. Zunächst können wir festhalten, dass wir bisher gar nicht differenziert wissen, wie die soziale Teilhabe der jungen Menschen, deren Hilfen in der Kinder- und Jugendhilfe beendet werden, weiter verlaufen. Hier scheint unsere Neugierde, diese Herausforderungen mit den Mitteln der Wissensgesellschaft unter Kontrolle zu bringen, begrenzt. Es liegen zwar inzwischen einige Studien vor, die darauf hinweisen, dass die alltäglichen Herausforderungen dieser jungen Menschen im jungen Erwachsenenalter sich deutlich von denen ihren Altersgenossen unterscheiden und sie häufig eine „doppelte“ soziale Benachteiligung erfahren (vgl. Köngeter, Schröer & Zeller, 2012). Sie sind nicht nur dadurch benachteiligt, dass sie mehrheitlich über einen schlechteren sozialen Status verfügen, weniger materielle Ressourcen und geringer bewertete (berufliche) Qualifikationen er-

1 Bestimmte ältere Männer wären auch für Kompetenztrainings vollkommen ungeeignet, die mit ihnen neue Verselbstständigungsformen einüben oder eine Checkliste durchgehen, ob sie auch in der Lage sind, ohne ihr bisheriges Arbeitsarrangement ihren Alltag zu strukturieren. Wir müssten die Sozialarbeiter*innen, die diese Programme anbieten, vor diesen Männern schützen.

worben haben, sondern sie müssen sich auch damit auseinandersetzen, dass sich ihre sozialen Unterstützungsstrukturen grundlegend verändern und die stationäre Erziehungshilfe einerseits nicht weiter geführt wird und andererseits – als Konsequenz daraus – die damit verbundenen sozialen Beziehungen häufig ihre bisherige Verlässlichkeit verlieren: Häufig kommt es leider darauf an, ob sie „ehrenamtlich“ weiter geführt werden.

Insgesamt lässt sich festhalten, dass wir in Deutschland noch mehr Wissen brauchen, wie die soziale Teilhabe dieser jungen Menschen sich gestaltet, um die Übergänge besser begleiten zu können. Es ist und bleibt wohl ein Skandal, dass z. B. nach 2005 in der entsprechenden Kinder- und Jugendhilfestatistik nicht einmal mehr erhoben wird, ob die jungen Menschen zum Zeitpunkt der Hilfebeendigung noch zur Schule gehen, eine Berufsausbildung haben oder machen, einer Erwerbsarbeit nachgehen oder ohne Tätigkeit sind. Nicht einmal diese statistischen Minimalangaben zur sozialen Teilhabe scheinen uns in Bezug auf diese Personengruppe zu interessieren.

Doch auch in der einschlägigen sozial- und jugendpolitischen Diskussion ist es angebracht, zunächst einmal vorsichtig zu sein, die Diskussion um „Leaving Care“ unmittelbar in dem Kontext von „Übergängen“ zu betrachten, da in der Mehrheit diese Diskussion kaum auf die Frage ausgerichtet ist, wie sich das Jugendalter verändert, Jugend in und nach der stationären Erziehungshilfe ermöglicht wird (vgl. BMFSFJ, 2017) sowie der Übergang ins Erwachsenenalter sich neu gestaltet. Im Vordergrund stehen Wechsel zwischen organisationalen Zuständigkeiten – ein Übergangsmanagement – oder in Bezug auf das junge Erwachsenenalter – in erster Linie – Übergänge in Arbeit. Betrachtet man z. B. die vorherrschenden Diskussionen um die Sozialgesetzgebung zum jungen Erwachsenenalter, so gewinnt man den Eindruck, dass für viele Beteiligten die Entwicklung von Jugendberufsagenturen und der Paragraph 16h des SGB II die sozialpolitischen und -pädagogischen Herausforderungen des jungen Erwachsenenalters ausreichend beantwortet. Für Care Leaver wäre damit die Versorgung auf SGB II-Niveau im jungen Erwachsenenalter die sozialpolitische Maßgabe. Es wird dabei kaum reflektiert, dass dies arbeitsmarktpolitische Maßnahmen bleiben und nicht die sozialen Ambivalenzen und Lebensbedingungen von Care Leavern, aber auch von anderen jungen Menschen beim Übergang ins Erwachsenenalter, beantworten können.

Weiterhin wird ein Übergangsmanagement – auch wenn es über das SGB II hinausgeht – mitunter allein als Wechsel zwischen organisationalen Settings begriffen. Es ist letztlich der Transfer von einer Zuständigkeit im institutionellen Gefüge des Aufwachsens oder organisationalen Mitgliedschaft in eine andere, der in diesen Zusammenhängen reflektiert wird. Dieser Wechsel in der Zuständigkeit wird seit ungefähr zwanzig Jahren in der Bildungspolitik und Bildungsforschung in Deutschland vor allem als Übergang betrachtet, da hier das Berufsbildungssystem als „entscheidungsintensiv“ (Köller, 2006) gilt. Damit ist gemeint, dass gerade beim Wechsel zwischen den jeweiligen Organisationen des Sozial- und Bildungssystems perspektivisch folgenschwere Entscheidungen getroffen werden, die den weiteren Weg der Bildungskarriere vorzeichnen und häufig kaum reversibel sind. Dies ist zwar ein für viele Biographien folgenschweres sozialpolitisches Problem in der Gestaltung des institutionellen Gefüges des Aufwachsens, aber die Frage, wie Jugend und Übergänge ins Erwachsenenalter ermöglicht werden, wird damit ebenfalls noch nicht ausreichend thematisiert.

Vor diesem Hintergrund ist es weiterführend, sich zunächst damit auseinander zu setzen, die sozialwissenschaftliche Diskussion um Jugend und „Übergänge" in den vergangenen Jahren zu betrachten, die nicht nur auf die Übergänge in Arbeit fokussiert wird, und zu fragen, welche jugend(hilfe)politischen Konsequenzen für die Konstellationen des „Leaving Care" sich daraus ergeben.

Was sind heute Übergänge?

Übergänge, so haben wir zu Beginn formuliert, sind kein neues Phänomen in der Sozialforschung. Schon immer war der Vermittlungsprozess zwischen Individuum und Gesellschaft durch vielfältige Übergänge zwischen unterschiedlichen institutionellen Settings, Lebensphasen oder räumlichen Arrangements gekennzeichnet (van Gennep, 1960; Bronfenbrenner, 1981). Insbesondere das Verhältnis von Jugend und Übergang hat dabei im 20. Jahrhundert die Sozialisationsforschung beschäftigt. Allerdings hat die Sozialisationsforschung „Übergänge" erst in den vergangenen dreißig Jahren – so richtig – als ein eigenständig zu betrachtendes Phänomen im Lebensverlauf angesehen. Damit sollte anerkannt werden, dass Übergänge einerseits das „produktiv realitätsverarbeitende Subjekt" (Hurrelmann & Ulich, 1991) vor besondere Herausforderungen stellt und andererseits Übergänge einer eigenständigen Sozialisationslogik folgen. Dieser Erweiterung der Sozialisationsforschung wurde in der europäischen Sozialwissenschaft vor allem im Kontext der modernisierungstheoretischen Diskussionen um die sog. erste oder zweite Moderne (oft als reflexive Moderne bezeichnet) herausgearbeitet.

Im Hintergrund steht sowohl die These der Entstrukturierung (Olk, 1985) des institutionalisierten Lebenslaufs als auch der besondere Fokus auf das Subjekt in der jüngeren Sozialisationsforschung. Traditionelle Grundlage des Modells des institutionalisierten Lebenslaufs ist, dass der Mensch in seinem Leben Entwicklungsstufen durchläuft sowie abschließt und auf diesen aufbauend sich in einer neuen Entwicklungsphase entfaltet.

Das Modell des institutionalisieren Lebenslaufs basiert auf der strukturellen Voraussetzung, dass in modernen Gesellschaften den Lebensaltern unterschiedliche institutionalisierte Erwartungen und darauf ausgerichtete organisationale

Mitgliedschaften zugeordnet werden können, die die Funktionserfordernisse der Lebensalter widerspiegeln: Entwicklung in der Kindheit und frühen Jugend, Qualifikation in der mittleren und späten Jugendphase bis hinein in die junge Erwachsenenzeit, Erwerbstätigkeit im Erwachsenenalter, Entberuflichung im Alter. Diese Ablaufstruktur des institutionalisierten Lebenslaufs wurde im 20. Jahrhundert zu der Grundstruktur, an der sich die Erziehungs- und Bildungsorganisationen – Beispiel Jugend und Schule – orientierten.

Gleichzeitig bildeten sich – zum Beispiel in Robert J. Havighursts Konzept der „Dominant Concerns of the Life Cycle" – entwicklungspsychologische Verlaufsmodelle heraus, die diese Struktur verstärkten. Allerdings wurde in diesen Modellen schon damals darauf hingewiesen, dass sie nur für „North-American middle-class people" Gültigkeit beanspruchen konnten:[2]

> „It does not apply to people outside the main stream of social life. Thus is hardly applies to a girl born into slum-dwelling family who leaves school at the age 15 to get married, has five children by two husbands before she is 30, and spends the rest of her life baby-sitting or working at unskilled jobs until she tires out and dies in her early 60's. Such schemes (...) never apply with much usefulness to people who are anomic and marginal to the society, and there may be a considerarble number of such people (as many as 10 or 15 percent) in a modern industrial society" (Havighurst 1963, S. 28).

In der Jugendforschung wird nun seit den 1980er Jahren gefragt, inwieweit das Modell des institutionalisierten Lebenslaufs überhaupt und vor allem der spezifischen Entwicklungsaufgaben noch als „Normalmodell" gelten kann. Hier setzt die These der Entstrukturierung des institutionalisierten Lebenslaufs an: Die „historisch neuen Bedingungen" würden „durch die Konzentration auf die Sozialisationsfelder Familie, Schule, Peers und Beruf" erfasst, die aber „durch Pluralisierungen und Entstrukturierungen gekennzeichnet" seien. „Damit verliert die Idee eines verbindlichen einheitlichen Sozialisationsmusters an Plausibilität, während unterschiedliche Pfade der Subjektentwicklung wahrscheinlicher werden." Statt stabiler Identitäten würden „zeitlich befristete Identifikationen" aufgebaut und verlangt (Junge 2004, S. 39).

Die These von der „Entstrukturierung" (Olk, 1985) verwies damit auf Pluralisierungs- und Individualisierungsprozesse, auf unterschiedliche Zeit- und Raumdynamiken im Lebensverlauf, die im Corpus des einheitlichen Sozialisationsmusters des institutionalisierten Lebenslaufmodells keinen Platz hätten.

2 Es wäre darum interessant, weiter zu diskutieren, was dies – wenn man in den Modell verblieben würde – für die Ermöglichung von Jugend für junge Menschen bedeutet, die in den stationären Erziehungshilfen aufwachsen oder durch diese betreut werden.

Biografische Herausforderungen würden dabei verstärkt als Übergänge verstanden, da hier die Individuen den institutionalisierten Erwartungen insbesondere ausgesetzt seien.

In vergleichenden Untersuchungen im europäischen Kontext (Walther u. a., 2001) wurde in diesem Zusammenhang das Konzept der Statuspassagen (vgl. Heinz, 1991) durch das der Übergänge (transitions) (Hagestad, 1991) ergänzt. Es wurde vor allem die Gestaltbarkeit subjektiver Handlungsspielräume in diesen Konstellationen analysiert (Sackmann, 2007). Die institutionalisierten Regulationen des Lebenslauf sollten entsprechend reflektiert werden, inwieweit sie eine Pluralisierung der Lebensverläufe blockierten und z. B. Bildungsprozesse im Alltag überdeckten, welche Räume zur Selbstthematisierung als Gestaltungsmoment des Biographischen ließen. Die Bedeutung der Lebenszeit und der Biographieverläufe wurde entsprechend betont: „Wenn-dann"-Konstellationen traten in der Jugendforschung mitunter vor „um-zu"-Konstruktionen in der Betrachtung des Lebensverlaufs (Schefold, 2002). Die Übergangsperspektive rückt damit den Aspekt der prinzipiellen biografischen Offenheit und die Handlungsspielräume des Subjekts in den Mittelpunkt und eben nicht nur die Frage nach dem Gelingen oder Scheitern im Kontext institutionalisierter Erwartungen.

Entsprechend steht in der Jugendforschung mit dem Blick auf Übergänge nicht nur die Frage im Vordergrund, wie Zuständigkeiten im Übergangsmanagement verteilt werden und organisationalen Passungen hergestellt werden, zum Beispiel in der Sozial- und Bildungsinfrastruktur, sondern auch welche Optionen in der Jugend subjektive Positionierungen und Handlungsspielräume in den Übergängen ermöglichen und wie diese wieder auf den Lebensverlauf zurückwirken. Entsprechend werden Übergänge allgemein „als Zustandswechsel im Wechselspiel zwischen Selbstkonzepten und externen Rollenzuschreibungen und Positionierungen in lebenszeitlicher Perspektive thematisiert" (Walther & Stauber 2013, S. 23). Aus einer jugendtheoretischen Perspektive wurde zudem die Perspektive angeschlossen, wie die jeweiligen biographischen Handlungsspielräume erweitert und Übergänge zu biographischen Reflexionsanlässen subjektiver Positionierungen werden können. Letztlich geht es auch darum, wie es im 15. Kinder- und Jugendbericht (vgl. BMFSFJ, 2017) formuliert wird, wie Qualifikationen, Verselbstständigung und Selbstpositionierung jungen Menschen ermöglicht wird und sie Jugend als sozial gerecht gestaltetes Lebensalter erleben können in einer Gesellschaft, in der das „Geländer des institutionellen Lebenslaufs" für viele brüchig geworden ist.

Jugend und Übergang

Trotz aller Ausweitungen des Konzepts der Übergänge (vgl. Schröer et al., 2013) auf den gesamten Lebensverlauf (siehe oben Vorwort) stand und steht im

Kern dieser Diskussion und Forschung das Jugendalter. Traditionell wird die Jugendphase als Übergangsphase – als Transition – zwischen der Kindheit und Erwachsenenalter angesehen. Im 20. Jahrhundert wurde der Fokus allerdings zunehmend auch auf die jugendkulturelle Ausgestaltung dieser Lebensphase gerichtet und vor allem die Selbstpositionierungen von Jugendlichen und ihre Verselbstständigungsformen analysiert. In diesem Zusammenhang wurde die Eigenständigkeit der Lebensphase Jugend herausgestellt. Seither ist eine zentrale – ungeklärte – Frage der Jugendforschung, wie das Verhältnis von Jugend und Übergang bestimmt wird. In sehr pragmatischen Perspektiven werden „Übergänge" an die Enden der Jugendphasen geschoben oder – wie oben angesprochen – an den organisationalen Konstellationen (Wechsel zwischen Schulen etc.) festgemacht. Dies wird der jugendtheoretischen Herausforderung aber nicht gerecht.

Sehr bildhaft – aber auch romantisierend – wurde das Verhältnis von Jugend und Übergang im 20. Jahrhundert über das Modell des „Jugendmoratoriums" gefasst. Integration durch Separation lautete die entsprechende Vergesellschaftungsformel dieses Modells, durch das der Jugend ein Aufschub, eine Experimentierzeit gewährt werden sollte (zum Begriff Andresen, 2002; dies., 2005; oder auch Zinnecker, 2000). Jugend wurde zu einem eigenständigen gesellschaftlichen Integrationsmodus, durch den junge Menschen freigestellt von Verpflichtungen des Erwachsenenalters ihren Übergang ins Erwachsenenalter gestalten sollten. Dies war der Annahme geschuldet, dass der Sozialisations- und der Produktionsprozess sich grundsätzlich widersprechenden Logiken unterlägen: Jugend wird „aus dem Bereich der Produktion ausgegliedert – ‚separiert' – um in dieser Separation auf die Integration in eben diese Gesellschaft vorbereitet werden zu können. Jugendliche sollen Identitäten und spezifische Arbeitsvermögen gleichermaßen hervorbringen und entwickeln können, wobei die Logik des Sozialisationsprozesses eine andere ist, als die des Produktionsprozesses. Dieses Unvereinbare zu vereinbaren, könne nur in der Separation des ‚Lernens im Jugendalter' ermöglicht werden" (Böhnisch 1982, S. 86).

Jugend wurde damit als eine eigenständige Lebensphase konzipiert, die den Übergang der Jugendlichen in das Erwachsenenalter regulieren und den Jugendlichen die Möglichkeit bieten sollte, ihre Positionen in einer „protected autonomy" auszugestalten und zu finden. Konstitutiv sollte für diese „protected autonomy" die „Freisetzung von gesellschaftlichen Aufgaben", eine „profiliertes Gegenüber in der Erwachsenenfigur", eine „eigenständige institutionelle Absicherung" sowie eine „transparente Zeitstruktur" sein (Zinnecker, 2000).

In den 1980er Jahren wurde aber auch das Moratorium-Modell der Verhältnisbestimmung von Übergang und Jugend grundsätzlich hinterfragt: Die Status-Rollen-Konfiguration Jugend im Moratorium schien „intern immer unausgewogener zu werden, durch zunehmende Inkonsistenzen und Spannungen gekennzeichnet zu sein, sich zeitlich immer mehr in die Länge zu strecken, zum

Ende zu zerfasern und an inhaltlicher Struktur und Gestalt zu verlieren" (Lenz 1998, S. 58f.). Eine Reihe von Untersuchungen wies darauf hin, dass der Strukturwandel der Arbeitsgesellschaft in die Lebensphase Jugend hinein diffundiere: „Die entgrenzte Arbeitswelt, das entgrenzte Lernen und die sich entgrenzenden privaten Lebensführungen greifen als Entwicklungsaufgaben ineinander. Die Übergänge ins Erwachsenenalter werden für viele nicht nur länger, unstrukturierter und unsicherer, sondern werden auch individuell folgenreicher. Der bisher zeitlich eng begrenzte soziale Freiraum, in dem man sich austoben konnte, bevor man in den Arbeitsalltag eintrat, löst sich auf" (Kirchhöfer 2003, S. 17).

Es wurde schließlich davon gesprochen, dass mit Blick auf das Erwachsenenleben „von einer neuen Form des Übergangs auszugehen" sei, „deren bestimmende Merkmale ihre *Offenheit* und *Ungewissheit*" seien (Walther 2000, S. 59). Diese Entwicklung wurde insbesondere an der Zeitstruktur – der Ausdehnung der Qualifikationszeiten –, der fehlenden Abgrenzung von Erwachsenen in Familien sowie dem Verhältnis von Bildung und Erwerbsarbeit festgemacht. Herausgestellt wurde sowohl der Trend zum partnerschaftlichen Verhältnis zu den Eltern sowie – so die Shell-Jugendstudie 2006 – ein Bild vieler Jugendlicher von ihrer Familie als sicherer sozialer Ort, von dem aus sie die anderen Lebenswelten erschließen: „Der ‚sozialökonomische Status' des Vaters und der Mutter entscheidet über die Spielräume der persönlichen Entfaltung der Kinder und Jugendlichen" (Jugend 2006, S. 49). Gleichzeitig habe sich der Verbleib Jugendlicher und junger Erwachsener im Elternhaus in den letzten Jahren auch im europäischen Vergleich verlängert (Nave-Herz & Sander, 1998). Über die Hälfte der jungen Erwachsenen im Alter bis zu 25 Jahren würden in Deutschland noch bei ihren Eltern leben. „Der relativ späte Auszug deutscher Jugendlicher aus dem Elternhaus ist insofern problematisch", schrieb die Shell-Studie im Jahr 2000, „als dass eine lange ökonomische und lokale Abhängigkeit der Jugendlichen von ihrer Herkunftsfamilie die Neugründung einer eigenen Familie verhindert oder verzögert" (Jugend 2000, S. 65).

Im Kontext der Diskussionen um die sogenannte Entgrenzung von Arbeit und Leben wurde weiterhin das Verhältnis von Jugend und Arbeit (vgl. Schröer, 2004) neu thematisiert: „Arbeit" durchzieht demnach Lebensbereiche, die im Bild der modernen Ausdifferenzierung und Arbeitsteilung – so zum Beispiel der Jugend – von dieser getrennt vergesellschaftet sein sollten. Dabei stellt sich die Frage nach den Möglichkeitsräumen im Alltag neu, die Grenzen zwischen Arbeit und Nicht-Arbeit sowie Arbeit zu definieren (Jurczyk & Voß, 1995). Es wird damit die Notwendigkeit herausgestellt, Arbeit in ihrem Verhältnis zu den und in ihrer Durchdringung der anderen Vergesellschaftungsebenen sowie -formen zu betrachten. Zudem wurde darauf verwiesen, „dass Jugendliche heute veränderte Ansprüche an Beruf und Arbeit herantragen (intrinsische Arbeitsmotivation): Jugendliche fragen verstärkt anspruchsvolle Arbeit nach, von der sie erwarten, dass sie das, was sie lernen sollen und gelernt haben, auch anwenden können" (Arnold 2002, S. 217).

Für die Jugendforschung wurde folgerichtig herausgestellt, dass diese einen Nachholbedarf habe, die neuen Übergänge von Freizeit, Lernen und Arbeit im „Skript des modernen Jugendlebens" zu lesen und die „alltägliche Lebensführung" entsprechend zu analysieren (Lange 2003, S. 113). Letztlich findet diese Frage ihren Ausdruck auch in einer differenziellen Jugendforschung, in der versucht wird, die Spannbreite zwischen einer Verbleibs- und einer Übergangsorientierung unter Jugendlichen auszuloten (Reinders, 2006).

Gleichzeitig rückt mit dieser Entwicklung die Biographisierung von Übergängen auch in Bezug auf junge Menschen in den Vordergrund (Stauber & Walther, 2007). Jugendliche werden dabei als Grenzbearbeiter (Mangold, 2015) zwischen den institutionalisierten und biographisierten Erwartungen und ihrem persönlichen Leben gesehen (Smart, 2007). Dies erscheint einerseits als genereller Trend im Rahmen der Entstrukturierung des institutionalisierten Lebenslaufs, andererseits aber auch als diskursiver Effekt angesichts der Unübersichtlichkeit und sozialen Unterschiede in der Verhältnisbestimmung von Jugend und Übergang in der sich gegenwärtig durchsetzenden Wissensgesellschaft: „Empirische Befunde über die Art und Weise in der sich Heranwachsende an bestehenden kulturellen Praktiken orientieren, sich diesen anschließen und sich entlang der vorgefundenen ‚Verhältnisse' sozial verorten", resümierte entsprechend Matthias Grundmann, „lassen sich sozialisationstheoretisch als Bewältigung solcher Widerspruchserfahrungen deuten" (Grundmann 2004, S. 29).

Letztlich lässt sich festhalten, dass in unseren Gesellschaften „Jugend" weiterhin der soziale Integrationsmodus ist, in dem jungen Menschen Ressourcen, Räume und Beziehungen zur Verfügung gestellt werden, um den Übergang ins Erwachsenenalter zu gestalten und zu bewältigen. Jugend ist dabei einerseits als eine eigenständige Lebensphase angelegt, aber entgrenzt (vgl. BMFSFJ, 2017). Andererseits wird dadurch die Gestaltung und Bewältigung zunehmend biographisiert und zu einem Projekt des persönlichen Lebens jedes einzelnen jungen Menschen. Auffällig ist auch, dass die Ressourcen, Räume und Beziehungen sehr unterschiedlich sozial verteilt sind und man könnte sagen, einigen jungen Menschen mehr Jugend und anderen weniger – schnellere oder ausgedehnte – Jugend zur Gestaltung des Übergangs in Erwachsenenalter zugestanden wird.

„Vorsicht Übergang" oder: „Schiffbruch mit Zuschauer?"

Beziehen wir diese Diskussionen auf das Thema Leaving Care zurück, so wird deutlich, dass einfache Trainings- oder ein Übergangsmanagement zu kurz greifen, um die jungen Menschen, die in stationären Hilfen zur Erziehung aufgewachsen sind, mitzugestalten. Zunächst einmal gehen wir davon aus, dass es eine öffentliche Verantwortung gibt, diese jungen Menschen auch im jungen Erwachsenenalter zu unterstützen. Der Sozialstaat, in Form der Kinder- und Jugendhilfe, hat sich mit einer sehr intensiven Interventionsform in die Kindheit und/oder Jugend der jungen Menschen eingemischt, ihnen eine neue Lebensumgebung des Aufwachsens gestaltet. Da kann sich der Sozialstaat nicht nach dem Ende der Hilfe wieder zurückziehen und weitere Angebote für eine nachhaltige biographische Entwicklung verwehren. Er hat dabei nicht nur deren Übergange ins Erwachsenenalter nachhaltig zu unterstützen, sondern ihnen dafür auch die Räume, Ressourcen und Beziehungen zu ermöglichen. Er ist dafür verantwortlich, dass Care Leaver keine beschleunigte oder verkürzte Jugend haben.

Eine ganze Reihe von Studien zur Entgrenzung von Jugend und zum sog. jungen Erwachsenenalter zeigen, dass die Ausgestaltung von Jugend heute auch davon abhängig ist, welche soziale Unterstützungen junge Menschen aus ihrem familialen und sozialen Umfeld erhalten. Ob der Übergang ins Erwachsenenalter gelingt, hängt entscheidend davon ab, wie die soziale Unterstützung im jungen Erwachsenenalter gestaltet wird. Der Berufseinstieg, der Auszug, die ersten Jahre in der eigenen Wohnung, der weitere (Fach-)Schulbesuch, die Krisen, die erste Schwangerschaft etc., erfordern eine alltägliche Unterstützungskultur.

Care Leaver erleben mitunter eine risikoreiche Bildungs- und Ausbildungskarriere. Vieles, was während der Hilfe bis 18 erreicht wurde, wird mitunter im jungen Erwachsenenalter wieder riskiert, weil keine weitere professionelle Hilfe vorhanden ist. Die Nachhaltigkeit der Erziehungshilfen im jungen Erwachsenenalter wird kaum betrachtet, was enorme biographische und soziale Folgekosten haben kann. Wenn wir die Ergebnisse der bisherigen Studien zusammennehmen, so deutet Vieles darauf hin, dass Care Leavern nur eine verkürzte Jugend zugestanden wird. Sie den Übergang ins Erwachsenenalter nicht als ermöglichte Jugend erleben, sondern als prekäre Erwachsene.

Darum kann es nicht um eine Verselbstständigung ohne Rückkehr gehen, sondern eine Kultur des *„Wiedersehens"* ohne Bevormundung ist gefordert: „Independency" ist eine Qualität der „Interdependency" sagen unsere englischsprachigen Kolleg*innen. Wir können dies nur schwer übersetzen: Unabhängigkeit im jungen Erwachsenenalter ist eine neue Qualität der sozialen Beziehungen und der Abhängigkeiten, in die wir eingebunden sind. Verselbstständigung bedeutet, nicht ohne professionelle Hilfe oder soziale Unterstützung leben zu müssen.

Dabei wissen wir aus internationalen Studien, dass gerade junge Menschen, die im Rahmen der Hilfen zur Erziehung betreut wurden, mitunter erst später in ihrer Biographie schulische Qualifikationen erwerben (Courtney et al., 2006). Sie waren in ihrer frühen Jugend mit vielen anderen Herausforderungen konfrontiert, die biographisch dringlicher waren. Darum sind Care Leaver darauf angewiesen, Möglichkeiten zu haben, um unkonventionelle Qualifizierungswege zu gehen. Sie „brauchen“ dabei in unterschiedlichen Phasen des jungen Erwachsenenalters alltägliche Unterstützungen, aber auch professionelle Hilfen. So zeigen auch Studien des Deutschen Jugendinstituts, dass gerade junge Menschen, die von sozialer Benachteiligung betroffen sind, häufig Umwege „gehen“, um einen Bildungsabschluss zu erreichen (DJI, 2010). Also doch: „Schiffbruch mit Zuschauer?“

Das Kinder- und Jugendhilferecht des SGB VIII sieht prinzipiell Hilfen für junge Menschen bis zur Vollendung des 27. Lebensjahres vor (Nüsken, 2013), eröffnet also durchaus Spielräume für längere Hilfebewilligungen, die durch die genannten Umwege angezeigt sein kann. Doch in der Bewilligung von Hilfen im Kontext der Vollzeitpflege hat diese Zahl kaum Relevanz. Es ist für die Care Leaver ein unübersichtlicher Übergang, der jeweils stark durch die sozialen und biographischen Handlungsspielräume geprägt ist. Häufig bedeutet Verselbstständigung dabei in der Logik der Kinder- und Jugendhilfe, ohne die Leistungen der Kinder- und Jugendhilfe weiter zu leben, aber nicht eine nachhaltige Existenzsicherung in Eigenverantwortung gerahmt in einem jugendgerechten Ermöglichungskontext.

Nicht wenige Care Leaver fallen darum in dieser Lebensphase ganz aus dem System der Bildungskarrieren oder Qualifizierungswege heraus oder werden später wohnungslos. Offensichtlich ist, dass sowohl in den Bildungseinrichtungen und beruflichen Ausbildungsorganisationen als auch in der Kinder- und Jugendhilfe und bei den Sozialleistungsträgern die biographischen Herausforderungen von Care Leavern im jungen Erwachsenenalter, den Übergang zu meistern, nicht nachhaltig gesehen werden.

Vom Zuschauer zum Handelnden werden – Unterstützungsmöglichkeiten durch eine Weiterentwicklung des SGB VIII

So können die Veränderung der Rechtsansprüche von Care Leavern in einem reformierten SGB VIII ein wichtiger Schritt und ein notwendiges Signal werden, um weitere konzeptionelle und auch strukturelle Entwicklungen anzustoßen, damit Care Leavern „Jugend ermöglicht“ und damit ihre Übergänge ins Erwachsenenalter begleitet werden. Schließlich geben internationale Beispiele vielfältige Anregungen, wie die Situation von Care Leavern verbessert werden kann. Dabei zeigt sich, dass ein unmissverständlicher Anspruch auf Hilfe und Unterstützung im Übergang die jungen Menschen in stationären Erziehungshilfen entlastet.

Auch die Förderung und Unterstützung junger Menschen bei längerfristig orientierten Bildungsplänen und spezifische Hilfe- und Orientierungsangebote in der Schulabschluss- und Ausbildungseinstiegsphase müssen stärker in den

Vordergrund treten. So haben z. B. in einigen Ländern junge Menschen in Heimerziehung und Vollzeitpflege das Recht, bis zum Ausbildungsende in der Hilfe zu bleiben. Auch in der kanadischen Provinz Ontario gibt es mit dem Extended Care and Maintenance Programm (ECM) ein verbindliches Angebot für alle Care Leaver bis 21 Jahre, die sich in Ausbildung befinden. Die Hilfe zum Lebensunterhalt und der Anspruch auf eine Betreuung/Begleitung wird damit garantiert (vgl. Provincial Advocate for Child and Youth, 2012). Andere Länder weisen Care Leavern eine sehr viel stärkere Rechtsposition zu und beziehen dies auch nicht nur auf die Qualifikation, da dies neue Exklusionsprozesse befördert. So gibt es u. a. in Norwegen die Möglichkeit, Kinder- und Jugendhilfe bis zum 23. Geburtstag jederzeit in Anspruch nehmen zu können. Das bedeutet für Care Leaver auch eine Rückkehroption in stationäre Hilfen. Die Jugendbehörden haben hier im Vergleich zu Deutschland bei den jungen Erwachsenen einen expliziten aufsuchenden Auftrag. Sie sind verpflichtet, auch wenn die Hilfe für einen jungen Menschen bereits geendet hat, regelmäßig mit ihm/ihr Kontakt aufzunehmen bis sie das 23. Lebensjahr vollendet haben. Dieses Prinzip unterstreicht das öffentliche Interesse, Jugendlichen und jungen Erwachsenen z. B. auch nach Abbrüchen wieder Hilfen anzubieten. In Großbritannien gehen die Unterstützungsangebote für Care Leaver über das Ende der stationären Erziehungshilfe hinaus. Mit dem Children Leaving Care Act besteht ein gesetzlicher Anspruch auf eine individuelle und kontinuierliche Übergangsplanung (Pathway Planning). Diese beinhaltet, dass alle Care Leaver*innen Anspruch auf individuelle Beratung und Begleitung durch eine*n persönlichen Berater*in bis zum 21. Lebensjahr haben. Soweit die Ausbildung noch nicht abgeschlossen ist, kann die Begleitung bis zum 25. Lebensjahr fortgeführt werden. Das Betreuungsverhältnis kann nur schriftlich durch den jungen Menschen selbst beendet werden. Zudem hat jede Kommune regelmäßig darüber zu berichten, wie die Care Leaver gefördert und unterstützt werden sowie welche sozialen, beruflichen und gesundheitlichen Laufbahnen ihnen ermöglicht werden.

Es gibt in Deutschland weder einen eigenen Rechtstatbestand „Care Leaving" noch fachliche Standards für die Ausgestaltung von Unterstützungsformen im Prozess des Care Leaving. Auch bleibt bisher in den Leistungsvereinbarungen eine explizite Ausformulierung der Übergangsbegleitung ausgespart. Das National Leaving Care Benchmarking Forum, wie es in Großbritannien etabliert ist, liefert hier ein nachahmungsfähiges Modell, um nicht nur die gesetzlichen Grundlagen zu schaffen, sondern auch öffentliche und freie Träger in die Pflicht zu nehmen, eine Weiterentwicklung der lokalen und nationalen Übergangsstrukturen anzupassen. Das Forum bedeutet einen kontinuierlichen Fachaustausch von 90 Kommunen, die Mitglied des Forums sind und für dessen Durchführung einen festen Mitgliedsbeitrag entrichten. Im Interesse einer Weiterentwicklung der Übergangspraxis anhand des Austauschs über gelingende lokale Modelle werden drei Mal jährlich Foren für die Leitungskräfte in den

Kommunen durchgeführt sowie drei Fachkräftetrainings pro Jahr. Materialien und Konzepte werden den Mitgliedern auf einer Online-Plattform zur Verfügung gestellt. Parallel dazu findet ein Benchmark Forum unter Care Leavern statt. Die hohe Anzahl kommunaler Mitgliedschaften unterstreicht den Stellenwert dieses Qualitätsentwicklungsinstruments (vgl. Frank, 2017).

Für Care Leaver in Deutschland erscheint uns in Anlehnung an internationale Beispiele die Einführung eines Rechtstatbestands „Leaving Care" ein geeignetes Instrument, um ihnen eine gerechte soziale Teilhabe im Übergang ins Erwachsenenalter und somit Jugend zu ermöglichen. Die Diskussion um Leaving Care im internationalen Kontext unterscheidet zwischen der Notwendigkeit einer längeren Hilfebewilligung für junge Menschen, die von stationären Hilfen betreut werden, in Deutschland die Debatte um die Vorschrift zu den Hilfen für junge Volljährige in § 41 SGB VIII und um einem eigenen Rechtsanspruch auf Unterstützung und Begleitung nach der Erziehungshilfe. Diese Unterscheidung ist von grundlegender Bedeutung, da sie erst verdeutlicht, dass nicht allein die frühzeitige Hilfebeendigung zu diskutieren ist.

Mit einem eigenen Rechtstatbestand im SGB VIII würde die Zuständigkeit für die Übergangsbegleitung und das Gestalten von Unterstützungen für Care Leaver auch gegenüber anderen Sozialgesetzen geklärt (vgl. Koch & Schröer, 2017). Das deutsche Sozialleistungssystem bietet für junge Erwachsene bisher keine integrierte Struktur, so dass dieser Personenkreis darauf verwiesen ist, segmentiert als prekäre Erwachsene um finanzielle und soziale Hilfen zu ersuchen. Oft schließen sich Leistungen aber wechselseitig aus. Auch wissen die beteiligten Stellen und Akteur*innen oft nicht genug von der Situation eines Care Leaver. Es fehlt an einer integrierenden und kooperierenden Arbeit im Interesse des jungen Menschen. Dafür könnte ein Rechtstatbestand „Leaving Care" die entscheidenden Voraussetzungen schaffen.

Im anstehenden Neubeginn der SGB VIII Debatte, die durch das Bundesjugendministerium (BMFSFJ) in Form von sogenannten Dialogforen flankiert werden soll, gilt es deutlich zu machen, dass die – von einigen Bundesländern geforderte – immer frühere Ziehung einer starren Altersgrenze zum Verlassen von Hilfen wenig sinnvoll im Hinblick auf die Nachhaltigkeit der Förderung der Herausbildung einer eigenständigen Lebensperspektive und der Eröffnung von Möglichkeiten eigenverantwortlicher Lebensführung ist. Einigkeit herrscht in der Fachwelt darüber, dass eine gewisse Flexibilität bei den Altersgrenzen notwendig ist und dass eine regelhafte Beendigung von Hilfen mit dem Erreichen des 21. oder sogar des 18. Lebensjahrs viel zu früh ist, insbesondere auch mit Blick auf eine vielleicht kommende inklusive Lösung und auf Bedarfe junger Menschen mit Behinderungen (Schindler 2017, S. 63 sowie Fachverbände für Menschen mit Behinderung, 2015).

Nachworte

Rechtlich gut geregelt ist hingegen – im Gegensatz zu den jungen Menschen – der Übergang für ältere Fachkräfte in Form der Verrentung. Der in diesem Sammelband auch geehrte Norbert Struck beweist mit seinem frühen Engagement für die Care Leaver Bewegung und Selbsthilfe der jungen Menschen, dass in der Tat die wichtigste Ressource im Übergang soziale Beziehungen und Freunde sind. Sicherlich müssen in den nächsten Jahren auch im Rahmen einer Weiterentwicklung des SGB VIII Strukturen und Zugänge nicht der Kinder- und Jugendhilfe, sondern auch der angrenzenden sozialen Unterstützungssysteme weiterentwickelt werden, aber ohne konkrete Personen und das unermüdliche, nicht entmündigende Engagement Einzelner, die dieses beharrlich und mit Fachkompetenz in die öffentliche Debatte immer wieder einbringen, gelingen Reformen schwerer. Das sollte bei aller konzeptioneller, fachlicher Debatte nicht vergessen und als Aufruf verstanden werden.

Literatur

Andresen, Sabine (2002). Kindheit. In: Wolfgang Schröer, Norbert Struck & Mechthild Wolff (Hrsg.). Handbuch Kinder- und Jugendhilfe (15–37). Weinheim und München: Juventa.

Andresen, Sabine (2005). Einführung in die Jugendforschung. Darmstadt: WBG.

Arnold, Helmut (2002). Ausbildung, Arbeit und Beschäftigung. In: Wolfgang Schröer, Norbert Struck & Mechthild Wolff (Hrsg.). Handbuch Kinder- und Jugendhilfe. Weinheim und München: Juventa, S. 211–241.

Böhnisch, Lothar (1982). Der Sozialstaat und seine Pädagogik. Neuwied und Darmstadt: Luchterhand.

Böhnisch, Lothar (1997). Sozialpädagogik der Lebensalter. Weinheim und München: Juventa.

Böhnisch, Lothar & Schröer, Wolfgang (2001). Pädagogik und Arbeitsgesellschaft. Weinheim und München: Juventa.

Böhnisch, Lothar, Lenz, Karl & Schröer, Wolfgang (2009). Sozialisation und Bewältigung. Eine Einführung in die Sozialisationstheorie der zweiten Moderne. Weinheim und München: Juventa.

Bundesministerium für Familie, Senioren, Frauen und Jugend (BMFSFJ) (2017). 15. Kinder- und Jugendbericht. Berlin.

Bronfenbrenner, Urie (1981). Die Ökologie der menschlichen Entwicklung: Natürliche und geplante Experimente. Stuttgart: Klett-Cotta.

Courtney, Mark E. & Dworsky, Amy (2006). Early outcomes for young adults transitioning from out-of-home care in the U.S.A. In: Child and Family Social Work 11, S. 209–219.

Fachverbände für Menschen mit Behinderung (2015). Diskussionspapier: Vorstellungen der Fachverbände für Menschen mit Behinderung zu einer Inklusiven Lösung innerhalb der Reform des SGB VIII – Stand 15.5.2017, www.diefachverbaende.de/stellungnahmen/ (Aufruf: 30.10.2018).

Frank, Alice (2017). Pathway Planning & National Leaving Care Benchmarking Forum. Unveröffentlichte Präsentation auf dem Workshop Von der Hilfe- zur Übergangsplanung am 25.10.2017 in Hildesheim.

Grundmann, Martin (2004). Sozialisationstheorien vor dem Hintergrund von Modernisierung, Individualisierung und Postmodernisierung. In: Dagmar Hoffmann & Hans Merkens (Hrsg.). Jugendsoziologische Sozialisationstheorien. Weinheim und München: Juventa, S. 17–34.

Grundmann, Martin (2006). Sozialisation. Konstanz: UVK.

Köngeter, Stefan, Schröer, Wolfgang & Zeller, Maren (2012). Status passage: „Leaving Care" – Biographische Herausforderungen nach der Heimerziehung. Diskurs Kindheits- und Jugendforschung. 8(3), S. 261–276.

Hagestadt, Gunhild (1991). Trends and dilemmas in Life-course Research. In: Walter R. Heinz (Hrsg.). Theoretical advances in Life-course Research. Weinheim und München: Juventa, S. 23–57.

Havighurst, Robert J. (1963). Dominant Concerns in the life. In: Lotte Schenk-Danziger & Hans Thomae (Hrsg.). Gegenwartsproblem der Entwicklungspsychologie. Göttingen: Hogrefe, S. 27–37.

Heinz, Walter R. (Hrsg.) (1991). Theoretical advances in Life-course Research. Weinheim und München: Juventa.

Hurrelmann, Klaus & Ulich, Dieter (1991) (Hrsg.). Neues Handbuch der Sozialisationsforschung. Weinheim: Beltz.

Deutsche Shell AG (Hrsg.) (2000). Jugend 2000. Opladen: Leske & Budrich.

Deutsche Shell AG (Hrsg.) (2006). Jugend 2006. Frankfurt a. M.: Fischer.

Junge, Matthias (2004). Sozialisationstheorien vor dem Hintergrund von Modernisierung, Individualisierung und Postmodernisierung. In: Dagmar Hoffmann & Hans Merkens (Hrsg.). Jugendsoziologische Sozialisationstheorie. Weinheim und München: Juventa, S. 35–50.

Jurczyk, Karin & Voß, G. Günter (1995). Zur gesellschaftsdiagnostischen Relevanz der Untersuchung von alltäglicher Lebensführung. In: Projektgruppe „Alltägliche Lebensführung" (Hrsg.). Alltägliche Lebensführung. Arrangements zwischen Traditionalität und Modernisierung. Opladen: Leske & Budrich 1995, S. 371–407.

Köller, Olaf (2006) (Hrsg.). Themenschwerpunkt „Übergänge im Bildungswesen". In: Zeitschrift für Erziehungswissenschaft, 9, S. 295–412.

Kirchhöfer, Dieter (2003). Jugendphase in der Veränderung. In: Dieter Kirchhöfer, Hans Merkens: Das Prinzip Hoffnung. Jugend in Polen und Deutschland. Hohengehren: Schneider, S. 25–44.

Kreher, Thomas (2007). „Heutzutage muss man kämpfen". Bewältigungsformen junger Männer angesichts entgrenzter Übergänge in Arbeit. Weinheim und München: Juventa.

Lange, Andreas (2003). Theorieentwicklung in der Jugendforschung durch Konzeptimport. Heuristische Perspektiven des Ansatzes ‚Alltägliche Lebensführung'. In: Jürgen Mansel, Hartmut M. Griese & Albrecht Scherr (Hrsg.). Theoriedefizite der Jugendforschung. Weinheim und München: Juventa, S. 112–118.

Lenz, Karl (1998). Zur Biografisierung der Jugend. In: Lothar Böhnisch, Martin Rudolph & Barbara Wolf (Hrsg.). Jugendarbeit als Lebensort. Weinheim und München: Juventa, S. 51–74.

Nave-Herz, Rosemarie & Sander, Dirk (1998). Heirat ausgeschlossen? Ledige Erwachsene in sozialhistorischer und subjektiver Perspektive. Frankfurt a. M., New York: Campus.

Mangold, Katharina (2015^2). Jugendliche. In: Wolfgang Schröer, Norbert Struck & Mechthild Wolff (Hrsg.). Handbuch Kinder- und Jugendhilfe. Weinheim: Beltz Juventa.

Nüsken, Dirk (2013). Junge Volljährige in den Erziehungshilfen. In: Forum Erziehungshilfen 19, H. 1, S. 10–16.

Oehme, Andreas (2007). Übergänge in Arbeit. Hohengehren: Schneider.

Olk. Thomas (1985). Jugend und gesellschaftliche Differenzierung – Zur Entstrukturierung der Jugendphase. In: Zeitschrift für Pädagogik. 19. Beiheft. Weinheim und Basel: Beltz, S. 290–301.

Provincial Advocate for Children and Youth (2012). 25 is the new 21. Ontario.

Reinders, Heinz (2006). Jugendtypen zwischen Bildung und Freizeit. Münster: Waxmann.

Sackmann, Reinhold (2007). Lebenslaufanalyse und Biografieforschung. Eine Einführung. Wiesbaden: VS-Verlag.

Schefold, Werner (2002). Hilfeprozesse und Hilfeverfahren. In: Wolfgang Schröer, Norbert Struck & Mechthild Wolff (Hrsg.). Handbuch Kinder- und Jugendhilfe. Weinheim und München: Juventa, S. 159–237.

Schindler, Gila (2017). Rechtsgutachten zur Vorbereitung einer Reform der Kinder- und Jugendhilfe für eine inklusive Pflegekinderhilfe für das Dialogforum Pflegekinderhilfe, Expertise. Frankfurt am Main. Siehe auch unter www.dialogforum-pflegekinderhilfe.de

Schröer, Wolfgang (2004). Befreiung aus dem Moratorium. Zur Entgrenzung von Jugend. In: Karl Lenz, Wolfgang Schröer & Werner Schefold (Hrsg.) (2004). Entgrenzte Lebensbewältigung. Weinheim und München: Juventa, S. 19–73.

Schröer, Wolfgang (2013). Entgrenzung, Übergänge, Bewältigung. In: Wolfgang Schröer, Barbara Stauber, Andreas Walther, Lothar Böhnisch & Karl Lenz (Hrsg). Handbuch Übergänge. Weinheim und Basel: Beltz Juventa, S. 64–79.

Scourfield, Jonathan B. (2002). Reflections of Gender, Knowledge and Values in Social Work. In: British Journal of Social Work, Vol. 32, S. 1–15.

Sievers, Britta, Thomas, Severine & Zeller, Maren (2015). Jugendhilfe und dann? Zur Gestaltung der Übergänge junger Erwachsener aus stationären Erziehungshilfen. Ein Arbeitsbuch. Frankfurt a. M.: IGfH Eigenverlag

Smart, Carol (2007). Personal Life. Cambridge: Polity Press.

Stauber, Barbara, Walther, Andreas & Pohl, Axel (Hrsg.) (2007). Subjektorientierte Übergangsforschung: Rekonstruktion und Unterstützung biografischer Übergänge junger Erwachsener. Weinheim und München: Juventa.

Van Gennep, Arnold (1960). The Rites of Passage. Chicago: University of Chicago Press.

Walther, Andreas (2000). Spielräume im Übergang in die Arbeit. Junge Erwachsene an den Grenzen der Arbeitsgesellschaft in Großbritannien, Italien und Deutschland. Weinheim und München: Juventa.

Walther, Andreas & Stauber, Barbara (2002). Junge Erwachsene. In: Wolfgang Schröer, Norbert Struck & Mechthild Wolff (Hrsg.). Handbuch Kinder- und Jugendhilfe. Weinheim und München: Juventa, S. 113–143.

Walther, Andreas & Stauber, Barbara (2013). Übergänge im Lebenslauf. In: Wolfgang Schröer, Barbara Stauber, Andreas Walther, Lothar Böhnisch & Karl Lenz (Hrsg). Handbuch Übergänge. Weinheim und Basel: Beltz Juventa, S. 23–43.

Walther, Andrea, Stauber, Barbara, Biggart, Andy, du Bois-Reymond, Manuela, Furlong, Andy, Lopez Blasco, Andreu, Moerch, Sven & Pais, Jose Machado (Hrsg.) (2002). Misleading Trajectories? Integration Policies and Young Adults in Europe. Opladen: Leske & Budrich.

Zinnecker, Jürgen (2000). Kindheit und Jugend als pädagogische Moratorien. In: Zeitschrift für Pädagogik. 24 Beiheft, S. 36–38.

Zinnecker, Jürgen (2003). Forschung im sozialen Feld „Jugend“. Deutsche Jugendforschung zwischen Nachkriegszeit und beschleunigter Moderne. In Diskurs 1, S. 7–18.

Ombudschaft als Mittel der Durchsetzung von Rechten junger Menschen und Familien in der Kinder- und Jugendhilfe

Auf den Spuren notwendiger Unabhängigkeit einer Praxis des Widerspruchs

Nicole Rosenbauer & Peter Schruth

*Die Idee der Ombudschaft hat sich mittlerweile zu einem fachpolitisch anerkannten Anspruch entwickelt, der sich zunehmend strukturell im System der öffentlichen Kinder- und Jugendhilfe verankert. Im Zuge der in den letzten Jahren verstärkt geführten Fachdebatte um „Ombudschaft“ und „Beschwerde“ sowie den sich hieran anschließenden Fragen nach adäquaten Formen der Institutionalisierung zeichnet sich aus Sicht der Autor*innen bereits die Gefahr einer begrifflichen Verwässerung und damit auch einer Entschärfung der Grundfigur von Ombudschaft als externer und unabhängiger Instanz ab. Der Beitrag nimmt vor diesem Hintergrund eine konzeptionelle Vergewisserung und Positionierung eines zivilgesellschaftlich rückgebundenen Tätigkeitsprofils von Ombudschaft vor („drei Säulen“). Kristallisationspunkt ist hierbei das Merkmal der Unabhängigkeit, die eine essenzielle Ermöglichungsbedingung darstellt für eine auf Konflikte bezogene, an Aufklärung, Partizipation und Widerspruch orientierte und in diesem Sinn offensive ombudschaftliche Praxis innerhalb der Kinder- und Jugendhilfe.*

Entwicklung, Gegenstand und Anspruch von Ombudschaft in der Kinder- und Jugendhilfe

Die Geburtsstunde der ombudschaftlichen Bewegung entstand vor über 15 Jahren aus einer steigenden Empörung von Fachkräften der Berliner Kinder- und Jugendhilfe über permanent zunehmende Kürzungen und finanzielle Restriktionen in der Gewährungspraxis öffentlicher Träger, insbesondere in den Bereichen Hilfen zur Erziehung und Jugendberufshilfe. Drei Jahre wurde die Beratung ausschließlich ehrenamtlich geleistet; insbesondere die Förderungen von Aktion Mensch spielten in den Folgejahren – schließlich auch bundesweit – eine zentrale Rolle für den Aufbau von Projektstrukturen und für die Sicherung und Weiterentwicklung der ombudschaftlichen Arbeit. Als kleine soziale Graswurzelbewegung gestartet, blicken die bundesdeutschen Initiativen und Projekte der ombudschaftlichen Beratung junger Menschen und ihrer Familien auf eine noch junge, und durchaus von vielfältigen Widerständen geprägte Etablierungsgeschichte zurück. Dass ihr Ziel – junge Menschen und ihre Familien über ihre Rechte und Ansprüche aufzuklären, sie wenn nötig durch persönliche

Begleitung, durch vermittelndes Agieren zu unterstützen und so zu Einzelfallgerechtigkeit beizutragen – mittlerweile fachpolitische Anerkennung gefunden hat, zeigte sich zuletzt unübersehbar durch die Einfügung einer programmatischen Rechtsnorm zu Ombudschaft im vom Bundestag verabschiedeten, aber nicht Gesetz gewordenen „Kinder- und Jugendhilfestärkungsgesetzes (KJSG)". Trotz der begrenzten Reichweite der Fassung als „Kann"-Norm für die Einrichtung von Ombudsstellen ein klares jugendhilfepolitisches Signal und „eine deutliche Anerkennung dieses noch relativ jungen fachlichen Konzepts" (Smessaert 2018, S. 1). Das zentrale Merkmal der Unabhängigkeit wurde mit in die Rechtsnorm aufgenommen: „Ombudsstellen oder vergleichbare Strukturen arbeiten unabhängig und sind fachlich nicht weisungsgebunden" (BT-Drucksache 553/17). Der Fokus aller heute im „Bundesnetzwerk Ombudschaft" zusammengeschlossenen Initiativen liegt auf den individuellen Hilfen zur Erziehung bzw. den hilfeplan(analog)gesteuerten Leistungen (§ 13 Abs. 2, §§ 19, 27ff., 35a, 41 SGB VIII), auf die subjektive Rechtsansprüche im SGB VIII bestehen, sowie auf der Anwendung geltender Beteiligungs- und Verfahrensrechte des SGB I und SGB X (vgl. Smessaert, 2018; für Informationen zum Bundesnetzwerk siehe https://ombudschaft-jugendhilfe.de/).

In der Kinder- und Jugendhilfe sind grundsätzlich zwei organisatorische Konstellationen zu unterscheiden (vgl. Sandermann & Urban-Stahl 2017, S. 37ff.): Zum einen die in diesem Beitrag fokussierten „organisational vorgelagerten", einrichtungsexternen Ombudsstellen, die nicht im Rahmen etablierter Trägerstrukturen angesiedelt sind und bei denen der Status der Unabhängigkeit von besonderer Bedeutung ist. Davon zu unterscheiden sind die Beschwerdeverfahren und -möglichkeiten insbesondere (jedoch nicht ausschließlich) innerhalb von stationären Einrichtungen, die in engem Zusammenhang zu Fragen der Qualifizierung einer Beteiligungskultur stehen. Bedeutsam für den Diskurs um Ombudschaft und Beschwerde und für den Weg der Etablierung in der Kinder- und Jugendhilfe waren und sind insbesondere die Aufarbeitung und Empfehlungen im Kontext der Runden Tische Heimerziehung und Sexualisierte Gewalt in Einrichtungen und Familien, der 11. Kinder- und Jugendbericht (2002; „sozialer Verbraucherschutz"), das Bundeskinderschutzgesetz 2012 (§ 45 Abs. 2 SGB VIII) sowie zunehmend der Kinderrechtediskurs (UN-Kinderrechtskonvention; vgl. hierzu z.B. Walter, 2014; Sandermann & Urban-Stahl 2017, S. 46f.; kritisch hierzu vgl. Trenczek & Heinz 2015, S. 357).

Vor dem Hintergrund, dass – so Sandermann und Urban-Stahl (2017, S. 50) jüngst nach einer Rekonstruktion bisher beobachtbarer Konstellationen in diesem Feld – das „Ringen um die Definitionshoheit, was Ombudschaft und Beschwerde in der Kinder- und Jugendhilfe meint, [...] gerade erst begonnen" hat, nehmen wir im Folgenden eine konzeptionelle Vergewisserung sowie eine Positionierung des Tätigkeitsprofils von unabhängiger Ombudschaft vor. Für die Bewegung adaptiert wurde die Idee des „Ombudsman", die sich im 20. Jahrhundert weltweit verbreitet hat als das „staatsrechtliche Konzept einer unabhängigen, leicht zugänglichen und ‚sanften' Kontrolle der Verwaltung durch hoch angesehene Persönlichkeiten" (Kucsko-Stadlmayer 2008, S. 1), das bezweckt, „über rasches, flexibles und kostengünstiges Einschreiten beim Bürger das Gefühl der ‚Ohnmacht' gegenüber der übermächtigen bürokratischen Organisation auszuräumen" (ebd., S. 2). Die hier angesprochene machttheoretische Perspektive ist auch für die Ombudschaft in der Kinder- und Jugendhilfe zentraler Ausgangspunkt: Fachkräfte und Adressat*innen begegnen sich in einer „strukturellen Machtasymmetrie", einem konstitutiven Machtungleichgewicht, das ihre Interaktionen prägt: „Fachkräfte agieren im Status der Profession und im öffentlichen Auftrag, verfügen über Fach- und Orientierungswissen und entscheiden über die Verteilung von Ressourcen. Die meisten Betroffenen befinden sich demgegenüber in einer persönlichen Belastungssituation, sind mit den spezifischen Bedingungen des Feldes der Sozialen Arbeit nicht vertraut und können über die fachlichen, institutionellen und rechtlichen Regeln der helfenden Institutionen nur spekulieren" (Urban-Stahl 2014, S. 253). An eine Ombudsstelle können sich Ratsuchende wenden, wenn Uneinigkeiten oder Konflikte entstanden sind, wenn sie keinen Zugang zu bedarfsgerechter Unterstützung finden, Beteiligungsprozesse scheitern oder gar nicht erst gestaltet werden, und den Betroffenen selbst die Mittel fehlen, diese Konflikte eigenständig zu lösen (vgl. Arnegger 2018, S. 14). Jungen Menschen und Eltern ist es in der Regel nicht möglich, Entscheidungen der Jugendämter zu überprüfen, sie fachlich und juristisch einzuschätzen. Entsprechend wird in der Beratung zunächst die Legitimität ihrer Anliegen geprüft, umfassend über Rechte und Ansprüche informiert sowie die Logik und Voraussetzungen der jugendhilfespezifischen Verfahren und Prozesse erläutert. Anspruch der Ombudsstelle ist dabei, die Interessen der strukturell unterlegenen Partei (der Adressat*innen) in diesen Konfliktfällen zu stärken und zu unterstützen, so die gegebene strukturelle Machtasymmetrie soweit als möglich auszugleichen und ggf. durch vermittelnde Tätigkeit eine gerechte Einigung bzw. eine für beide Parteien akzeptable Lösung in den jeweiligen Situationen zu erzielen (für eine differenziertere machttheoretische Perspektive auf das ombudschaftliche Tätigkeitsfeld u. a. anhand einer Machtquellenanalyse vgl. Arnegger, 2016).

In ihrer konkreten Arbeit unterstützen Ombudsstellen die Adressat*innen, ihre Wünsche, ihre Sicht auf die Dinge und ihre eigenen Ziele weitestgehend selbst – nur wenn nötig mit Unterstützung etwa durch Begleitung von ombudschaftlich Tätigen – wieder in die Kommunikationsprozesse mit den zuständigen Fachkräften einzubringen (vgl. Smessaert 2018, S. 1) und sich so als aufgeklärte und selbstbewusste Akteur*innen erleben zu können. Durch diesen Fokus der Ermächtigung der Adressat*innen selbst ist die Ombudsstelle entsprechend nicht notwendigerweise in Interaktionsprozesse mit Fachkräften der Kinder- und Jugendhilfe involviert. 2014 schätzen Löffler und Redmann, dass die Ombudsstellen bundesweit jährlich einer hohen dreistelligen Zahl an jungen Menschen und Familien zu geeigneten Hilfen verhelfen. „Diese Arbeit geschieht im Stillen und ist meist sehr konkret." (Löffler & Redmann 2014, S. 29). In einer aktuellen Presseerklärung informiert bspw. die Ombudsstelle NRW über die knapp tausend Beratungen im Rahmen ihrer mittlerweile fünfjährigen Arbeit (vgl. https://ombudschaft-nrw.de/). Die Anlässe, mit denen sich Ratsuchende an die Ombudsstelle wenden, sind vielfältig, es zeigen sich jedoch zwei Schwerpunkte: Der erste sind Konflikte um die Nicht-Bewilligung, die Fortführung oder ungewollte Beendigung von Hilfen, womit die Gewährungspraxis der Kinder- und Jugendhilfe und damit die Ebene der Inanspruchnahme angesprochen ist. Der zweite wesentliche Beratungsschwerpunkt bezieht sich auf die Nicht-Realisierung von Beteiligung bzw. den Wunsch nach mehr Beteiligung von jungen Menschen und Familien – insbesondere bezogen auf den Hilfeplanprozess und das Wunsch- und Wahlrecht – und ist damit weniger materiellrechtlich als prozessual ausgerichtet. Die ombudschaftliche Beratung umfasst ebenso Ansprüche und Rechte junger Menschen und Eltern im Rahmen der Leistungserbringung, die Leistungsgewährung macht gleichwohl den Beratungsschwerpunkt aus (in Berlin bspw. mit aktuell 86,4 % der Anfragen, vgl. Straus et al., 2017).

Neben Rechtsansprüchen werden in der konkreten ombudschaftlichen Arbeit auch die Prinzipien der „guten Verwaltung" (Kucsko-Stadlmayer 2008, S. 33) zum Thema, die jede Art von Verwaltungshandeln betreffen auch unterhalb der Schwelle der gesetzlichen Determinierung oder wenn Ermessensspielräume bestehen. Der Artikel 41 der Charta der Grundrechte der Europäischen Union (Rechtsverbindlichkeit seit 2009) sieht ausdrücklich ein „Recht auf gute Verwaltung" vor und hebt als Hauptaspekte Unparteilichkeit, Gerechtigkeit, Angemessenheit der Verfahrensdauer, Recht auf Parteiengehör, Recht auf Akteneinsicht und Begründungspflicht hervor (vgl. ebd., S. 35 f.). Diese „Prinzipien guter Verwaltung" verletzen bspw. unsachliche Begründungen, unachtsame oder nachlässige Verhaltensweisen, auf unvollständiger Information basierende Verwaltungsakte, aber auch unhöfliche Behandlung, unnötige Verzögerungen bei Verfahrenshandlungen oder mangelnde Hilfsbereitschaft, unvernünftiges, ungerechtes oder repressives Verhalten (vgl. ebd., S. 36). In der Kinder- und Jugendhilfe zeigt sich dies etwa konkret, wenn jungen Menschen übertriebene Mitwirkungspflichten abverlangt oder Ablehnungen von Hilfen bevormundend ohne ausreichende Begründungen in der Sache getroffen werden (vgl. Schruth, 2015).

Die Umsetzung von Recht und die Prüfung von Leistungsansprüchen in der Kinder- und Jugendhilfe vollzieht sich immer in einem diskursiven Verständigungsprozess der Beteiligten und einem sozialpädagogisch-fachlich gerahmten Gestaltungsprozess (vgl. AGJ, 2018). Diese Prozesse zur Konkretisierung der abstrakten Vorgaben des Gesetzes, eingebettet in die gegebene strukturelle

Machtasymmetrie, vollziehen sich „nur ausnahmsweise gleichberechtigt“ (ebd., S. 6). Entstehen nunmehr Konflikte oder Uneinigkeiten, dann ist die „Verhandlungsposition der Adressat(inn)en schwächer als die der Fachkräfte, Statusunterschiede machen sich bemerkbar und Macht ist erkennbar ungleich verteilt. Die Folgen sind Frustration, Gefühle von Hilfslosigkeit und Ausgeliefertsein. Kinder, Jugendliche und Familien fühlen sich unverstanden und machtvollen Entscheidungen Dritter ausgesetzt“ (Löffler & Redmann 2014, S. 29). Ratsuchende schildern das in der ombudschaftlichen Beratung als Erfahrungen des „Nicht-Ernst-Genommen-Werdens“ oder des „Nicht-Gehört-Werdens“, die gerahmt sind von einem deutlichen Wissensvorsprung und von mehr Durchsetzungsmöglichkeiten auf Seiten der Fachkräfte. Formal-rechtliche Schritte einzuleiten, wie z. B. im Rahmen des gesetzlich gegebenen Widerspruchverfahrens, liegen den Lebenswelten von Kindern, Jugendlichen und Familien, die sich in krisenhaften Lebenssituationen befinden, jedoch oft sehr fern. In der ombudschaftlichen Beratung werden die Ratsuchenden über die ihnen rechtsstaatlich regulär zustehenden Beschwerdemöglichkeiten aufgeklärt; dies sind insbesondere Widerspruch, Klage, auch politische Eingaben, Beschwerden, Petitionen sowie Dienstaufsichtsbeschwerden (vgl. Smessaert & Fritschle 2015, S. 359). Solche Schritte stellen sich Adressat*innen aber als aufwändiger Prozess und als eine Auseinandersetzung dar, die ihrem Anliegen – Unterstützung zu erhalten, und nicht noch weitere Konflikte zu führen – und auch ihren persönlichen Möglichkeiten in ihren jeweiligen Lebenssituationen kaum entsprechen (vgl. Urban, 2006, Arnegger 2018, S. 15).

Aus dieser für die Adressat*innen prekären Konstellation leitet sich die institutionelle und strukturelle Notwendigkeit von Ombudschaft ab (vgl. Smessaert 2018, S. 4). Sie etabliert in diesem Sinne weder eine „überflüssige Doppelstruktur“ (mit Blick auf die §§ 13, 14 SGB I) noch zieht sie ihre Legitimation allein aus dem sozialrechtlichen Grundprinzip der Beteiligung des SGB VIII, sondern fachpolitisch geht es um die Frage, durch welche konkreten Verfahrenswege und geeignete Unterstützungsmöglichkeiten den Betroffenen innerhalb der Kinder- und Jugendhilfe ermöglicht wird bzw. werden kann, realisierbare und echte Zugänge zum Recht zu finden und durchsetzungsfähige Strategien ergreifen zu können (vgl. Smessaert & Fritschle 2015, S. 362). Nur ein äußerst geringer Anteil der ombudschaftlich beratenen Anliegen muss auf dem Rechtsweg durchgesetzt werden. Ombudschaft trägt durch ganz andere Zugangswege zu den Akteur*innen des Jugendhilfesystems, durch die spezifische Methodik der Konfliktbearbeitung und als eine im Kern „argumentative Auseinandersetzung in der Sache“ (Arnegger 2018, S. 15) sowohl machtausgleichend und niedrigschwellig zur Reduzierung von Ohnmachtserfahrungen von Adressat*innen als auch zur Realisierung und (Wieder-)Aufnahme von Beteiligungs- und Gewährungsprozessen, und damit zur Umsetzung von Rechtsstaatlichkeit in der Kinder- und Jugendhilfe bei (zu ersten empirischen Einblicken zur Perspektive der Ratsuchenden auf den Nutzen von Ombudsstellen vgl. Straus et al., 2017).

Unabhängigkeit für eine Praxis des Widerspruchs

Der Kern ombudschaftlicher Arbeit ist die Einzelfallgerechtigkeit, gleichzeitig erschöpft sich Ombudschaft nicht in der Einzelfallberatung – zur ombudschaftlichen Bewegung gehört konstitutiv die Lobbyarbeit und Interessenvertretung für und mit jungen Menschen und ihren Familien. Die Ziele der Beratung waren beim Berliner Rechtshilfefonds Jugendhilfe – als dem start up der Ombudschaft in diesem Feld – stets gerichtet auf Aufklärung, Partizipation und Widerspruch. Die Gründung von Ombudsstellen ist regelmäßig getragen von einem Impuls der Kritik auch an strukturellen Defiziten, an unzulänglichen und fachpolitisch prekären sozial- und ordnungspolitischen Rahmungen, die sich konkret auf die Praxis der individuellen Hilfen der Kinder- und Jugendhilfe auswirken und die Eingang finden in Interpretationen und Einzelfallentscheidungen von Fachkräften (vgl. Urban-Stahl 2018, S. 85) – wie bspw. als vermehrt kontrollierende, repressiv-bevormundende Verfahrens- und Handlungsmuster (siehe bspw. die jüngst von Norbert Struck initiierte Debatte um „Auflagenerteilung" durch Jugendhilfeakteur*innen, IGfH, 2018), als wachsende Legitimität geschlossener Unterbringung, einem Rechte-Entzug als Sanktionsmaßnahme im Kontext von Stufen- und Phasenmodellen, der Selbstverständlichkeit neoliberaler Denkfiguren und einer Haltung des „Fördern und Fordern" (vgl. Schruth, 2015; Löffler & Redmann 2014, S. 29). Die Kultivierung eines fachpolitisch und auch fachöffentlich wirksamen Widerspruchs ist deshalb auf eine erweiterte Systematik ombudschaftlicher Aktivitäten angewiesen. Dies bildet sich zunächst strukturell in den drei Säulen ombudschaftlicher Arbeit ab: Neben der Beratung im Einzelfall sind dies Fortbildung und Öffentlichkeitsarbeit. Die Fortbildungen zielen auf Ermächtigung, auf Stärkung und Qualifizierung von Fachkräften selbst, um in ihrem jeweiligen konkreten Wirkungskreis Potenziale für eine „andere", gerechtere Praxis realisieren und nutzen zu können. Die Öffentlichkeitsarbeit zielt darauf ab, anhand von exemplarischen Einzelfällen strukturelle Problematiken (fach-)öffentlich zu machen und ggf. zu skandalisieren (wie bspw. eine rechtswidrige Ermessenspraxis in Bezug auf die Hilfen für junge Volljährige).

Die Unabhängigkeit hat für dieses Profil von Ombudschaft eine zentrale Bedeutung. Ihre Unabhängigkeit konstituiert sich aus einer Verschränkung von Aspekten organisatorischer sowie funktional-zweckbezogener Unabhängigkeit: Sie manifestiert sich durch die gewählte Organisationsform (z. B. Gründung des „unabhängigen" Vereins BRJ e. V.); durch die Qualität der Anlaufstelle im Sinne der Abgrenzung von freien und öffentlichen Trägern („unabhängige" Ombudsstelle), durch das hohe ehrenamtliche Engagement der Mitglieder (Bedeutung für die Unabhängigkeit der Beratung) und die Finanzierung (z. B. stammen Mittel des Rechtshilfefonds aus Spenden und Mitgliedsbeiträgen) (vgl. Urban, 2006). Mittlerweile liegen auch Erfahrungen mit der ersten mit öffentlichen Mitteln geförderten unabhängigen Ombudsstelle in Trägerschaft des BRJ e. V. vor (Modellprojekt „BBO Jugendhilfe", vgl. z. B. Smessaert & Fritschle, 2015).

Die Unabhängigkeit der Ombudschaft ist essenziell:

- zur Abwehr von Einflussnahmen auf die Beratungsinhalte,
- zur Abwehr von hierarchischen (behördlichen) Einbindungen und Dominanzen in den Beurteilungen der Beratungsinhalte,
- als Distanzierungsmittel gegenüber dem Kostenträger und den Implikationen der finanziellen Förderung,
- als Weisungsungebundenheit gegenüber Dritten sowie
- als „distanzierte Haltung" der Beratenden gegenüber sowohl den öffentlichen als auch freien Trägern.

Gesichert wird sie insbesondere durch ein von der persönlichen Existenzsicherung des bezahlten Arbeitsplatzes nicht abhängiges ehrenamtliches Engagement und eine unbegrenzte Ausübung von Rechtsstaatlichkeit im Sinne einer uneingeschränkten Wahl erforderlicher Rechtsmittel (einschließlich Klageoption). Nach wie vor wird die Arbeit der ombudschaftlichen Initiativen bis heute ganz wesentlich ehrenamtlich getragen von erfahrenen, zum Teil ehemaligen Fachkräften der Jugendhilfe und durch Jurist*innen (vgl. Löffler & Redmann 2014, S. 29). Prägend in der Etablierungsgeschichte der ombudschaftlichen Bewegung ist die Idee von Unabhängigkeit, die sich entfaltet in einer von Ehrenamtlichkeit getragenen zivilgesellschaftlichen Selbstorganisation, in der die „Widerständigkeit bürgerschaftlichen Engagements" (Urban-Stahl 2014, S. 258) einen Ort findet. Zur Realisierung einer widerständigen, ermächtigenden Praxis braucht und etabliert Ombudschaft selbst in zentraler Weise partizipative, nicht-hierarchische und diskursiv gestaltete Organisationsformen – wie bspw. Gremien, AGs und Netzwerke –, in denen Fachkräfte unter dialogischen Bedingungen zusammenkommen können, in denen sich Kritik und Widerspruch formieren kann (vgl. Löffler & Redmann 2014, S. 31).

Selbstorganisierte Formen bieten und bilden die höchste Form von Partizipation und wirken entsprechend als „professionelle Ermächtigungsstrukturen" (AGJ 2018, S. 7). Sie sind frei von – insbesondere mit öffentlicher finanzieller Förderung verbundenen – Interessen und Einflussnahmen anderer Akteur*innen, und erlauben im Sinne der funktionalen Unabhängigkeit „alle Interventionen bedingungs- und kompromisslos auf den eigentlichen Zweck der Organisation, die Unterstützung von Menschen in der Verwirklichung der ihnen zustehenden Rechte, ausrichten" zu können (Arnegger 2016, S. 180) – also die eigene Agenda verfolgen zu können ohne die Gefahr, selbst sanktioniert zu werden (vgl. Hansbauer & Stork 2015, S. 42). Für diese professionelle Ermächtigung steht schließlich – im Gegensatz zu einer „Top-down"-Institutionalisierung (z. B. Bürger*innenbeauftragte) – die „Bottom-Up"-Initialisierung ombudschaftlicher Beratungsangebote im Sinne dezentraler, nicht direkt staatlich gebundener, einrichtungsexterner Ombudsstellen als organisationsergänzende und kontrollierende Größe der Zivilgesellschaft (vgl. Sandermann & Urban-Stahl 2017, S. 41). In der zukünftigen Konzeptarbeit wird es schließlich verstärkt um Versuche und partizipative Formen gehen, um auch die jungen Menschen (wie z. B. Careleaver*innen) und insbesondere Eltern (siehe beispielhaft das Projekt „Löweneltern" des Kinder- und Jugendhilferechtsvereins Dresden) mit ihrem Alltags- und Erfahrungswissen in die ombudschaftliche Tätigkeit einzubeziehen und Vernetzungsmöglichkeiten zur eigenen Interessenvertretung zu schaffen, aktiv zu fördern und zu unterstützen (hierzu s. Koch & Schröer in diesem Band).

Die organisatorische Externalität sichert die Vermeidung einer Verstrickung der Ombudschaft in konkrete Hilfe- und Prozessverläufe sowie lokale Organisationskulturen und -logiken der Kinder- und Jugendhilfe. Gegenüber der erwartbaren und teilweise bereits zu beobachtenden Begriffsverwässerung erscheint uns die hier vorgenommene konzeptionelle Positionierung nötig; z. B. indem oder wenn Träger zunehmend eigene, trägerbezogene „Ombudspersonen" benennen und diese als „extern" bezeichnen, um damit eine Distanz zu trägerinternen Hierarchien zu signalisieren. Dies entspricht weder der hier dargestellten, die ombudschaftlichen Initiativen prägenden „Externalität" in Formen der Selbstorganisation sowie der konstitutiven Träger-Distanz, noch entsprechen deren Tätigkeiten in der Regel dem umfassenderen Profil und Tätigkeitsspektrum der Ombudschaft („drei Säulen").

Unabhängige Ombudschaft als Strukturelement der Kinder- und Jugendhilfe

In den Ombudsstellen der Kinder- und Jugendhilfe werden Erfahrungen von jungen Menschen und Familien mit der Differenz von Rechtsanspruch und Rechtswirklichkeit, von „Recht haben" und „Recht kriegen" (vgl. BAGLJÄ & IGfH, 2018) sichtbar und bearbeitbar. Die Idee der Ombudschaft ist untrennbar mit den Prinzipien von Demokratie und Rechtsstaat verbunden (Kucsko-Stadlmayer 2008, S. 1). In ihrer fachlichen Doppelperspektive sowohl auf Einzelfälle als auch auf generalisierbare Aspekte können Ombudsstellen auf Basis ihrer Beratungen in spezifischer Weise Erfahrungen und Wissen hinsichtlich struktureller Barrieren der Inanspruchnahme, Zugangsschwellen zu Hilfen und zu Qualifizierungsbedarfen bündeln, systematisieren und ins System der Kinder- und Jugendhilfe zurückspiegeln. Im „Bundesnetzwerk Ombudschaft" entsteht in diesem Sinne „ein im Jugendhilfekontext bisher nicht vorhandenes […] Expertentum" (Arnegger 2016, S. 188). Ihre normativ-fachliche Rahmung findet Ombudschaft im Anspruch der Anwaltschaft Sozialer Arbeit, basierend auf dem Ideal sozialer Gerechtigkeit und als Selbstverpflichtung aller Akteur*innen. Sie drängt auf die Wahrung der Subjektstellung der Adressat*innen, die weitestmögliche Verwirklichung ihrer Selbstbestimmungsrechte und das kritische Hinterfragen gesellschaftlicher Rahmenbedingungen sozialer Probleme (vgl. Urban-Stahl 2018, S. 81). Impulse zur Demokratisierung werden innerhalb der Kinder- und Jugendhilfe zwar immer wieder gesucht und gefordert, entsprechende Konzepte aber in der fachlichen Prioritätensetzung oft wieder in den Hintergrund gedrängt, in institutionelle Strukturen und professionelle Deutungs- und Handlungsmuster angepasst und regelmäßig wieder entschärft (vgl. ebd., S. 86). Ansprüche etwa auf Beteiligung werden zwar anerkannt, aber durch neue Strategien doch wieder begrenzt gehalten und den jeweiligen Verhältnissen entsprechend zurechtgestutzt (vgl. Pluto, 2015).

Auch die ombudschaftliche Idee kann – wenn sie von ihrem kritischen zivilgesellschaftlichen Impuls und ihrem konstitutiven Bezug auf Konflikt, Aufklärung und Widerspruch getrennt wird – affirmativ nützlich gemacht und inkorporiert werden. Die Sicherung von Rechten und eine Interessenvertretung für und mit Adressat*innen kann nicht ohne eine analytische Perspektive auf die spezifische Machtstruktur innerhalb der Kinder- und Jugendhilfe diskutiert werden (vgl. Sandermann et al., 2014). Ohne diese Bezüge würde der Begriff Ombudschaft entkernt und verkäme zu rein „legitimatorischer Zeichensetzung" (Smessaert 2018, S. 4). Da jede Verberuflichung und öffentliche Institutionalisierung mit der Einbindung in spezifische Organisationslogiken und Interessenkonflikte einhergeht, ist eine zentrale Frage, wie sich in der zukünftigen Entwicklung Professionalisierungs- bzw. Etablierungsfallen für die Ombudschaft vermeiden lassen; wie sich die Bewegung ombudschaftlicher Beratungspraxen und Initiativen so weit als möglich gegen Inbesitznahmen abgrenzen und dabei den Anspruch erhalten kann, systemverändernd zu wirken (Schruth 2015, S. 265; Sandermann 2013, S. 164). Die Etablierung von externer, unabhängiger Ombudschaft in dezentralen, lokal ausgerichteten und über ehrenamtliches Engagement gestützten partizipativen Organisationsformen als Strukturelement der Kinder- und Jugendhilfe dürfte jedenfalls einen zweifachen Systemeffekt haben:

Bereits das Wissen um ihre Existenz als Instanz, auf die Ratsuchende potenziell zurückgreifen könnten, wenn sie ihre Rechte und ihren Beteiligungsanspruch nicht ausreichend gewahrt sehen, dürfte einen Qualifizierungseffekt in der jeweiligen regionalen Kinder- und Jugendhilfelandschaft zur Folge haben – in Richtung der Stärkung des Subjektstatus von Kindern, Jugendlichen und Eltern, die sich mit der gesetzlichen und normativen Verpflichtung für Jugendämter sowie für freie Träger deckt (zu bereits erprobten Formen der Kooperation von Ombudsstellen mit öffentlichen und freien Trägern vgl. z.B. Smessaert & Fritschle 2015, S. 361 f., Arnegger 2016, S. 191). Zum anderen trägt die Etablierung von Verfahren der externen und internen Kontrolle, von wirksamen Kontroll- und Sanktionsmechanismen zur Begrenzung professioneller und bürokratischer Macht zur Entstehung von generalisiertem Vertrauen von Adressat*innen – von Bürger*innen – in das System der Kinder- und Jugendhilfe als solches und als Ganzes mit bei (vgl. Wagenblass, 2004).

Für eine Praxis ombudschaftlicher Beratung des sozialpädagogisch-fachlichen Widerspruchs sind zur Durchsetzung von mehr Einzelfallgerechtigkeit in der Kinder- und Jugendhilfe eine ständige Beachtung der an der Unabhängigkeit der Initiativen und Projekte stets rüttelnden Etablierungsbedingungen notwendig. Zu den präventiven Konstitutionsbedingungen von ombudschaftlicher Beratung in Unabhängigkeit gehören auch zukünftig:

- unabhängige Finanzierungsgrundlagen ohne Weisungsbindungen,
- nichthierarchische Beteiligungs- und Entscheidungsprozesse der Selbstorganisation,
- maßgebliche Beteiligung von ehrenamtlichen Fachkräften,
- Beachtung weitestgehender Unterstützung von Prozessen der Selbstbemächtigung der Ratsuchenden, und
- eine stets couragierte Öffentlichkeitsarbeit für eine kritische Infragestellung und ggf. Skandalisierung im Sinne einer offensiven Kinder- und Jugendhilfe.

Literatur

Arbeitsgemeinschaft für Kinder- und Jugendhilfe (AGJ) (2018). Recht wird Wirklichkeit – von den Wechselwirkungen zwischen Sozialer Arbeit und Recht. Positionspapier, Berlin. www.agj.de/fileadmin/files/positionen/2018/Recht_wird_Wirklichkeit.pdf

Arnegger, Manuel (2016). Ombuds- und Beschwerdestellen in der Kinder- und Jugendhilfe im Lichte des systemtheoretischen Paradigmas der Sozialen Arbeit. In: Manuela Leideritz & Silke Vlecken (Hrsg.). Professionelles Handeln in der Sozialen Arbeit – Schwerpunkt Menschenrechte: ein Lese- und Lehrbuch. Leverkusen: Barbara Budrich, S. 146–197.

Arnegger, Manuel (2018). Wozu braucht es Ombudschaft in der Kinder- und Jugendhilfe? Chancen professionalisierter ombudschaftlicher Interventionen. In: Das Jugendamt, Heft 1/2, S. 12–15.

BAGLJÄ & IGfH (2018) (Hrsg.). Rechte haben – Recht kriegen. Ein Ratgeberhandbuch für Jugendliche in Erziehungshilfen. Weinheim & Basel: Beltz Juventa.

Hansbauer, Peter & Stork, Remi (2015). Ombudschaften für Kinder und Jugendliche – Entwicklungen, Herausforderung und Perspektiven. Materialien zum 15. Kinder- und Jugendbericht. Sachverständigenkommission 15. Kinder- und Jugendbericht (Hrsg.). München. www.dji.de/fileadmin/user_upload/bibs2017/15_KJB_Hansbauer-Stork_neu.pdf

IGfH (2018). Forum Erziehungshilfen, Fachzeitschrift, 24. Jg., Heft 3, Weinheim: Beltz Juventa.

Kucsko-Stadlmayer, Gabriele (2008) (Hrsg.). Europäische Ombudsman-Institutionen. Eine rechtsvergleichende Untersuchung zur vielfältigen Umsetzung einer Idee. Wien & New York: Verlag Österreich.

Löffler, Christiane & Redmann, Björn (2014). Ombudschaftliche Beratung als widerständige Praxis oder – Was ist der sozialpolitische Auftrag von Ombudschaft in der Jugendhilfe? In: CORAX – Magazin für Kinder- und Jugendarbeit in Sachsen, Heft 6, S. 29–32.

Pluto, Liane (2015). „Moderne" Entmündigung durch Pseudo-Beteiligung? Zur Notwendigkeit einer Demokratisierung des Alltags der Heimerziehung. In: Forum Erziehungshilfen, Heft 5, S. 277–280.

Sandermann, Philipp (2013). Beteiligung und Beschwerdeverfahren in der Kinder- und Jugendhilfe. Lernen, sich in eigener Sache starkzumachen? In: Sozialpädagogisches Institut des SOS-Kinderdorf e. V. (Hrsg.). Wohlergehen junger Menschen. München: SOS-Kinderdorf Eigenverlag, S. 154–168.

Sandermann, Philipp & Urban-Stahl, Ulrike (2017). Beschwerde, Ombudschaft und die Kinder- und Jugendhilfe. Begriffliche, konzeptuelle, organisationale und diskursive Differenzierungen. In Claudia Equit, Gabriele Flößer & Marc Witzel (Hrsg.). Beteiligung und Beschwerde in der Heimerziehung. Grundlagen, Anforderungen und Perspektiven. Frankfurt a. M.: IGfH, S. 27–55.

Sandermann, Phillip, Schruth, Peter & Urban-Stahl, Ulrike (2014). Themenschwerpunkt Ombuds- und Beschwerdestellen in der Kinder- und Jugendhilfe. In: Zeitschrift für Sozialpädagogik, Heft 1, S. 4–88.

Schruth, Peter (2015). Sich bewegen im Machtkorsett: Unabhängige ombudschaftliche Beratung in der Jugendhilfe. In: Forum Erziehungshilfen, Heft 5, S. 265–271.

Smessaert, Angela (2018). Ombudschaft in der Kinder und Jugendhilfe, Dossier BAJ-Bundesarbeitsgemeinschaft Kinder- und Jugendschutz, Nr. 1. www.brj-berlin.de/wp-content/uploads/2018/06/Smessaert-BAJ-Dossier-1-2018_Ombudschaft.pdf

Smessaert, Angela & Fritschle, Ursula (2015). Ombudschaftliche Beratung hilft! Wie die BBO Jugendhilfe Betroffene unterstützt, ihre Rechte in der Kinder- und Jugendhilfe zu erkennen und selbst durchzusetzen. In: ZJJ – Zeitschrift für Jugendkriminalrecht und Jugendhilfe, Heft 4, S. 359–362.

Straus, Florian, Höfer, Renate & Hackenschmied, Gerhard (2017): Evaluation der Berliner Beratungs- und Ombudsstelle Jugendhilfe. Zwischenbericht. www.bbo-jugendhilfe.de/wp-content/uploads/2016/04/IPP-BBOJugendhilfe_Zwischenbericht.05.17k.pdf

Trenczek, Thomas & Heinz, Stefan (2015): Ombudschaft in der Kinder- und Jugendhilfe – Interessenvertretung oder Fürsorge? In: ZJJ – Zeitschrift für Jugendkriminalrecht und Jugendhilfe, Heft 4, S 348–358.

Urban, Ulrike (2006). Wo kein Kläger, da kein Rechtsbruch? Zur Durchsetzung individueller Rechtsansprüche in der Jugendhilfe. In: Zeitschrift für Kindschaftsrecht und Jugendhilfe, Heft 3, S. 126–135.

Urban-Stahl, Ulrike (2014). Ombudsstellen und Beschwerdeverfahren. In: Diana Düring, Hans-Ullrich Krause, Friedhelm Peters, Regina Rätz, Nicole Rosenbauer & Matthias Vollhase (Hrsg.). Kritisches Glossar Hilfen zur Erziehung. Frankfurt a. M.: IGfH, S. 253–261.

Urban-Stahl, Ulrike (2018[6]). Anwaltschaft. In: Hans-Uwe Otto & Hans Thiersch (Hrsg.). Handbuch Soziale Arbeit. München: Ernst Reinhardt Verlag, S. 78–87.

Wagenblass, Sabine (2004). Vertrauen in der Sozialen Arbeit. Theoretische und empirische Ergebnisse zur Relevanz von Vertrauen als eigenständiger Dimension. Weinheim: Juventa.

Walter, Tasia (2014). Ombudschaft in der Kinder- und Jugendhilfe. Ein gangbarer Weg zur Förderung der Kinder- und Jugendrechte? In: Zeitschrift für das Fürsorgewesen, Heft 4, S. 73–82.

Bedarfsgerechte Angebote und ihre Finanzierung – rechtliche Vorgaben und konkrete Wirklichkeit

Johannes Münder

Träger der freien Jugendhilfe stellen rund zwei Drittel der Plätze in Tageseinrichtungen für Kinder und über 90 Prozent der Plätze in stationären Einrichtungen der Kinder- und Jugendhilfe zur Verfügung. Die Finanzierung erfolgt durch die Träger der öffentlichen Jugendhilfe. Das Recht differenziert danach, auf welche Art und Weise der Zugang zu den Leistungen erfolgt, ob die Angebote völlig offen, niedrigschwellig oder nur nach Prüfung der individuellen Leistungsvoraussetzungen durch das Jugendamt in Anspruch genommen werden können. Der Autor schildert in seinem Beitrag, wie die verschiedenen Arten der Finanzierung mit den Hilfezugängen systematisch zusammenhängen. Er spürt die Schlupflöcher für eine klar abgrenzbare, volle Finanzierung individueller Leistungen auf, diskutiert die Möglichkeit einer Direktzahlung an die Leistungserbringer und fordert den Gesetzgeber zu einem Schließen der Schlupflöcher auf.

Die Ausgangslage

Betrachtet man die kostenaufwändigen Bereiche der Kinder- und Jugendhilfe, den stationären Bereich im weiteren Sinne, so ergibt sich für den hier quantitativ größten Bereich, dem der Tageseinrichtungen für Kinder, dass zum 1. März 2014 von den damaligen 3 593 836 Plätzen (= 100 %) von kommunalen Trägern 1 319 698 (= 36,7 %) und von den freien/privaten Trägern 2 274 138 (= 63,3 %) Plätze bereitgestellt wurden. Bei den sonstigen Einrichtungen ergab sich zum 31. Dezember 2010, dass von diesen 315 533 Plätzen (= 100 %) 27 494 (= 8,7 %) von den öffentlichen Trägern und 2 888 039 (= 91,3 %) von den freien/privaten Trägern zur Verfügung gestellt wurden (Vgl. im Einzelnen Münder & Trenczek 2015, S. 77). An diesem Verhältnis der Trägerschaft zwischen öffentlichen Trägern und freien/privaten Trägern hat sich nichts Wesentliches geändert: Die Zahl der Plätze in Tageseinrichtungen für Kinder ist erwartungsgemäß erkennbar angestiegen, sie beträgt zum 1. März 2017 3 822 837. Das Verhältnis zwischen den kommunalen Trägern, also den Städten und Gemeinden mit eigenem Jugendamt und den kreisangehörige Gemeinden ohne eigenes Jugendamt, und den freien/privaten Trägern als Anbietern hat sich leicht verschoben: nunmehr liegt die Trägerschaft zu 36,9 % bei öffentlichen Trägern, zu 63,1 % bei freien/privaten Trägern.

Bei den sonstigen Einrichtungen liegt mit Stand 31. Dezember 2016 ein erkennbarer Rückgang vor: auf 298 950. Zwischen den öffentlichen und den freien/privaten Trägern gibt es eine etwas größere Verschiebung: die öffentlichen Träger bieten nur noch 5,6 % der Plätze, die freien/privaten Träger demgemäß 94,4 % der Plätze an (Statistisches Bundesamt 2017, S. 15 ff.).

Das zeigt, die Mehrzahl der Angebote im stationären Bereich – und das gilt in ähnlicher Weise auch für die ambulanten und offenen Angebote – werden von den freien/privaten Trägern zur Verfügung gestellt. Unter dem Stichwort des Verhältnisses von Angebot und Finanzierung stellen sich besondere rechtliche Probleme nicht, wenn die öffentlichen Träger die Angebote zur Verfügung stellen. Hier sorgen sie selbst aus ihren „eigenen" Mitteln für die Finanzierung. In Landkreisen sind diese als Träger der öffentlichen Jugendhilfe bei der Erfüllung der Rechtsansprüche auf Förderung in einer Tageseinrichtung auch darauf angewiesen, dass die kreisangehörigen Gemeinden entsprechende kommunale Einrichtungen schaffen. Sofern es sich um Leistungen handelt, auf die kein individueller Rechtsanspruch besteht, hängt es von den eingesetzten Mitteln ab, welche Angebote zur Verfügung stellen. Handelt es sich um Leistungen, auf die individuelle Personen einen Rechtsanspruch haben, dann sind diese bereitzustellen, ggf. müssen sich hier die Träger der öffentlichen Jugendhilfe verschulden. Stellen sie dennoch keine entsprechenden Leistungsangebote zur Verfügung, machen sie sich regelmäßig schadensersatzpflichtig (vgl. höchstinstanzlich bei Kindertageseinrichtungen zuletzt BVerwG 20.12.2017 – 5 B 9.17; für die Zivilgerichtsbarkeit OLG Braunschweig 29.11.2017 – 11 U 59/17).

Anders ist die Situation dort, wo in die Bereitstellung von Angeboten und Leistungen freie Träger eingeschaltet werden, unabhängig davon, ob sie privatgewerblich oder privat-gemeinnützig sind. Hierauf konzentriert sich dieser Beitrag.

Die Beschaffung von Angeboten und Leistungen durch die Träger der öffentlichen Jugendhilfe

Nach § 79 SGB VIII haben die Träger der öffentlichen Jugendhilfe die Gesamtverantwortung, dass die im SGB VIII geregelten Aufgaben und Leistungen erfüllt werden und demgemäß die Verpflichtung, dass Einrichtungen, Dienste usw. rechtzeitig und ausreichend zur Verfügung stehen. Nach § 80 SGB VIII sind sie auch zu entsprechenden Planungen verpflichtet, und zwar in der Weise, dass die zur Befriedigung des Bedarfs notwendigen Vorhaben rechtzeitig und ausreichend geplant werden. Da die Träger der öffentlichen Jugendhilfe – wie dargestellt – in der Regel Leistungen der Kinder- und Jugendhilfe nicht selbst erbringen, müssen sie sich diese Leistungen „irgendwie" bei privaten, freien (potenziellen) Anbietern von Leistungen besorgen bzw. dafür sorgen, dass sie bei diesen zur Verfügung stehen. Gelingt ihnen dies nicht, dann müssen sie notfalls selbst diese Angebote und Leistungen zur Verfügung stellen. Wenn es ihnen nicht möglich ist, diese ihre primären Leistungsverpflichtungen zu erfüllen, sind sie ggf. zu sekundären Schadensersatzansprüchen verpflichtet (s. o.).

Im SGB VIII fehlt es an einem, insbesondere systematischen, Recht, wie die Träger der öffentlichen Jugendhilfe sich bei Privaten die Leistungen beschaffen können und wie dann wiederum von den Privaten diese Leistungen gegenüber den Bürgerinnen und Bürgern erbracht werden. Hier kreuzen sich verschiedene Aspekte, die zu berücksichtigen und wechselseitig auszugleichen sind.

Rechtliche Art der Leistung aus der Sicht der Bürgerinnen und Bürger

- Betrachtet man das SGB VIII, so gibt es aus der Perspektive der Bürgerinnen und Bürger rechtliche Unterschiede zwischen den Leistungen und Angeboten. Es gibt Leistungen, auf die individuelle Rechtsansprüche der Bürgerinnen und Bürger bestehen, also bei denen die Träger der öffentlichen Jugendhilfe verpflichtet sind, den entsprechenden Bedarf zu decken. Das gilt insbesondere für die Förderung in Tageseinrichtungen bzw. Kindertagespflege, die Hilfen zur Erziehung und (nicht unumstritten) etwa die Jugendsozialarbeit.
- Außerdem gibt es eine Vielzahl von Angeboten im SGB VIII, die aus der Sicht der Bürgerinnen und Bürger keine Rechtsansprüche beinhalten, deren Erbringung also im Ermessen der Träger der öffentlichen Jugendhilfe steht. Dabei bedeutet Ermessen nicht, dass die Träger der öffentlichen Jugendhilfe hier frei sind, sondern sie haben nach fachlichen Kriterien zu entschieden, ob und wie entsprechende Angebote erbracht werden.

Sozialpädagogisch-rechtliche Art der Leistung

Unterschiedlich ist die Situation, wie die Bürgerinnen und Bürger an die Angebote und Leistungen der Kinder- und Jugendhilfe gelangen.

- Völlig offener Zugang: Es gibt eine Vielzahl von Jugendhilfeleistungen, die für die Bürgerinnen und Bürger völlig frei zugänglich sind, z. B. Angebote der Jugendarbeit, Spielplätze, Müttertreffpunkte, Stadtteilcafé, manche Beratungsangebote. Hier wird nicht geprüft, ob die Personen, die derartige Angebote in Anspruch nehmen, aus dem „Zuständigkeitsbereich" des jeweiligen Jugendamts kommen oder ob sie „individuelle Voraussetzungen" erfüllen. Diese Angebote können von jeder Person in Anspruch genommen werden.
- Niederschwelliger Zugang: Hier geht es um Angebote, die nicht mehr so völlig offen sind, bei denen aber auch eine individuelle Prüfung von Voraussetzungen nicht stattfindet. Das Gesetz hat dieses in § 36a Abs. 2 SGB VIII angesprochen (bezogen auf Leistungen nach §§ 27 ff., 35a, 41 SGB VIII) und hat dort ambulante Hilfen, insbesondere die Erziehungsberatung erwähnt. Es handelt sich um Leistungen, bei denen für den Erfolg der Leistung die Offenheit des Hilfezugangs eine erhebliche Rolle spielt.

- Prüfung von individuellen Voraussetzungen für die Inanspruchnahme von Leistungen: Dies spielt bei den klassischen individuellen Rechtsansprüchen eine Rolle, bei den unbedingten Rechtsansprüchen (§§ 24, 27 SGB VIII), bei den Regelrechtsansprüchen (z. B. § 41 SGB VIII), aber auch dort, wo der Rechtscharakter des Anspruchs unklar ist (z. B. §§ 13 Abs. 1, 13 Abs. 2 SGB VIII), ebenso wie bei individuellen Ermessenleistungen (die nicht niederschwellig sind). Hier bedarf es jeweils, wie § 36a Abs. 1 SGB VIII auch nochmals deutlich macht, einer vorherigen Prüfung und individuellen Entscheidung des Leistungsträgers.

Und schließlich, und hier fokussiert es sich besonders deutlich, die Art der Finanzierung:

- Die zweiseitige Finanzierung, die sich nur zwischen dem Leistungsträger (also dem Träger der öffentlichen Jugendhilfe) und den Leistungserbringern (also den freien/privaten Trägern in der Kinder- und Jugendhilfe) abspielt, die letztlich davon betroffenen Bürgerinnen und Bürger tauchen bei dieser Finanzierungsform nicht auf.
- Die dreiseitigen Rechtsbeziehungen, an denen drei Akteure beteiligt sind: die Leistungsberechtigten (also die einzelnen Bürgerinnen und Bürger), die entsprechende, in der Regel durch Entscheidung des Jugendamts konkretisierte Asprüche auf Leistungen haben; die Leistungsträger, die aufgrund der konkretisierten rechtlichen Regelungen gegenüber den Bürgerinnen und Bürgern leistungsverpflichtet sind und bleiben; und schließlich die Leistungserbringer, die die Leistung unmittelbar gegenüber den Leistungsberechtigten erbringen.

Und dies alles hängt systematisch zusammen:

Dort, wo es Leistungsberechtigte gibt, hat die leistungsberechtigte Person gegenüber dem Leistungsträger (wenn verfahrensmäßig alles ordnungsgemäß abgelaufen ist – vgl. § 36a Abs. 1 SGB VIII) einen Rechtsanspruch darauf, dass das Entgelt (das dadurch entsteht, dass die leistungsberechtigte Person Leistungen bei einem privaten Leistungsanbieter in Anspruch nimmt) vom öffentlichen Leistungsträger übernommen wird (vgl. z. B. die Formulierung des § 78b Abs. 1 SGB VIII).

Der private Leistungserbringer hat gegenüber der leistungsberechtigten Person, die seine Dienste in Anspruch nimmt, aus zivilrechtlichem Vertrag einen entsprechenden Anspruch auf das privatrechtliche Entgelt.

Bei den in §§ 78a ff. SGB VIII genannten Leistungen ist weitere Voraussetzung, dass zwischen den Leistungsträgern und den Leistungserbringern die dort angesprochenen Verträge abgeschlossen sind.

Dieses jugendhilferechtliche Dreiecksverhältnis als Beschaffungs- und Finanzierungsform ist bei den stationären Leistungen im SGB VIII ausdrücklich vorgeschrieben (§ 78a Abs. 1 SGB VIII), d. h., dort kann die Beschaffung und die Finanzierung nur in dieser Form stattfinden. Bei Leistungen, die in § 78a Abs. 1 SGB VIII nicht benannt sind, wurde in der rechtsdogmatischen Literatur schon seit längerer Zeit die Auffassung vertreten, dass auch hier das jugendhilferechtliche Dreiecksverhältnis die Rechtsgrundlage für die Leistungserbringung und die Finanzierung ist (Im Einzelnen Münder 2002, S. 137 ff.). Die Rechtsprechung hält andere mögliche Finanzierungsformen bei der Leistungserbringung durch Dritte im Falle von Rechtsanspruchsleistungen bzw. durch Bescheid bewilligten Leistungen für rechtlich unzulässig (Nachweise der Rechtsprechung bei von Münder et al./von Boetticher/Münder 2018, VorKap 5 Rn. 6 ff.). Entsprechend der so von Lehre und Rechtsprechung entwickelten Rechtsdogmatik muss davon ausgegangen werden, dass in diesem Fällen Leistungserbringung und Finanzierungsabwicklung auf der Basis des jugendhilferechtlichen Dreiecksverhältnisses erfolgen muss.

Die zweiseitige Finanzierung hat somit ihren Platz dort, wo keine Ansprüche individueller Personen bestehen. Rechtsgrundlagen finden sich in §§ 74, 74a und in § 77 SGB VIII. Die in § 74 SGB VIII geregelte „Förderung der freien Jugendhilfe" hat ihren Schwerpunkt in der Finanzierung über den Weg der Zuwendung. Dabei handelt es sich um (Sozial-)Subventionen. Von den in § 74 Abs. 1 SGB VIII genannten jugendhilferechtlichen Voraussetzungen für die Förderung ist besonders Nr. 3 von Bedeutung: Die dort geforderte Gemeinnützigkeit bedeutet, dass von diesem Finanzierungsweg private/freie Träger ausgeschlossen sind, die nicht gemeinnützig sind, d. h. insbesondere die privat-gewerblichen Träger; was nicht unumstritten ist (vgl. dazu z. B. Münder & Trenczek 2015, S. 319 ff.).

Zu § 77 SGB VIII ein klarstellender Hinweises: Wie schon die unsystematische Verteilung der Finanzierungsvorschriften im Gesetz (sie sind nicht an einer Stelle zusammengefasst) deutlich macht, sind die ursprünglichen Bestimmungen zum Teil zu Zeiten entstanden, zu denen die rechtsdogmatischen Fragen noch nicht in aller Klarheit erkannt waren. Dies zeigt sich bei § 77 SGB VIII. Aufgrund seiner sehr allgemein gehaltenen Formulierung, dass „Vereinbarungen über die Höhe der Kosten der Inanspruchnahme zwischen der öffentlichen und der freien Jugendhilfe anzustreben" sind, kann § 77 SGB VIII die Grundlage sowohl für eine zweiseitige Finanzierung als auch für eine dreiseitige Finanzierung auf der Basis des jugendhilferechtlichen Dreiecksverhältnisses sein und ist es auch. Dies wird zum Teil in der Literatur, zum Teil in der Praxis immer noch nicht hinreichend unterschieden. Wenn § 77 SGB VIII die Rechtsgrundlage für eine zweiseitige Finanzierung ist, so sind die dortigen Regelungen zu beachten, wenn er die Rechtsgrundlage (etwa bei Rechtsansprüchen) für die dreiseitige Finanzierung ist, so ist die Finanzierungsabwicklung auf der Basis des jugendhilferechtlichen Dreiecksverhältnisses vorzunehmen.

Abschließend noch ein kleiner Überblick:

Finanzierung bei Leistungserbringung durch Dritte

Zweiseitige Finanzierung		Dreiseitige Finanzierung
Zuwendung	gegenseitiger Leistungsvertrag/ Beschaffungsvertrag	Entgeltübernahme
bei nicht rechtsanspruchs-gesicherten Leistungen; bei Daseinsvorsorge Rechtsgrundlage: § 74	grundsätzlich nur bei nicht rechtsanspruchsgesicherten Leistungen; bei Daseinsvorsorge Rechtsgrundlage: § 77 § 55 BHO/LHO	bei individuellen Rechtsansprüchen über das jugendhilferechtliche Dreiecksverhältnis Rechtsgrundlage: § 77 §§ 78a ff. bei Leistungen nach § 78a Abs. 1

Schlupflöcher und Fluchten

Soweit, so klar und gut. Und in vielen Fällen entspricht die Praxis der Kinder- und Jugendhilfe auch diesen rechtlichen Vorgaben. Aber der Gesetzgeber hat – zum Teil durch Unklarheiten – Schlupflöcher offen gelassen und die Praxis hat mir Hilfe dieser Schlupflöcher, aber auch darüber hinaus so manche Flucht in diesem Zusammenhang ergriffen.

Schlupfloch § 74a SGB VIII

Bei der Förderung von Kindern in Tageseinrichtungen nach § 24 SGB VIII handelt es sich heute für alle Kinder ab der Vollendung des 1. Lebensjahrs bis zum Schulbeginn um einen Rechtsanspruch. Der Ausbau dauerte lang, er begann mit dem Schwangeren- und Familienhilfegesetz (27. Juli 1992) mit der Einführung des damaligen Rechtsanspruchs auf einen Kindergartenplatz. Der Ausbau wurde fortgesetzt durch das TAG (1. Januar 2005) und durch das KiföG (10. Dezember 2008) auf den heutigen Stand gebracht.

Zum Zeitpunkt des Beginns des Ausbaus der Rechtsansprüche in § 24 SGB VIII wurde in den meisten Ländern die Tageseinrichtungen für Kinder (zumindest auch) über Zuwendungen finanziert. Trotz der Tatsache, dass es sich um die Realisierung von Rechtsansprüchen handelte, was dazu hätte führen müssen, dass die Finanzierung auf der Basis des jugendhilferechtlichen Dreiecksverhältnisses abzuwickeln wäre (vgl. dazu die ausführlichen Nachweise bei Münder et al./von Boetticher/Münder 2018, § 74a Rn. 1). In diesem Zusammenhang wurde mit Wirkung zum 1. Januar 2005 § 74a SGB VIII eingeführt, der in seinem Satz 1 die Finanzierung dieser Tageseinrichtungen dem Landesrecht überlässt.

War zum Zeitpunkt des neuen SGB VIII noch verständlich, dass die Finanzierung der Förderung in Tageseinrichtungen über Zuwendungen abgewickelt wird, da es zu diesem Zeitpunkt keine Rechtsansprüche diesbezüglich gab, so wurde dies mit dem Ausbau der Rechtsansprüche systematisch immer unverständlicher. Heute könnte eine Legitimation nur noch darin gefunden werden, dass auch „Nichtrechtsanspruchskinder“, nämlich die Kinder vor Vollendung des 1. Lebensjahrs, in entsprechenden Tageseinrichtungen sein könnten. Aber auch hier wäre es unkompliziert für die „Rechtsanspruchskinder“, die für Rechtsansprüche übliche Finanzierung auf der Basis des jugendhilferechtlichen Dreiecksverhältnisses vorzusehen.

Die Tatsache, dass der Bundesgesetzgeber die Finanzierung den Ländern überlassen und ausdrücklich offengelassen hat, wie die Vorgaben für die Länder sind (Münder et al./von Boetticher/Münder 2018, § 74a Rn. 9ff.), ermöglicht es nach wie vor, bei der Finanzierung der Förderung von Kindern in Tageseinrichtungen zur Zuwendungsfinanzierung zu greifen. Das hat Vorteile für die Träger der öffentlichen Jugendhilfe: Die Zuwendungsfinanzierung nach § 74 SGB VIII erfordert bekanntermaßen, dass die Träger der freien Jugendhilfe nach § 74 Abs. 1 Satz 1 Nr. 4 SGB VIII eine „angemessene Eigenleistung“ erbringen müssen. Die Leistungserbringer müssen hier also Geld mitbringen. Dabei erfüllen sie Rechtsansprüche, die sich gegen den Träger der öffentlichen Jugendhilfe richten. Eine insofern systematisch, aber auch logisch überraschende Situation: Sie erfüllen Verpflichtungen, die einem anderen als ihnen obliegen und müssen hier noch eigenes Geld einsetzen.

Und dieses durch den Gesetzgeber bewusst offen gelassene Schlupfloch wird denn dann auch gerne genutzt. In den meisten Bundesländern erfolgt die Finanzierung der Förderung von Kindern, wenn freie/private Leistungserbringer hier tätig sind (was sie in fast Zweidrittel aller Fälle sind – s. o.), über den Finanzierungsweg der Zuwendung. Das spart den Trägern der öffentlichen Jugendhilfe jährlich Milliarden.[1]

Schlupfloch § 78c Abs. 2 Satz 4 SGB VIII

Die Finanzierung für die Leistungserbringung in den in § 78a Abs. 1 SGB VIII genannten stationären Einrichtungen erfolgt entsprechend dem jugendhilferechtlichen Dreiecksverhältnis. Diese Finanzierung ist zugleich eine monistische Finanzierung, d. h., sämtliche anfallenden Kosten werden über einen Finanzierungsweg, den des Entgelts, finanziert. Längere Zeit wurde im stationären Bereich der Kinder- und Jugendhilfe der Erwerb/der Bau von Einrichtungen auch

1 Was man ansatzweise daran sieht, dass von den 2016 ausgegebenen 27,370 Mrd. EUR für Tageseinrichtungen für Kinder 12,972 Mrd. EUR (= 47,4 %) auf die entsprechenden Leistungen der öffentlichen Träger entfiel (die – s. o. – 36,7 % der Einrichtungen betreiben), während die freien Träger Zuschüsse in Höhe von 14,398 Mrd. EUR (= 52,6 %) der Gesamtaufwendungen erhielten, die 63,1 % der Einrichtungen betreiben. Dabei handelt es sich nur um einen Näherungswert, da unklar ist, wie die Einnahmen insbesondere durch die Kostenbeteiligung der Eltern statistisch berücksichtigt wurden.

mittels Zuwendungen, die laufenden Kosten dagegen wurden schon seit sehr langer Zeit über die Entgelte finanziert. Diese alte duale Finanzierungsweise wirkt aber gerade bei Bauten fort, deswegen schreibt Satz 4 des § 78c Abs. 2 SGB VIII vor, dass die Förderung bei der Berechnung der Vergütung zu berücksichtigen ist. Bedeutung hat dies insbesondere dort, wo es auf den Vergleich der Vergütungen ankommt: hier sind alle öffentlichen Mittel, eben auch die Zuwendungsmittel, zu berücksichtigen.

Weil die Regelung der §§ 78a ff. SGB VIII eben die monistische Finanzierung auf der Basis des jugendhilferechtlichen Dreiecksverhältnisses vorsehen, wird deswegen – zu Recht – die Auffassung vertreten, dass eine Mischfinanzierung, bestehend einerseits aus Zuwendungen und andererseits aus Entgelten auf der Basis des jugendhilferechtlichen Dreiecksverhältnisses, rechtlich unzulässig ist (ausdrücklich und begründet insbesondere Neumann 1998, S. 30).

Da die Formulierung des § 78c Abs. 2 Satz 4 SG VIII sich aber nicht ausdrücklich auf diese Situation der „Altfälle" bezieht, wird auch diese vom Wortlaut her rechtlich nicht ganz eindeutige Situation gern als Schlupfloch benutzt: Anstelle der von der Systematik her klaren Rechtssituation der Abwicklung der Finanzierung auf der Basis des jugendhilferechtlichen Dreiecksverhältnisses wird für Teile der Kosten, die im stationären Bereich entstehen (insbesondere Grundstückskosten, Baukosten), immer noch – und zum Teil gerne – der Finanzierungsweg der Zuwendung genutzt.

Flucht: Entgeltzahlung unmittelbar an Leistungserbringer

In § 78b Abs. 1 SGB VIII ist ausdrücklich formuliert, dass „der Träger der öffentlichen Jugendhilfe zur Übernahme des Entgelts gegenüber den Leistungsberechtigten verpflichtet" ist. Die leistungsberechtigte Person also hat den Anspruch auf Übernahme des Entgelts, das ihm vom Leistungserbringer in Rechnung gestellt wird. Der Leistungserbringer selbst hat keine unmittelbaren Ansprüche gegen den Träger der öffentlichen Jugendhilfe. In der Praxis erfolgt die finanzielle Abwicklung jedoch regelmäßig nicht in der Weise, dass die leistungsberechtigte Person das Entgelt erhält, sondern es erfolgt eine unmittelbare Zahlung von den Trägern der öffentlichen Jugendhilfe an die privaten Leistungserbringer. Das ist unter Beachtung der rechtlichen Vorgaben auch möglich:

- Entweder kann der Leistungsberechtigte seinen Anspruch gegen den Träger der öffentlichen Jugendhilfe an den Leistungserbringer abtreten, denn dieser Anspruch ist nach § 53 Abs. 2 Nr. 1 SGB I abtretbar. Dabei sind die entsprechenden Formvorschriften zu beachten. Nicht selten erfolgt diese Abtretung bereits im Rahmen des Vertrags zwischen dem Leistungserbringer und der leistungsberechtigten Person. Aufgrund dieser Abtretung können die Leistungserbringer direkt vom Träger der öffentlichen Jugendhilfe das Entgelt verlangen.

- Oft erfolgt zusätzlich zu der Regelung des § 78b SGB VIII eine sog. Kostenzusage (Kostenübernahme) des Jugendhilfeträgers gegenüber dem Leistungserbringer, aus der sich ein unmittelbarer Anspruch des Leistungserbringers gegen die Träger der öffentlichen Jugendhilfe ergibt (im Einzelnen vgl. Münder et al./Schindler/Münder 2018, § 78b Rn. 28). Dazu muss die Kostenzusage eindeutig den Rechtswillen des Trägers der öffentlichen Jugendhilfe zum Ausdruck bringen, dass er sich selbst unmittelbar gegenüber der Einrichtung verpflichtet und die Kosten übernehmen will.

Fehlt es aber an solcher Abtretung bzw. einer ausdrücklichen Kostenübernahme, so bleibt es dabei: Die Finanzierung im jugendhilferechtlichen Dreiecksverhältnis ist „über" die leistungsberechtigte Person abzuwickeln. Daran mangelt es nicht selten bei den Leistungen, die dem § 78a SGB VIII unterliegen.

Grund hierfür ist möglicherweise die Entscheidung des Bundessozialgerichts (BSG) zum insofern ähnlichen § 75 Abs. 3 Satz 1 SGB XII. Dort heißt es, dass dann, wenn entsprechende Vereinbarungen abgeschlossen sind, *„der Träger der Sozialhilfe zur Übernahme der Vergütung"* verpflichtet ist. Dort steht allerdings nicht, im Gegensatz zu § 78b Abs. 1 SGB VIII, wem gegenüber er dazu verpflichtet ist. In der Logik des sozialrechtlichen Dreiecksverhältnisses würde die Verpflichtung gegenüber dem leistungsberechtigten Sozialhilfeempfänger bestehen.

Allerdings ging das BSG (seit 1. Januar 2005 für die Sozialhilfe zuständig) davon aus, dass ein unmittelbarer Zahlungsanspruch gegen den Sozialhilfeträger besteht (BSG 28.10.2008 – B 8 SO 22/07 R). Er begründete es damit, dass der Sozialhilfeträger die ihm gegenüber der leistungsberechtigten Person obliegende Leistung nicht als Geldleistung, sondern als Sachleistung in Gestalt eines Sachleistungsbeschaffungsvertrags (was immer das sein mag) erbrächte. Diese Entscheidung hat zu Recht Kritik erfahren (vgl. die Nachweise bei Bieritz-Harder et al./Münder 2015, § 78 Rn 31) und das BSG hat in seiner Folgeentscheidung vom 2. Februar 2010 (B 8 SO 20/08 R) daraufhin seine etwas sehr pauschale Rechtsprechung dahingehend präzisiert, dass der unmittelbare Anspruch der Leistungserbringer nicht aufgrund der Vereinbarungen im sozialrechtlichen Dreiecksverhältnis entsteht, sondern nur dann, wenn der Sozialhilfeträger eine entsprechende Erklärung abgibt, dass er unmittelbar gegenüber dem Leistungserbringer die Kosten übernehmen wolle. In diesem Fall liegt regelmäßig ein (privatrechtlicher) Schuldbeitritt vor, so dass hier ein unmittelbarer Zahlungsanspruch entsteht.

Dabei hat die Praxis der Direktzahlung an die Leistungserbringer in der Sozialhilfe vor längeren Zeiten ganz besondere Blüten getrieben. Bis zum 31. Dezember 2004 (am 1. Januar 2005 wurde das BSHG zum SGB XII) sah der damalige § 21 Abs. 3 Satz 4 BSHG vor, dass Personen, die in einer Einrichtung lebten und einen Teil der Kosten dieses Aufenthalts in der Einrichtung aus eigenen

Mitteln trugen, einen sog. zusätzlichen Barbetrag erhielten (vgl. dazu heute die Übergangsregelung in § 133a SGB XII mit der Kommentierung bei Bieritz-Harder et al./Armborst 2015). Das führte dann dazu, das nicht nur das Entgelt an den Leistungserbringer, den Träger der Einrichtung unmittelbar gezahlt wurde, sondern aus „Vereinfachungsgründen" zugleich der zusätzliche Barbetrag mit überwiesen wurde. Was dann – unter besonderer Vernachlässigung des Datenschutzes – bei manchen Einrichtungen dazu führte, dass über den Lautsprecher ausgerufen wurde, dass Frau X oder Herr Y bitte ins Büro kommen sollte, um sich ihren Barbetrag auszahlen zu lassen. Und so der Sozialhilfebezug allen Bewohnerinnen der Einrichtung mitgeteilt wurde.

Solche Blüten kann die Praxis heute in der Sozialhilfe nicht mehr treiben, da dieser „zusätzliche Barbetrag" abgeschafft wurde.

Für die Kinder- und Jugendhilfe aber gilt die Regelung des § 78b Satz 1 SGB VIII: Übernahme des Entgelts gegenüber den Leistungsberechtigten – es sei denn, es läge die geschilderte Abtretung des Anspruchs vor oder die eigenständige Kostenübernahmeerklärung des Trägers der öffentlichen Jugendhilfe.

Schlupflöcher und Fluchten sind nicht der Normalweg, sondern Um- und Auswege. Bei der Bereitstellung von Angeboten, bei der Erbringung von Leistungen in der Kinder- und Jugendhilfe sollten sie nicht nur nicht benutzt werden, sondern es stünde dem Gesetzgeber auch gut an, solche Schlupflöcher und die geschilderten Fluchtwege zu stopfen und zu beseitigen.

Literatur

Bieritz-Harder, R., Conradis, W. & Thie, S. (Hrsg.) (2015[10]). Sozialgesetzbuch XII – Lehr- und Praxiskommentar. Baden-Baden: Nomos Verlag.

Münder, J. (2002). Finanzierungsstrategien in der Kinder- und Jugendhilfe. In: Sachverständigenkommission Elfter Kinder- und Jugendbericht, Band 1. Berlin: Bundesministerium für Familie, Senioren, Frauen und Jugend, S. 105 ff.

Münder, J., Meysen, T. & Trenczek, T. (Hrsg.) (2018[8]). Frankfurter Kommentar SGB VIII. Kinder- und Jugendhilfe. Baden-Baden: Nomos Verlag.

Münder, J. & Trenczek, T. (2015[8]). Kinder- und Jugendhilferecht. Baden-Baden: Nomos Verlag.

Neumann, Volker (1998). Die institutionelle Förderung als Instrument der Sozialplanung und Steuerung der Leistungserbringer. In: Schriftenreihe des Deutschen Sozialrechtsverbands (SDSRV) 43, S. 7–31.

Statistisches Bundesamt (destatis) (2017). Statistiken der Kinder- und Jugendhilfe. Kinder und tätige Personen in Tageseinrichtungen und in öffentlich geförderter Kindertagespflege am 1. 3. 2017.

Statistisches Bundesamt (2017a). Statistiken der Kinder- und Jugendhilfe. Einrichtungen und tätige Personen (ohne Tageseinrichtungen für Kinder). 2016.

Autorenverzeichnis

Karin Böllert

Prof. Dr. Karin Böllert, * 1958, studierte an der Universität Bielefeld Erziehungswissenschaft mit der Studienrichtung Sozialarbeit/Sozialpädagogik. Nach dem Studium war sie Projektkoordinatorin im SFB 227 „Intervention und Prävention im Kindes- und Jugendalter“ und wissenschaftliche Mitarbeiterin in der Fakultät für Pädagogik an der Universität Bielefeld, wo sie 1992 promovierte. Im Anschluss an eine Professur an der Universität Rostock ist sie seit 2001 Professorin für Erziehungswissenschaft mit dem Schwerpunkt Sozialpädagogik an der Westfälischen Wilhelms-Universität Münster. Ihre Arbeitsschwerpunkte sind unter anderem: Theorieentwicklung in der Sozialpädagogik im Kontext gesellschaftlicher Modernisierungsprozesse, Soziale Arbeit, Sozialpolitik und Sozialer Wandel, Soziale Arbeit und Religion sowie Kinder- und Jugendhilfe. Darüber hinaus führt sie zahlreiche Forschungsprojekte im Kontext der Kinder- und Jugendhilfe, der Jugendforschung, Jugendberichterstattung und der Evaluationsforschung durch. Karin Böllert ist in zahlreichen Gremien und Organisationen vertreten und ist seit 2012 Vorsitzende der Arbeitsgemeinschaft der Kinder- und Jugendhilfe (AGJ).

Marion von zur Gathen

Die Sozialwissenschaftlerin Marion von zur Gathen, * 1963, studierte Soziologie und Politik an der Humboldt Universität Berlin sowie Mediation an der Fernuniversität Hagen. Seit 2006 ist sie beim Paritätischen Gesamtverband beschäftigt, erst als Referentin für Familienhilfe und -politik, Tagesbetreuung für Kinder, Frauen und Frauenhäuser und seit 2011 als Leiterin der Abteilung Soziale Arbeit. Ihre Arbeitsschwerpunkte sind u. a. die Familien- und Gleichstellungspolitik sowie die Kinder- und Jugendhilfe.

Manfred Kappeler

Prof. Dr. Manfred Kappeler, * 1940, arbeitete als Sozialarbeiter in den Handlungsfeldern der Heimerziehung, offenen Jugendarbeit und Drogenhilfe. Er gehörte schon früh zu den Kritikern repressiver Heimerziehung („Gefesselte Jugend“ 1971) und war später einer der konsequentesten Begleiter und Unterstützer ehemaliger Heimkinder und Kritiker der am Runden Tisch Heimerziehung vereinbarten „Kompromisse“. Ein weiteres Lebensthema ist die Aufarbeitung von Shoa und Faschismus in Deutschland und den diesbezüglichen Verdrängungen in der Sozialen Arbeit. Von 1989 bis 2005 war er Professor für Sozialpädagogik an der TU Berlin. Er wurde 2015 mit dem Bundesverdienstkreuz ausgezeichnet.

Josef Koch

Josef Koch, * 1960, Pädagoge. Nach dem Studium arbeitete er beim „Verein zur Förderung Bewegungs- und Sportorientierter Jugendsozialarbeit e. V.“ (bsj) in Marburg (Mitgründer) und als wissenschaftlicher Assistent an der Universität Marburg, bevor er 1998 als Projektleiter in das Bundesmodellprojekt INTEGRA der Internationalen Gesellschaft für erzieherische Hilfen (IGfH) wechselte. Seit 2003 ist er Geschäftsführer der IGfH.

Christian Lüders

Dr. Christian Lüders, * 1953, hat nach seinem Studium der Erziehungswissenschaften 1981 an der LMU München als wissenschaftlicher Mitarbeiter und Assistent am Lehrstuhl Sozialpädagogik (Prof. Dr. Walter Hornstein) an der Universität der Bundeswehr München gearbeitet. Seit 1994 ist er der Leiter der Abteilung Jugend und Jugendhilfe am Deutschen Jugendinstitut (DJI) e. V. in München. Seine Arbeitsschwerpunkte sind Kinder- und Jugendhilfeforschung, Sozialpädagogik, qualitative Sozialforschung und Evaluationsforschung.

Thomas Meysen

Dr. Thomas Meysen, * 1967, Jurist, arbeitete von 1993 bis 2000 als wiss. Mitarbeiter/wiss. Assistent am Lehrstuhl für Staats- und Verwaltungsrecht an der Universität Freiburg (Prof. Dr. Friedrich Schoch). Von 2000 bis 2017 war er Fachlicher Leiter des Deutschen Instituts für Jugendhilfe und Familienrecht e. V. (DIJuF) in Heidelberg. Seit 2018 leitet er das SOCLES International Centre for Socio Legal Studies in Heidelberg.

Norbert Müller-Fehling

Norbert Müller-Fehling, * 1953, Sozialarbeiter war Fachberater Behindertenhilfe und Kreisgruppengeschäftsführer im Paritätischen NRW. Von 1986 bis 2018 war er Geschäftsführer des Bundesverbandes für körper- und mehrfachbehinderte Menschen e. V. (bvkm). Seine Arbeitsschwerpunkte lagen in der sozial- und fachpolitischen Interessenvertretung von Kindern, Jugendlichen und erwachsenen Menschen mit Behinderung und ihren Familien.

Johannes Münder

Prof. Dr. Johannes Münder, * 1944, studierte in München, Berlin und Regensburg Rechtswissenschaften (1. und 2. Staatsexamen) und Soziologie (Vordiplom), Dr. iur.; nach Tätigkeiten am Zentrum für interdisziplinäre Forschung (Universität Bielefeld), beim Bundesministerium für Arbeit, an der Fachhochschule Wiesbaden, an der pädagogischen Hochschule Berlin von 1980 bis 2010 Universitätsprofessor der Technischen Universität Berlin für Sozial- und Zivilrecht. Seit 1988 ehrenamtliches Engagement engagiert beim SOS-Kinderdorf e. V. Deutschland, von 2004 bis 2016 ehrenamtlicher Vorstandsvorsitzender.

Nicole Rosenbauer

Prof. Dr. Nicole Rosenbauer, * 1975, studierte von 1994 bis 1997 erst an der Ruhr-Universität Bochum Psychologie und daran anschließend Erziehungswissenschaften an der Universität Dortmund. Von 2002 bis 2007 war sie Stipendiatin und Post-Doktorandin im DFG-Graduiertenkolleg ‚Jugendhilfe im Wandel', bis 2010 wissenschaftliche Mitarbeiterin am Lehrstuhl ‚Theorie und Empirie der Sozialpädagogik' an der Universität Dortmund. 2006 promovierte sie zum Thema ‚Flexibilisierung der Jugendhilfe'. Nach berufspraktischen Tätigkeiten in der Wohngruppenarbeit mit jungen Menschen, der Beratungsarbeit sowie am Runden Tisch gegen Sexualisierte Gewalt gegen Kinder in Institutionen und Familien lehrt sie seit 2017 an der Evangelischen Hochschule Dresden Theorien Sozialer Arbeit, Gestaltung professioneller Hilfebeziehungen und Professionalität Sozialer Arbeit sowie Grundlagen öffentlicher Erziehung und Bildung. Weitere aktuelle Arbeitsschwerpunkte sind machttheoretische Perspektiven Sozialer Arbeit, Kinderrechte und Kinderschutz sowie unabhängige Ombudschaft in der Jugendhilfe.

Wolfgang Schröer

Prof. Dr. Wolfgang Schröer, * 1967, Studium an der FU Berlin, Dipl. Pädagoge (Sozialpädagogik), Wissenschaftlicher Mitarbeiter und Junior-Professor an der TU Dresden. Seit 2004 Professur an der Universität Hildesheim, Institut für Sozial- und Organisationspädagogik. Seine Forschungsschwerpunkte sind u. a. Kinder- und Jugendhilfe, Transnationale Soziale Unterstützung sowie sozialpädagogische Übergangsforschung.

Ulrich Schneider

Dr. Ulrich Schneider, * 1958 studierte an den Universitäten Bonn und Münster Erziehungswissenschaft und hat an der Universität Münster promoviert. Seit 1988 arbeitet Ulrich Schneider beim Paritätischen Gesamtverband, erst als sozialwissenschaftlicher Referent, später als DDR-Beauftragter, als geschäftsführender Hauptreferent, als Geschäftsführer für die Bereiche Grundsatzfragen, Gremien und Kommunikation und schließlich seit 1999 als Hauptgeschäftsführer. Ulrich Schneider publiziert zu verschiedenen Feldern der Sozialen Arbeit, vor allem aber zur sozialen Ungleichheit und zu Armutslagen in Deutschland.

Lydia Schönecker

Lydia Schönecker, * 1978, Juristin, studierte von 1997 bis 2004 an der Universität Saarbrücken Rechtswissenschaften. Von 2006 bis 2018 war sie als Referentin für Kinder- und Jugendhilferecht im Deutschen Institut für Jugendhilfe und Familienrecht e. V. (DIJuF) tätig. Seit April 2018 leitet sie im juristischen Forschungszentrum SOCLES International Centre for Socio-Legal Studies in Heidelberg den Arbeitsschwerpunkt Inklusion, Erziehung & Teilhabe.

Peter Schruth

Prof. Dr. Peter Schruth, * 1952, Sozialarbeiter und Rechtswissenschaftler, war von 1994 bis 1997 Assistent am Lehrstuhl von Johanes Münder an der TU Berlin. Seit 1998 war er Professor für Recht in der Sozialen Arbeit des Fachbereiches Sozial- und Gesundheitswesen und Hochschullehrer an der Hochschule Magdeburg-Stendal – bis zu seiner Emeritierung 2018. Arbeitsschwerpunkte: Jugendsozialarbeit, Schuldnerberatung, Heimerziehung. Er war von 2011 bis 2016 Ombudsmann der ehemaligen Heimkinder und ist einer der Initiatoren der Ombudsstellenbewegung in Deutschland.

Hans Thiersch

Prof. Dr. Dr. h. c. mult. Hans Thiersch, * 1935, war von 1970 bis 2002 Professor für Erziehungswissenschaft und Sozialpädagogik an der Universität Tübingen. Er ist Ehrendoktor der Technischen Universität Dresden und der Universität Lüneburg, Träger des Ernst-Christian-Trapp-Preises der DGfE 2010 und des ConSozial Wissenschaftspreises 2016. Seine Arbeitsschwerpunkte waren die Theorie der Sozialpädagogik und der Sozialen Arbeit und der Sozialethik, die Alltags- und Lebensweltorientierte Soziale Arbeit sowie die Fragen der Handlungskompetenz und der Institutionalisierung in Arbeitsfeldern der Sozialen Arbeit. Seit März 2002 ist er emeritiert.

Reinhardt Wiesner

Prof. Dr. jur. Dr. rer. soc. h. c. Reinhard Wiesner, * 1945, war bis zu seinem Eintritt in den Ruhestand (2010) als Ministerialrat Leiter des Referats Rechtsfragen der Kinder- und Jugendhilfe im Bundesministerium für Familie, Senioren, Frauen und Jugend, Berlin. Gegenwärtig ist Prof. Wiesner als Rechtsanwalt in der Kanzlei Bernzen Sonntag, Hamburg/Berlin tätig. Seine Arbeitsschwerpunkte sind das Kinder- und Jugendhilferecht sowie das Sozialleistungsrecht. Darüber hinaus arbeitet er als Honorarprofessor an der Freien Universität Berlin – Fachbereich Erziehungswissenschaften und Psychologie und ist Lehrbeauftragter an der Universität Tübingen und mehreren Fachhochschulen. Er ist Vorsitzender der Fachkonferenz 1 Rechts- und Strukturfragen beim Deutschen Institut für Jugendhilfe und Familienrecht sowie der Kommission SGB VIII des Deutschen Sozialgerichtstages.

Mechthild Wolff

Die Erziehungswissenschaftlerin Prof. Dr. Mechthild Wolff, * 1962, arbeitet seit 2002 als Professorin für erziehungswissenschaftliche Aspekte Sozialer Arbeit an der Hochschule für Angewandte Wissenschaften in Landshut/Bayern. Darüber hinaus ist sie Studiengangleiterin des BA-Studiengangs Kinder- und Jugendhilfe in der Sozialen Arbeit. Sie ist Leiterin der Forschungsgruppe „Kinderschutz in Institutionen" an der HWA Landshut, Sprecherin der Lehrbuchreihe Studienmodule Soziale Arbeit im Verlag Beltz Juventa und Mitglied im Beirat beim Unabhängigen Beauftragten für Fragen des sexuellen Kindesmissbrauchs (UBSKM).